Armin Owzar

Das preußische BERLIN

Auf dem Weg zur Metropole 1701–1914

ELSENGOLD

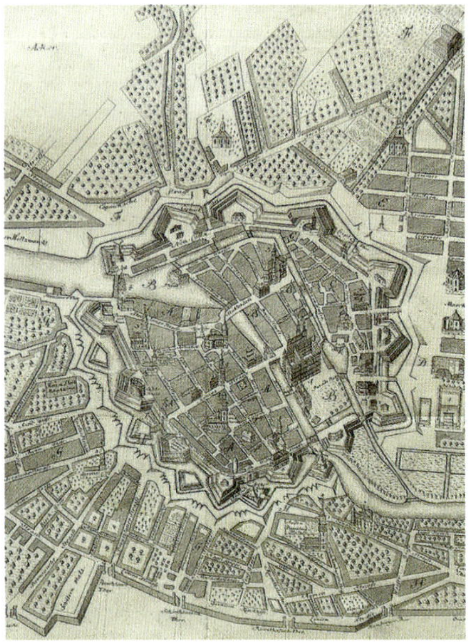

Abb. S. 2/3: Berlin aus halber Vogelschau. Lithografie von Wilhelm Loeillot, um 1850

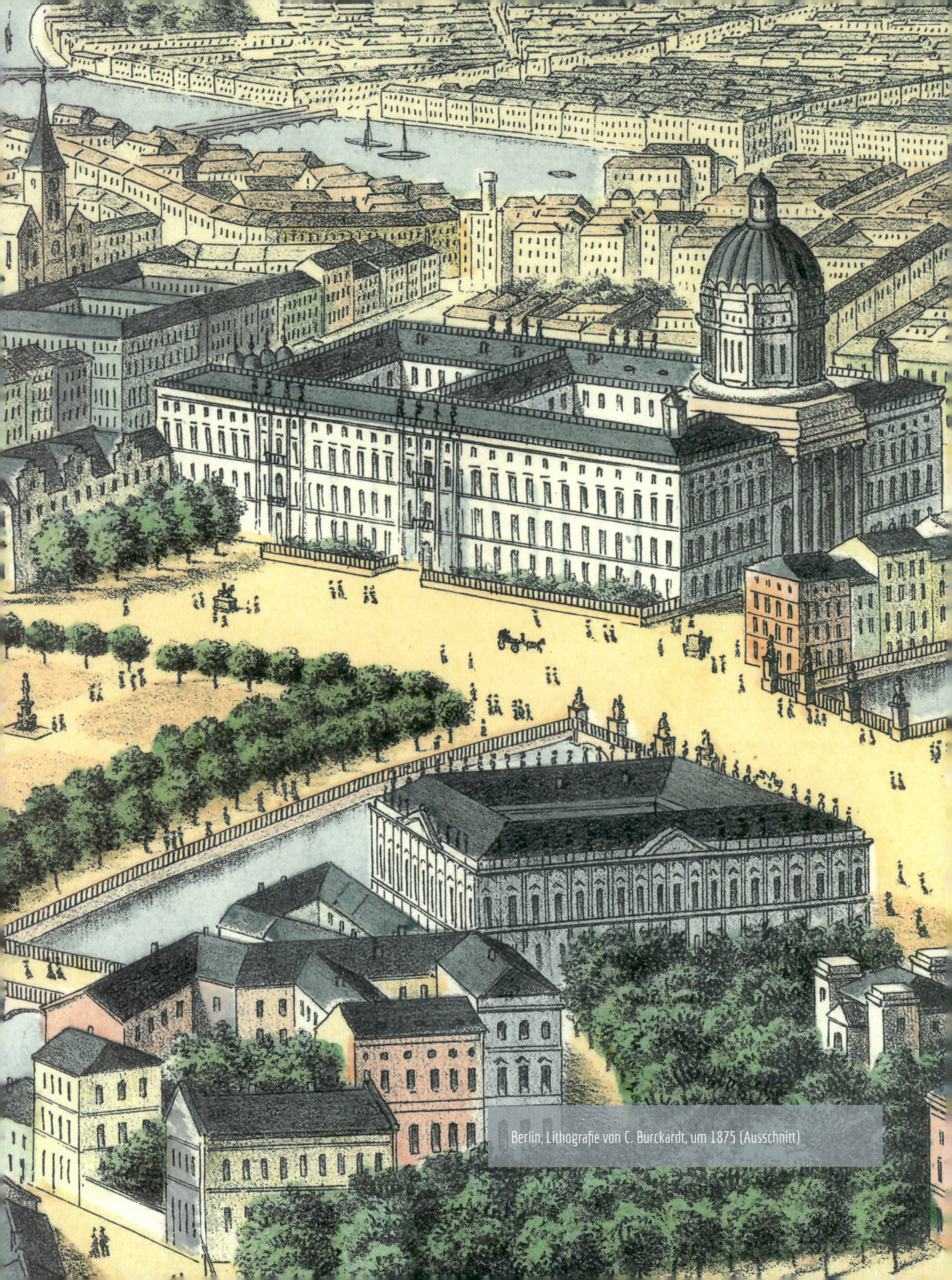

Berlin, Lithografie von C. Burckardt, um 1875 (Ausschnitt)

EINLEITUNG

„‚Das ist das andere Babel,' sagt der Pietist, sich bekreuzigend; ‚der Brandkessel des Radikalismus, der Sündenpfuhl der Demoralisation, wo alle Bande bereits gelöst sind, und den Leuten nichts heilig ist, nicht Gott, nicht Kirche, nicht Vaterland, nicht einmal die heiligsten Familienbande, nicht Ehe, nicht Pflichtgefühl.' – ‚Das ist der Heerd der Reaction,' sagen die Freisinnigen, ‚wo die Regierung den Pietismus hätschelt, die freie Wissenschaft unterdrückt, und ihre Kreaturen vor jedem Ehrliebenden bevorzugt. Hier nistet das Heer von Beamten welches jeden Rechtsgang unmöglich macht, hier ist das Nest, wo die saubern Maßregeln gegen den Fortschritt der Zeit ausgebrütet werden, wo die Polizeispione Jeden verfolgen, wo ein übermüthiger Adel sich breit macht, wo man die Leute auf den Gassen verwundet und bald die russische Knute einführt.' – ‚Hier ist die Stadt des Preußenthums,' sagt der gemüthliche Süddeutsche, ‚wo Alles nergelt und krittelt, wo Alles altklug ist, und man nur kalten Verstand findet aber kein Gemüth!' – ‚Es ist die Stadt des Preußenthums,' fügt der Rheinländer hinzu, ‚wo die protestantische Regierung sich so schön in dem Wesen eines nüchternen Geistes spiegelt.' – ‚Es ist die Pflanzschule des Pietismus, wo man englische Sabbathstrenge einführt, Magdalenenstifte gründet, bald auch katholische Prozessionen und Kirchenbußen anstellen wird.' – ‚Es ist die Stadt der Entartung, wo die Regierung selbst mit den Leuten die schonendste, verderblichste Nachsicht übt, wo die Gläubigen öffentlich in den Zeitungen verhöhnt werden dürfen, wo ich in Wirthshäusern irreligiöse Lieder singen höre.'“[1]

Diese vielfältigen und auch widersprüchlichen Urteile, die der frühsozialistische Publizist Ernst Dronke (1822–1891) in seinem 1846 veröffentlichten Buch *Berlin* mit ironischem Unterton nebeneinanderstellt, zeugen davon, wie umstritten, unbeliebt und bisweilen sogar verhasst die Stadt bei vielen Deutschen schon war, bevor sie 1871 deutsche Reichshauptstadt wurde und sich in den folgenden Jahrzehnten zu einer der bedeutendsten europäischen Metropolen entwickelte. Keine andere deutsche Stadt ist mit so vielen negativen, aber auch positiven Stereotypen konfrontiert worden. Keine andere deutsche Stadt wurde gleichzeitig so verklärt und so verteufelt wie Berlin. Das schlug sich nicht zuletzt in den zahlreichen Attributen nieder, mit denen Berlin im Laufe seiner Geschichte bedacht wurde, wie „Spreeathen“, „deutsches Chicago“ oder „Militär- und Untertanenstadt“.

Aus einigen dieser zum Teil noch heute gebräuchlichen Beinamen sprach der Wunsch vieler Deutscher, endlich eine Stadt vorweisen zu können, die es mit den anderen Metropolen Europas und Nordamerikas aufnehmen konnte. In anderen Bezeichnungen spiegelte sich dagegen die Abneigung vieler West-, Süd- und Mitteldeutscher, die sie der Stadt im Osten als Regierungssitz entgegenbrachten. Denn als Hauptstadt (Brandenburg-)Preußens und seit 1871 auch Deutschlands stand der Name „Berlin“ immer auch stellvertretend für ein Land, dessen Innen- und Außenpolitik die Bevölkerung polarisierte. Die in ganz Deutschland herrschende Begeisterung für Preußen – die sich im Westen an zahlreichen Fußballclubs mit dem latinisierten Namen „Borussia“ ablesen lässt – kontrastierte mit einer weitverbreiteten preußenfeindlichen Stimmung, die sich vor allem in abschätzigen Urteilen über dessen Hauptstadt Berlin niederschlug.

Preußen zeigt Knie: Die „Borussia" von Reinhold Begas stand in der Halle des Zeughauses Unter den Linden. Fotografie von 1907

So stößt man seit dem 19. Jahrhundert allerorts auf antiberlinerische Ressentiments: bei rheinischen Katholiken, die sich von preußischen Protestanten überfremdet fühlten; bei badischen Liberalen, die sich dem konservativ-reaktionären Zeitgeist widersetzten; bei katholischen Bayern, die um ihre Unabhängigkeit bangten; bei welfischen Hannoveranern oder traditionsbewussten Frankfurtern, die den 1866 erlittenen Verlust ihrer Unabhängigkeit nicht verwinden konnten; zu DDR-Zeiten dann auch bei Thüringern und Sachsen, die immer wieder eine bevorzugte Behandlung der DDR-Hauptstadt durch die SED bei der Versorgung mit Konsumgütern beklagten. Aber auch Berliner selbst, Alteingesessene wie Zugezogene, entwickelten schon im Kaiserreich ein recht ambivalentes Verhältnis zu ihrer Stadt. So kritisierte der Industrielle und spätere Politiker Walther Rathenau (1867–1922) Berlin als „Parvenu der Großstädte und die Großstadt der Parvenus",[2] und der Journalist Arthur Eloesser (1870–1938) bezeichnete Berlin als eine Stadt, die „mit Stimulantien, mit Surrogaten, mit Imitationen" arbeiten müsse, um den Vorsprung der älteren Hauptstädte einzuholen.[3] Der US-amerikanische Historiker David Clay Large hat in seinem Buch „Berlin. Biografie einer Stadt" denn auch keinen Zweifel daran, dass das wilhelminische Berlin „unter den bedeutenderen europäischen Hauptstädten […] die von ihrem eigenen Volk am wenigsten geliebte" war und blieb.[4]

Jenseits aller Ressentiments – aber nicht immer frei von ihnen – haben sich auch in der seriösen deutschen Geschichtsschreibung im Laufe des 19. und 20. Jahrhunderts höchst unterschiedliche Urteile über Preußen im Allgemeinen und Berlin im Besonderen herausgebildet. Bis in die 1960er-Jahre dominierte ein positives Preußenbild, in dem die Monarchen, allen voran Friedrich II., Generäle und Reformpolitiker im Vordergrund standen und immer wieder von unerschütterlichem Patriotismus und den sogenannten preußischen Tugenden die Rede war. Im Zuge der neuen Sozialgeschichte etablierte sich anschließend ein Urteil, das in Preußen den Hort des Militarismus und des Obrigkeitsstaates sah und der Bevölkerung einen Untertanengeist unterstellte. Die Stadt Berlin wurde so zum Ausgangspunkt eines „Sonderweges", den Preußen, ja ganz Deutschland betreten habe, eines „Sonderweges", der das Land von anderen westlichen Staaten wie Frankreich, Großbritannien oder den USA abgetrennt und schließlich 1933 in den Nationalsozialismus geführt habe.

Wurden hier von den Historikern alte Mythen und Stereotype durch neue ersetzt? Was ist nach heutigem Wissensstand von den zahllosen, noch immer kursierenden positiven wie negativen Urteilen über die Stadt und deren Bewohner zu halten? Wie tolerant waren die Berliner? Wie viel Freiheitswillen und wie viel Untertanengeist atmete die Stadt? Wie modern, wie fortschrittlich, wie außergewöhnlich war Berlin im Vergleich zu anderen Metropolen wie Paris oder London?

Nimmt man die Biografie einer einzelnen Stadt in den Blick, läuft man rasch Gefahr, sie als Abbild eines Landes, einer Nation und deren Gesellschaft zu betrachten – insbesondere dann, wenn es sich um die Hauptstadt handelt. Die beschriebene Stadt verliert auf diese Weise ihre Eigenart, ihre Individualität. Sie wird zur Bühne von Ereignissen, die sich überall begeben könnten, zum Spiegel von Prozessen und Strukturen, die sich auch andernorts, in der Provinz, beobachten lassen. Im Extremfall wird diese Stadt zum *Pars pro toto*, zum austauschbaren Platzhalter. Auf Berlin übertragen: Die Stadt würde zu einer unter vielen anderen preußischen und deutschen Städten, zu einem Ort, an dem sich alles genauso abspielte wie überall in Preußen bzw. Deutschland, nur früher, schneller und gewaltiger.

Eine solche Sicht würde den Besonderheiten Berlins nicht gerecht. Zwar hat die im Laufe des 19. Jahrhunderts einsetzende und mittlerweile alle europäischen Städte erfassende Globalisierung zu einer allmählichen Angleichung der Lebenswelten beigetragen. Und doch macht es noch heute einen Unterschied, ob man in Wuppertal-Elberfeld, Freiburg oder Berlin lebt. Das galt auch für das frühe 18. Jahrhundert, als es sich bei Berlin noch um eine im Vergleich zu London, Paris oder Wien nachrangige Stadt handelte. Ebenso weist der im Verlauf des 19. Jahrhunderts einsetzende radikale und tief greifende Wandel der beschaulichen Residenzstadt in eine vibrierende europäische Metropole außergewöhnliche Züge auf.

Die hier vorliegende Darstellung versucht, beides miteinander zu verbinden: das Allgemeine und Re-

Eine Stadt wie viele andere? Anonymer kolorierter Kupferstich, um 1820

Politik im Übergang: Kronprinz Wilhelm (rechts) führt 1888 seinem kranken Vater, Kaiser Friedrich III. (links), im Park des Schlosses Charlottenburg sein Regiment vor.

präsentative, das uns (nicht nur) in Berlin begegnet, mit dem Spezifischen, das uns nur oder insbesondere in Berlin gegenübertritt. Dabei gilt es, drei Ebenen zu unterscheiden, welche „die innere Struktur der Stadt, aber auch den Alltag und den Lebenskreis der Bewohner" bestimmten.[5] Da ist zunächst die *überregionale*, die (brandenburgisch-)preußische, nationale und europäische Ebene. In Berlin wurde Politik gemacht. Hier entschied sich die Ausrichtung des politischen Systems. Hier wurden grundlegende politische Entscheidungen, von der Außenpolitik bis zur Wirtschafts- und Bildungspolitik, geplant, diskutiert, getroffen und umgesetzt. Nicht, dass sich dabei am Ende immer das gewünschte Ergebnis eingestellt hätte: Durchweg sollten Anspruch und Wirklichkeit mehr oder weniger auseinanderklaffen. Ungeachtet dessen hatten die von der Politik vorgegebenen Richtlinien – ob gewollt oder nicht – stets Auswirkungen auf die landesweite Gestaltung von Wirtschaft, Gesellschaft und Kultur. Denn die in Berlin getroffenen Entscheidungen betrafen nicht nur die vor Ort, sondern alle in (Brandenburg-)Preußen lebenden Menschen, spätestens seit 1866 sämtliche Deutsche, seit den 1880er-Jahren zudem die Menschen in den deutschen Kolonialgebieten und mit dem Kriegsausbruch von 1914 sogar große Teile der Weltbevölkerung. Umgekehrt wirkten die zahlreichen, sich intensivierenden Verflechtungen auf regionaler, nationaler, europäischer und globaler Ebene auf die Berliner ein. Schon im 18. Jahrhundert spielte der englische Einfluss eine starke Rolle. Ebenso hoch ist der französische Einfluss zu veranschlagen, der vor allem durch die Hugenotten, Voltaire (1694–1778), die Ideen der Französischen Revolution und die Gewalt und Ausstrahlungskraft Napoleons (reg. 1799–1814/15) ausgeübt wurde.

Sowohl die globalen und europäischen Impulse als auch die preußisch-deutsche Regierungspolitik erfassten und betrafen alle Bewohner des Landes. Doch waren die Berliner immer auf spezifische Weise davon betroffen. Stets hängt ja die Umsetzung politischer Entscheidungen von den konkreten kommunalpolitischen, sozioökonomischen und kulturellen, aber auch den geografischen und klimatischen Bedingungen vor Ort

Ein ganz anderer Alltag in Berlin: Frau an einem Waschzuber, um 1900

ab. So entfalteten zum Beispiel die gegen die katholische Kirche gerichteten Kulturkampfgesetze der 1870er-Jahre im katholisch dominierten Münster, das offiziell seit 1815 zu Preußen gehörte, eine andere, viel tiefer greifende Wirkung als in der katholischen Diaspora Berlins. Auch die im 18. Jahrhundert einsetzende Militarisierung erfasste und bedrückte die Bevölkerung auf dem platten Lande sehr viel mehr als die Berliner, die seinerzeit vom Militärdienst weitgehend freigestellt waren.

Gleichzeitig wurde das politische Leben in Berlin oftmals unmittelbarer erfahren als in anderen, zum Teil Hunderte von Kilometern entfernten Dörfern und Städten. Schließlich wurde hier Politik an ganz konkreten Orten gestaltet: etwa im sogenannten Tabakskollegium, einer Männerrunde im Berliner, im Potsdamer und im Königs Wusterhausener Schloss; später dann im Reichstag und in der Wilhelmstraße. Auch die Zurschaustellung der politischen und militärischen Macht wurde konkret vor Ort vollzogen. Nicht selten schaute die einheimische Bevölkerung zu und genoss diese Repräsentationen. Auch wenn sie all dies „nicht als Teil des eigenen Alltags" verstehen mochte,[6] unterschied sie sich durch die permanente Begegnung mit Herrschaft und Macht von anderen Bürgern des Landes, die all dies oft nur vom Hörensagen kannten. Auch so manches Ereignis – etwa die zwei der insgesamt fünf misslungenen Attentate auf Wilhelm I. (1861–1888 König von Preußen, 1871–1888 Deutscher Kaiser) im Mai und im Juni 1878 – vollzog sich vor den Augen einheimischer Bürger, die darüber ihren Nachbarn, Freunden und Verwandten auf ganz andere Weise berichten konnten, als es in den Tageszeitungen nachzulesen war.

Politische Entscheidungen wurden in Berlin nicht nur auf höchster preußischer oder nationaler Ebene, sondern mitunter auch auf einer untergeordneten zweiten, *kommunalen Ebene* getroffen. Infolge der Städtereform von 1808 gab es überall in Preußen eigenständig handelnde Selbstvertretungsorgane, auch wenn diese nur über beschränkte Kompetenzen verfügten und einer strengen Oberaufsicht unterstanden – in Berlin dem brandenburgischen Oberpräsidenten und dem Berliner Polizeipräsidenten. Vor allem betraf die Kommunalpolitik die städtische Infrastruktur und mitunter auch kulturelle Angelegenheiten, wobei – auch dies eine Besonderheit Berlins – das Vorhandensein eines staatlichen Theater-, Museums- und Bibliothekswesens die Errichtung kommunaler Kultureinrichtungen verlangsamte.

Gibt es ein Leben jenseits der Politik? Gibt es einen Alltag, der von den politischen Strukturen unberührt und unbeeindruckt bleibt? Gibt es Nischen, in die weder regierungs- noch kommunalpolitische Entscheidungen eindringen? Sicherlich reichte schon im 18. Jahrhundert der Arm der Obrigkeit bis auf diese dritte, *nachbarschaftliche Ebene* und erfasste so jede Familie. Hier spielte sich das alltägliche Leben der Berliner ab, und das je nach Quartier auf recht unterschiedliche Weise. So machte es einen gehörigen Unterschied, ob man um 1914 im Wedding wohnte oder am Bayerischen Platz. Dementsprechend intensiv war die Verbundenheit der Bewohner mit ihrem Kiez – ein Phänomen, das uns noch heute in Berlin auf besonders ausgeprägte Weise begegnet.

Kurzum: Wir haben es in Berlin mit drei Ebenen zu tun, die mit dem Leben der Menschen mehr oder weniger eng verbunden waren und die im Rahmen der jeweiligen politischen, sozialen und wirtschaftlichen Ordnung und trotz aller Gemeinsamkeiten mit anderen preußischen, deutschen und europäischen Städten eine ganz besondere Stadt mit verschiedenen besonderen Quartieren entstehen ließen.

Es sind diese Besonderheiten, die sich mitunter zu Mythen verdichtet haben und zu zahlreichen Stereotypen über die Stadt und ihre Bewohner führten. Diese Mythen und Stereotype sollen im Folgenden systematisch-chronologisch vorgestellt und überprüft werden. Im Anschluss an einen Überblick über die territoriale, infrastrukturelle und demografische Entwicklung Berlins im 18. und 19. Jahrhundert stehen vier Themenbereiche im Vordergrund: die politischen Reformen, Militarismus und Nationalismus, der Umgang mit Armen und religiösen Minderheiten sowie das kulturelle Leben der Stadt. Dabei soll immer auch der Alltagsbezug eine zentrale Rolle spielen. Denn hier, im Alltag vor Ort, trafen die große Politik und die „einfachen" Menschen aufeinander.

Der nach Süden ausgerichtete Stadtplan von 1737 zeigt eine schnell wachsende Stadt. Rechts oben sieht man den kreisrunden Belle-Alliance-Platz, den heutigen Mehringplatz, darunter die Friedrichstadt.

RESIDENZSTADT – HAUPTSTADT – METROPOLE

„781 Jahre Dresden", „821 Jahre Leipzig", „1026 Jahre Halle": Mit solchen Aufklebern spotteten zahlreiche Bürger aus der DDR-Provinz über die mit aufwendigen Vorbereitungen und hohen Kosten verbundene 750-Jahrfeier Berlins, die von der SED im Jahre 1987 mit großem Pomp in Ost-Berlin begangen wurde.[1] Tatsächlich kann Berlin im Vergleich zu zahlreichen anderen deutschen Städten – man denke nur an Augsburg, Trier, Mainz oder Köln – lediglich auf eine vergleichsweise junge Geschichte zurückblicken. Allerdings hat sich keine andere deutsche Stadt von einem unbedeutenden Flecken zunächst in eine beschauliche Residenzstadt und dann, gegen Ende des 19. Jahrhunderts, binnen kürzester Zeit in eine Metropole von europäischem Rang verwandelt.

Stadtbild

Im Laufe des 13. Jahrhunderts hatten sich das erstmals 1237 urkundlich erwähnte Cölln und seine Nachbargemeinde Berlin von einer kleinen „deutschen Kaufmannsgründung im lange Zeit slawisch dominierten Osten"[2] zu einem erfolgreichen, mit einer Stadtmauer befestigten Handelsplatz entwickelt. Das 1307 zu einer Union und 1432 zu einer Doppelstadt zusammengeschlossene Cölln-Berlin wurde 1486 schließlich zur markgräflichen Residenzstadt erhoben.

Eine nennenswerte Vergrößerung erfolgte aber erst im 17. Jahrhundert, und zwar durch den Neubau dreier Stadtteile: der Spandauer Vorstadt sowie der Dorotheenstadt und der Friedrichstadt, die beide gemeinsam mit Friedrichswerder im Jahre 1709 eingemeindet wurden und mit den nun auch offiziell zusammengelegten Stadthälften Berlin und Cölln eine gemeinsame Stadt bildeten. Diese Residenzstadt sollte sich im Laufe des 18. und 19. Jahrhunderts zu einer repräsentativen Hauptstadt eines der führenden Staaten Europas entwickeln. Den Grundstein dafür legte Friedrich I., der 1657 geborene Sohn des sogenannten Großen Kurfürsten Friedrich Wilhelm (Markgraf 1640–1688). Nach dessen Tod im Jahre 1688 hatte er als Friedrich III. über Kurbrandenburg und das mit ihm in Personalunion verbundene Herzogtum Preußen geherrscht. Nachdem er sich 1701 in Königsberg, also außerhalb des Heiligen Römischen Reiches Deutscher Nation, selbst zum König gekrönt hatte, nahm er den Namen Friedrich I. an. Er war fortan König *in* Preußen; erst Friedrich II. (reg. 1740–1786) nannte sich nach der 1772 im Rahmen der ersten polnischen Teilung erfolgten Annexion Westpreußens König *von* Preußen. Erst jetzt wurde das brandenburgische Berlin auch Hauptstadt des preußischen Gesamtstaats.

Als Königliche Haupt- und Residenzstadt war Berlins Schicksal spätestens seit 1701 untrennbar mit dem des ganzen Landes verbunden. (Brandenburg-)Preußens Aufstieg, der sich in den beiden folgenden Jahrhunderten – von einem Rückschlag zwischen 1806 und 1813 abgesehen – vollziehen sollte, hatte mit einiger Verzögerung auch eine rasante Entwicklung Berlins zur Folge. Dessen neuer Status als Königsstadt machte sich vor allem im Straßenbild und in der Architektur bemerkbar. Denn wie viele andere Herrscher seiner Zeit wollte auch Friedrich I. seinen Machtanspruch in Stein gemeißelt sehen. Nicht nur wurde das 1688 angelegte Viertel Friedrichstadt fertiggestellt. Vielerorts wurden auch neue repräsentative Gebäude errichtet und Skulpturen aufgestellt, sodass das alte, vom Dreißigjährigen Krieg gezeichnete Berlin „unter den breiten, gepflasterten Straßen und Staatsbauten einer eleganten Residenzstadt" allmählich verschwand.[3] Schon 1699, zwei Jahre vor der Krönung Friedrichs, hatte der Architekt und Hofbildhauer Andreas Schlüter (1659/60–1714) mit dem Umbau des Stadtschlosses begonnen. Im selben Jahr übernahm Schlüter vermutlich auch für kurze Zeit die Arbeiten an der Sommerresidenz in Lietzenburg, einem zunächst noch recht bescheiden wirkenden Schloss, das nach und nach unter anderem um ein Opernhaus erweitert und von Johann Friedrich Eosander von Göthe (1669–1728) zu einem prachtvollen Schlosskomplex mit Orangerie und Kapelle umgestaltet wurde. An diesem Ort, den man seit 1705 zu Ehren der verstorbenen Königin Sophie Charlotte (1668–1705) als Schloss Charlottenburg bezeichnet, wurden regelmäßig prachtvolle Feste gefeiert, die keineswegs nur einem Selbstzweck dienten, sondern auch und vor allem den privilegierten Status des neuen Königreichs europaweit demonstrieren sollten.

Unter der Regentschaft seines Sohnes Friedrich Wilhelm I. (reg. 1713–1740) erhielt Berlin einen vor dem Schloss gelegenen Lustgarten und die noch heute existierende Prachtstraße Unter den Linden, die dem Verlauf einer ursprünglich als Reitweg angelegten und seither sukzessive ausgebauten Straße folgte. Vor allem aber ließ der als „Soldatenkönig" in die Geschichtsbücher eingegangene Monarch allerorts Bürgerhäuser bauen und Exerzierplätze errichten: an der Peripherie, etwa im Tiergarten (auf dem heutigen Platz der Republik) und auf Arealen im heutigen Tempelhof und Kreuzberg, aber auch an zentralen Orten wie dem Pariser Platz, dem Lustgarten und dem Leipziger Platz. Binnen weniger Jahrzehnte sollte sich die Stadtfläche Berlins dadurch verdoppeln. Deutlich sichtbar waren die neuen Stadtgrenzen dank einer neuen teils hölzernen, teils steinernen Mauer, die Friedrich Wilhelm I. in den 1730er-Jahren hatte errichten lassen: der sogenannten Akzisemauer, die nicht nur der Steuereintreibung diente, sondern vor allem die in Berlin stationierten Soldaten an einer Flucht hindern sollte. Diese Mauer, die die bisherige Festungsanlage ersetzte, reichte vom Brandenburger Tor im Westen zum Frankfurter Tor im Osten, vom Cottbusser Tor im Süden zur Torstraße im Norden.

Auf diesem Stich von 1706 ist im Zentrum der Stadt das umgebaute Stadtschloss deutlich zu erkennen. Daneben sieht man das Dominikanerkloster, am oben Bildrand die Marienkirche und rechts die Nikolaikirche.

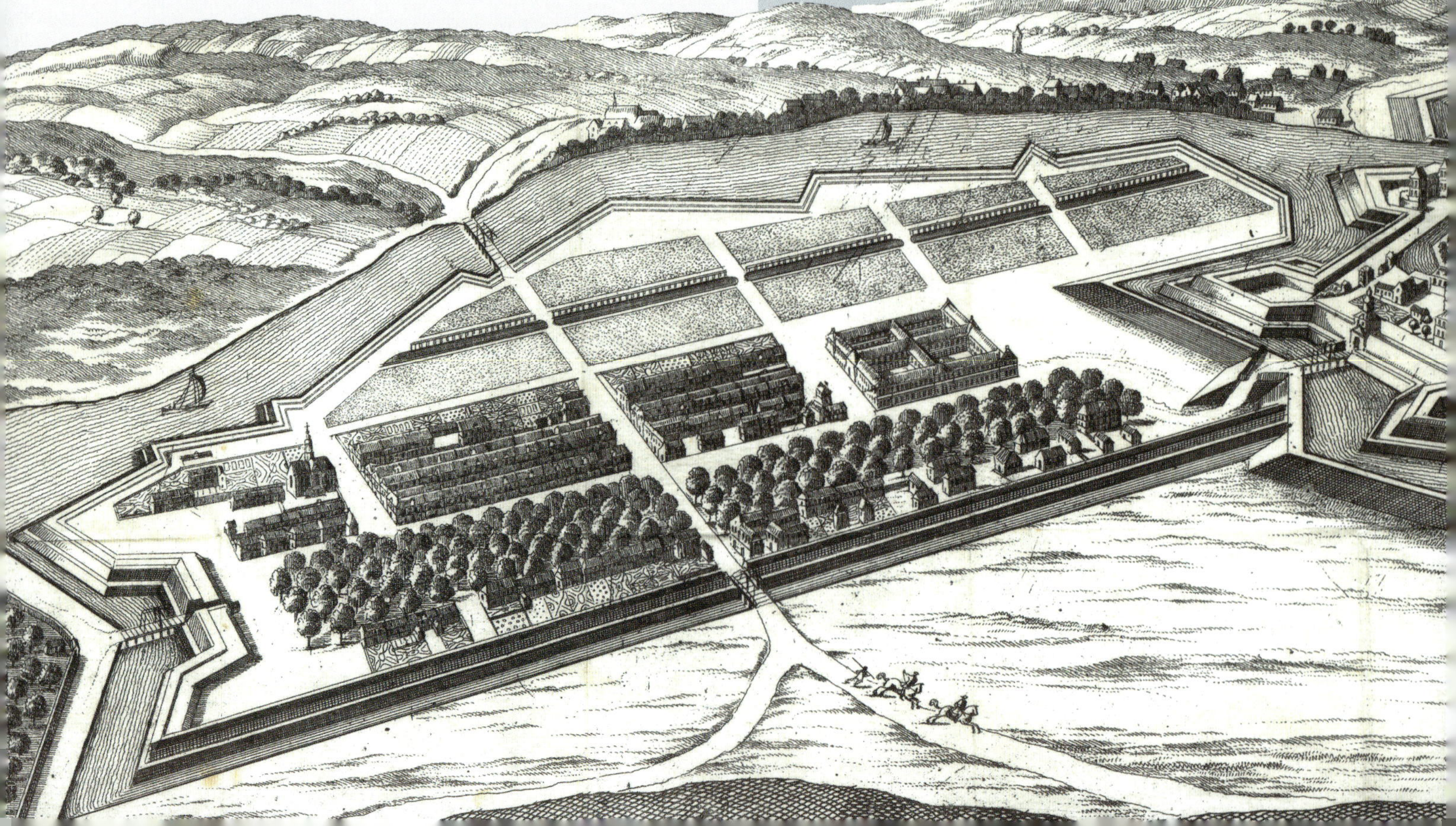

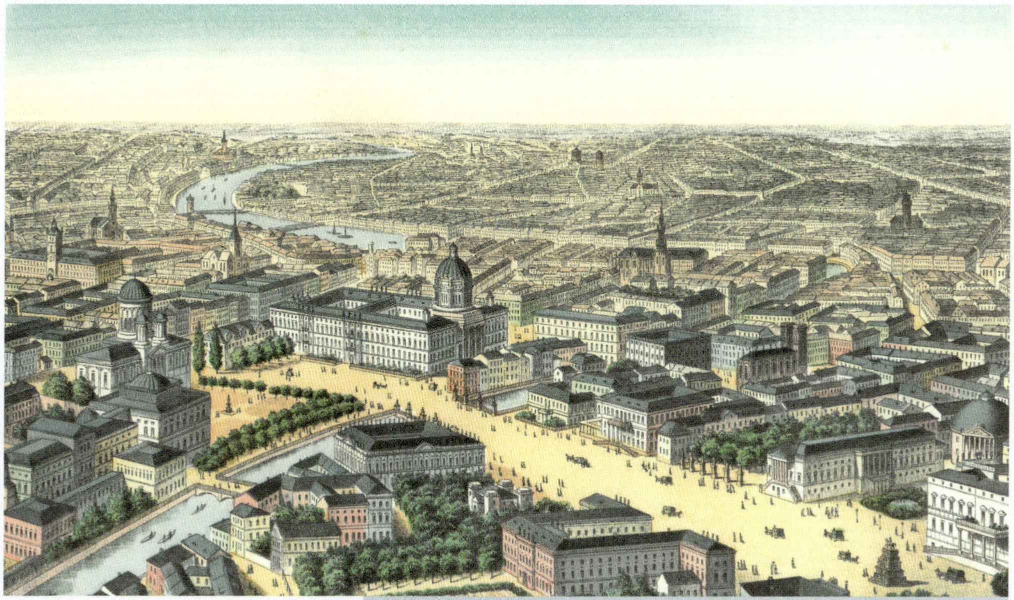

Unter den Linden, Stadtschloss und (links) Berliner Dom. Altkolorierte Lithografie, um 1875

Friedrich Wilhelms Sohn Friedrich II., der als Friedrich der Große in den Geschichtsbüchern noch heute seine Vorgänger wie seine Nachfolger überstrahlt, verband in seiner Bautätigkeit das Militärische noch stärker mit dem Repräsentativen, indem er nicht nur den Bau von Kasernen und drei- bis viergeschossigen Wohnhäusern veranlasste, sondern auch den Tiergarten umgestalten sowie ein Palais für seinen Bruder Prinz Heinrich errichten ließ, das heute die Humboldt-Universität beherbergt. Georg Wenzeslaus von Knobelsdorff beauftragte er mit der Planung einer Hofoper, der heutigen Staatsoper. Sogar der Bau einer katholischen Kirche, der heutigen St.-Hedwigs-Kathedrale, wurde in Auftrag gegeben.

Das Berlin, das der heutige Besucher mit Preußens Gloria verbindet, entstand allerdings erst nach dem Tod Friedrichs II. unter seinem Neffen und Nachfolger Friedrich Wilhelm II. (reg. 1786–1797) und dessen Sohn

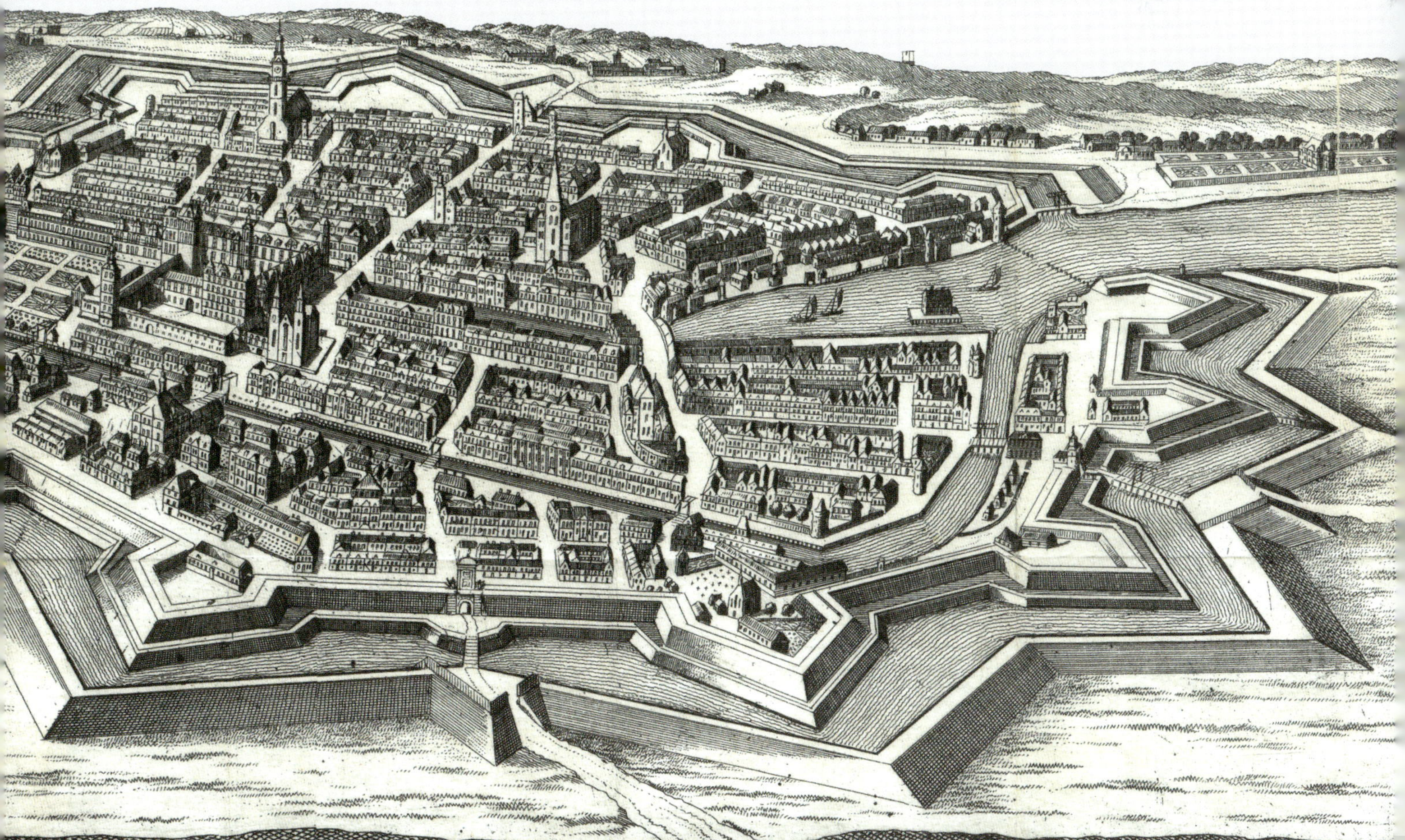

Friedrich Wilhelm III. (reg. 1797–1840). Zwischen 1789 und 1793 wurde das nach Entwürfen von Carl Gotthard Langhans (1732–1808) im klassizistischen Stil gehaltene Brandenburger Tor errichtet, das mit einer von Johann Gottfried Schadow (1764–1850) geschaffenen Quadriga geschmückt wurde. Mit einigem zeitlichen Abstand folgten jene von Karl Friedrich Schinkel (1781–1841) entworfenen Gebäude, die noch heute das Stadtbild von Berlin-Mitte prägen: die 1818 Unter den Linden fertiggestellte Neue Wache, das im selben Jahr am Gendarmenmarkt errichtete und 1821 eröffnete Königliche Schauspielhaus (seit 1994 Konzerthaus), das von 1825 bis 1830 auf der Museumsinsel erbaute Neue Museum (heute Altes Museum), die am Werderschen Markt zwischen 1824 und 1831 erbaute Friedrichswerdersche Kirche und das 1832 bis 1836 errichtete Gebäude der Berliner Bauakademie.

Die antikisierende, stärker griechischen als römischen Stilelementen verpflichtete Architektur dieser Gebäude sorgte für Berlins Image als „Spreeathen". Schon 1706 hatte der Berliner Dichter Erdmann Wircker in einer Huldigung an Friedrich I. diesen Begriff geprägt, der bis heute das Bild, das sich die Berliner von ihrer Stadt als einer klassizistischen Idylle machen, beeinflusst. Dies liegt nicht allein an den Gebäuden und Denkmälern jener Zeit, die nach dem Bombenkrieg restauriert wurden, sondern auch an den zahlreichen zeitgenössischen Gemälden und Lithografien, die ein romantisch-verträumtes Bild der Stadt gezeichnet haben – freilich ein Bild, das viele Besucher Berlins schon zu Beginn des 19. Jahrhunderts nicht teilen mochten. Denn auf viele wirkte die Stadt ohne mittelalterlichen Kern ausgesprochen nüchtern und geschichtslos, ja modern. So heißt es in Germaine de Staëls (1766–1817) berühmtem, erstmals 1810 auf Französisch und vier Jahre später auf Deutsch veröffentlichten Buch „Über Deutschland", das wie kein anderes das Deutschlandbild der Franzosen prägen sollte:

„Berlin ist eine große Stadt, mit breiten geraden Straßen, schönen Häusern, und von regelmäßiger Bauart. Da sie größtentheils neu gebaut ist, so finden sich wenige Spuren älterer Zeiten. Unter den modernen Gebäuden erheben sich keine gothische Monumente, und das Neue wird in diesem neugebildeten Lande auf keinerlei Weise durch Altes unterbrochen und eingezwängt. [...] Ich, für meinen Theil, würde mir in America neue Städte und neue Gesetze wünschen; dort sprechen Natur und Freiheit laut genug zur Seele, um die Erinnerungen entbehrlich zu machen; aber auf unserem alten europäischen Boden müssen wir auf Spuren der Vergangenheit stoßen. Berlin, diese ganz moderne Stadt, so schön sie immer seyn mag, bringt keine feierliche, ernste Wirkung hervor, sie trägt das Gepräge weder der Geschichte des Landes noch des Characters der Einwohner; und die prächtigen neu aufgebauten Gebäude scheinen bloß für die bequeme Vereinigung der Vergnügungen und der Industrie bestimmt zu seyn. Die schönsten Palläste von Berlin sind von gebrannten Steinen; kaum wird man in den Portalen und Triumphbögen Quaderstücke auffinden. Preussens Hauptstadt gleicht Preussen selbst; Gebäude und Einrichtungen zählen nur ein Menschenalter, und nichts darüber, weil sie einen Menschen zum Urheber haben."[4]

Der frankophile Dichter Heinrich Heine (1797–1856) schloss sich 1822 Madame de Staëls Urteil an und beschrieb eine vibrierende Hauptstadt, die „neu, schön und regelmäßig gebaut" sei und „doch einen etwas nüchternen Eindruck" mache. Fast scheint es, als ob sich der Rheinländer seiner Begeisterung für die preußische Hauptstadt schämte. Denn zuvor war Heine regelrecht ins Schwärmen gekommen:

„Welche große, herrliche Straße! Das ist eben die Königstraße, wo ein Kaufmannsmagazin ans andre grenzt, und die bunten, leuchtenden Waren-

Zeitlebens hatte er ein schwieriges Verhältnis zu Berlin: Heinrich Heine erhielt 1958 ein Denkmal in Berlin im Park am Weinbergsweg; 2002 wurde eine Kopie der Bronzeplastik von Waldemar Grzimek im Kastanienwäldchen vor dem heutigen Maxim-Gorki-Theater aufgestellt.

ausstellungen fast das Auge blenden. […] Rechts das Schloß, ein hohes, großartiges Gebäude. Die Zeit hat es grau gefärbt, und gab ihm ein düsteres, aber desto majestätischeres Ansehen. Links wieder zwei schöne Straßen, die Breite-Straße und die Brüderstraße. […] Schauen Sie jetzt mal auf. In der Ferne sehen Sie schon – die Linden! Wirklich, ich kenne keinen imposantern Anblick, als vor der Hundebrücke stehend nach den Linden hinauf zu sehen. Rechts das hohe, prächtige Zeughaus, das neue Wachthaus, die Universität und Akademie. Links das königliche Palais, das Opernhaus, die Bibliothek usw. Hier drängt sich Prachtgebäude an Prachtgebäude. […] Hier stehn wir auf dem Schloßplatz, dem breitesten und größten Platze in Berlin. Das königliche Palais ist das schlichteste und unbedeutendste von allen diesen Gebäuden. Unser König wohnt hier. Einfach und bürgerlich. Hut ab! da fährt der König selbst vorbei. […] Wie gefällt Ihnen aber die Universität? Fürwahr, ein herrliches Gebäude! […] Ja, das sind die berühmten Linden, wovon Sie so viel gehört haben. Mich durchschauerts, wenn ich denke, auf dieser Stelle hat vielleicht Lessing gestanden, unter diesen Bäumen war der Lieblingsspaziergang so vieler großer Männer, die in Berlin gelebt; hier ging der große Fritz, hier wandelte – Er! Aber ist die Gegenwart nicht auch herrlich? Es ist just 12 und die Spaziergangszeit der schönen Welt. Die geputzte Menge treibt sich die Linden auf und ab. Sehen Sie dort den Elegant mit zwölf bunten Westen? Hören Sie die tiefsinnigen Bemerkungen, die er seiner Donna zulispelt? […] Aber schauen Sie die schönen Damen! Welche Gestalten! Ich werde poetisch! […] Jetzt sehen Sie mal rechts und links. Das ist die große Friedrichstraße. Wenn man diese betrachtet, kann man sich die Idee der Unendlichkeit veranschaulichen. […] Jetzt laßt uns umkehren, ich habe Appetit und sehne mich nach dem Café royal. Wollen Sie fahren? Hier gleich am Tore stehen Droschken. […] Laßt uns einsteigen. Schnell, Kutscher. Wie das unter den Linden wogt!“[5]

Erst 1831, neun Jahre später, sollte Heinrich Heine nach Paris kommen. Hätte er die europäische Metropole bereits vor seinem Aufenthalt in Berlin gekannt, hätte er seine Eloge auf die pulsierende Großstadt vielleicht zurückhaltender formuliert. Und wäre Heine nicht nur durch das Zentrum, sondern auch durch die Außenbezirke flaniert, wäre sein gesellschaftliches Panoramabild vermutlich vielfältiger und gebrochener ausgefallen. Denn schon gegen Ende des 18. Jahrhunderts war der städtische Alltag von starker Segregation bestimmt: hier das reiche, repräsentative Berlin, dort die heruntergekommenen Vorstädte, in denen Armut, Hunger und Verzweiflung auf der Tagesordnung standen. Das ist einem erstmals 1793 veröffentlichten Bericht des Juristen und Publizisten Georg Friedrich Rebmann (1768–1824) über einen Spaziergang zu entnehmen, der ihn in die Gebiete am Berliner Stadtrand, in die Stralauer Vorstadt, führte:

„Blicke noch einmal zurück auf jene Paläste, blicke auf die geputzten Spaziergänger und dann schnell, ohne dein Auge zu wenden, hieher! Hieher auf die jämmerlichen Hütten, die den halbnackten Bewohnern den Einsturz drohen, auf Menschen, die unter schnarrenden Strumpf-

wirkerstühlen mit Mühe durch ununterbrochene sitzende Arbeit sich vom Hungertode zu retten vermögen, auf verkrüppelte Kinder, schmutzig und blaß – kurz auf lauter Gegenstücke, die ein feindseliger Zauberer dir auf jene Bilder der Pracht und des Reichtums vors Auge gestellt zu haben scheint. An jenem Ende der Stadt betäubte dich das Rasseln der Karossen, hier hörst du nur das Seufzen einer Mutter, die für ihre Kleinen kein Brot hat, oder höchstens die einförmige Melodie eines geistlichen Liedes, die den Magen zur Ruhe lullen soll – dort stauntest du über die prächtige Livree des Läufers, hier muß eine arme Familie die Materialien dazu um einen unglaublich geringen Preis verarbeiten, damit der Kaufmann dem Müßiggänger, der seinen Bedienten mit Aufwand einer Summe kleidet, wovon diese arme Familie ein Jahr lang lebt, desto leichter und länger Kredit geben kann – die Federn, die auf der Promenade vom Kopf der stolzen Fabrikantin herabwehten, triefen vom Schweiße dieser Unglücklichen […] – hier verkauft eine verzweifelnde Mutter ihre einzige Tochter ins Freudenhaus, weiht sie zum Opfer des Lasters, um Brot auf einige Wochen zu haben, während unter den Linden die Kupplerin das durch den Menschenhandel gewonnene Geld mit einem bezahlten - - - durchbringt. Oh, Freund! Jene Paläste in eine und die Tränen dieser Unglücklichen in die andere Schale, welche wiegt schwerer, die des menschlichen Glücks oder die des menschlichen Elends? Und hier ist das verborgene, tiefversteckte Elend der, dem Äußern nach so prunkenden Mittelklasse noch nicht mit gezählt!“[6]

Armut in Berlin: Barackenkolonie obdachloser Familien am Kottbusser Damm. Holzstich, 1872

Mit der rund 40 Jahre später, zur Zeit Friedrich Wilhelms IV. (reg. 1840–1861) einsetzenden Industrialisierung sollten sich diese sozialen Gegensätze noch verschärfen. Einerseits gerieten die Armenviertel in eine immer größere Isolation. Andererseits erlebte Berlin als Industrie- und Handelsstandort einen bis dahin unbekannten Aufschwung, der sich sowohl in der architektonischen Gestaltung einzelner Gebäude als auch im Stadtbild insgesamt niederschlug. Zum einen entstanden nun Fabriken wie die vor dem Oranienburger Tor gelegene und 1837 von August Borsig (1804–1854) in Betrieb genommene Gießerei und Maschinenbau-Anstalt, in der Dampfmaschinen und seit 1840 auch Lokomotiven hergestellt wurden. Zum anderen fand die Industriearchitektur auch in nichtindustriell genutzten Gebäuden Einzug, zum Beispiel in Krolls Etablissement (später Krolloper genannt), einem von Ludwig Persius (1803–1845) entworfenen und unter der Bauaufsicht von Eduard Knoblauch (1801–1865) errichteten Gebäudekomplex im Tiergarten (am heutigen Platz der Republik). Krolls Etablissement diente als Vergnügungsort und Opernhaus und wurde nach dem Reichstagsbrand in der Nacht vom 27. auf den 28. Februar 1933 vorübergehend auch als parlamentarischer Versammlungsort genutzt.

Knoblauch war bis zu einer schweren Erkrankung im Jahre 1859 auch mit der Planung der Großen Synagoge an der Oranienburger Straße betraut, die 1866 eingeweiht wurde. In dem hier angrenzenden Scheunenviertel, das zunächst tatsächlich Scheunen und Unterkünfte für Landarbeiter beherbergt hatte, war auf Geheiß Friedrich Wilhelms I. im Laufe des 18. Jahrhunderts ein jüdisch geprägtes Viertel entstanden, in dem sich seit Mitte des 19. Jahrhunderts dann auch zahlreiche aus Osteuropa stammende Juden niederließen. Überhaupt begann sich die Stadt seit den 1860er-Jahren unter der Regentschaft Wilhelms I. nachhaltig zu verändern. Infolge der rasanten Bevölkerungszunahme war schon zu Beginn der 1820er-Jahre die Idee aufgekommen, jenseits der Akzisemauer liegende Orte und Flächen wie Moabit und Tiergarten im Westen, den Wedding im Nordwesten sowie Teile Schönebergs und Tempelhofs im Süden der Stadt Berlin einzuverleiben. Zu einer solchen Eingemeindung kam es aber erst im Jahre 1861.

In nahezu allen Bereichen wurden nun einschneidende Eingriffe im Stadtbild vorgenommen. Im historischen Zentrum betraf dies vor allem die Akzisemauer, die mit Ausnahme dreier Tore, darunter das Brandenburger Tor, abgetragen wurde. Ansonsten waren die Veränderungen hier überschaubar. Schließlich verblieb das neue politische Zentrum im alten. Schon vor der Reichsgründung waren auf der Spreeinsel und in der Friedrichstadt die wichtigsten preußischen Ministerien untergebracht gewesen: die Staatskanzlei im Stadtschloss auf der Spreeinsel, das Kriegsministerium in der Leipziger Straße, das Justiz- und Außenministerium in der Wilhelmstraße. Seit 1871 befand sich hier nun das Regierungsviertel des neuen Nationalstaates. So beherbergte die Wilhelmstraße fortan die Ministerien des neu gegründeten Reiches: das Auswärtige Amt, das Innenministerium, die Reichskanzlei und den Reichsrat. Der eindrucksvollste Bau, das im Tiergarten gelegene, von Paul Wallot (1841–1912) errichtete Reichstagsgebäude, wurde indes erst 1894 eingeweiht – sehr zum Missfallen Wilhelms II. (1888–1918 preußischer König und Deutscher Kaiser), der den Bau als „Reichsaffenhaus“ und „Gipfel der Geschmacklosigkeit“ bezeichnete.[7]

Und doch war Berlin um 1871, unmittelbar nach Gründung des Deutschen Kaiserreichs und der in Versailles vollzogenen Krönung Wilhelms I. zum Deutschen Kaiser, noch immer „keine Metropole, die mit anderen europäischen Hauptstädten in einen ernsthaften Wettstreit treten konnte.“[8] Victor Tissot (1844–1917), ein franko-schweizerischer Schriftsteller, der Anfang der 1870er-Jahre der Stadt einen Besuch abstattete, gelangte vielmehr zu einem ernüchternden Urteil: „Wenn man die ausgerichteten Straßen, die ohne Leben“ seien, durchwandert habe, begreife man, warum Berlin „trotz des Ansehens, das die letzten Ereignisse (die Gründung des Kaiserreiches) der Stadt gegeben haben, […] niemals eine Hauptstadt sein [werde] wie Wien, Paris oder London“.[9]

Tissot irrte. Denn so monoton Berlin zur Zeit der Reichsgründung noch sein mochte, so dramatisch war der Wandel, der sich in den folgenden Jahrzehnten bis zum Ausbruch des Ersten Weltkriegs vollzog. Besonders prägnant hat im Jahre 1908 der Publizist Hermann Konsbrück die Einmaligkeit Berlins zum Ausdruck gebracht:

„Als ich kürzlich Berlin wiedersah, suchte ich vergeblich nach einem treffenden Vergleich. Nichts auf Erden vermag als vollkommenes Gleichnis zu dienen für dieses sich nach außen stets ausbreitende Stadtungeheuer – dessen ewige innere Veränderung sich in jeder Richtung und Hinsicht im gleichen Tempo vollzieht. Das Tempo des Wachstums ist rasend – beängstigend und begeisternd zugleich. Es ist amerikanisch – denn jede europäische Großstadt brauchte zu ähnlicher Leistung längere Zeit. Berlin explodiert gleichsam! […] Berlin wächst! Presto! Prestissimo!!“[10]

Tatsächlich war aus Berlin spätestens um die Jahrhundertwende eine Metropole von Weltrang geworden. Davon zeugten nicht zuletzt die neu entstandenen Kaufhäuser und Einkaufspassagen im Stadtzentrum, am Alexanderplatz, in der Friedrichstraße und der Leipziger Straße, oder im vornehmen Westen, wo seit der 1907 erfolgten Eröffnung des KaDeWe, des Kaufhauses des Westens in der Tauentzienstraße, eine „neue Sonderprovinz der Geschäftsstadt Berlin“[11] entstand, die über die 1895 eingeweihte Kaiser-Wilhelm-Gedächtniskirche hinausgriff und den Kurfürstendamm in eine vornehme Konsummeile verwandelte.

Berlin wächst rasant. Bauarbeiten am Alexanderplatz, um 1900

Übersichtskarte des Bebauungsplans von James Hobrecht, 1862

Außerhalb der alten Stadtgrenzen hinterließ nun auch die rasante Industrialisierung ihre Spuren im Stadtbild. Deutschland war jetzt die erste Wirtschaftsmacht Europas und Berlin die größte deutsche Industriestadt, mit einem Schwerpunkt auf der Bekleidungs- und Nahrungsmittelindustrie, vor allem aber der Eisenbahn- und Schwerindustrie und seit den 1890er-Jahren auch der Elektroindustrie (AEG und Telefunken). Einige der bedeutendsten Industriebetriebe des Landes produzierten hier auf so großem Raum, dass nach ihnen ganze Stadtteile benannt wurden. Man denke nur an die zwischen Spandau und Berlin errichtete Siemensstadt oder das zwischen Tegel und Reinickendorf gelegene Borsigwalde.

Auch die damit verbundene Proletarisierung weiter Teile der Stadtbevölkerung manifestierte sich jetzt im Stadtbild und verschärfte die Segregation im Wohnen. Es gab Stadtviertel wie Wedding, Kreuzberg, Friedrichshain oder Prenzlauer Berg und die angrenzenden, bis 1920 unabhängigen Gemeinden wie Lichtenberg oder Rixdorf (das spätere Neukölln), die in der Nähe der neuen großen Industriebetriebe und Fabriken lagen und in denen sich nun vor allem Arbeiter, darunter viele aus ganz Deutschland und Mittelosteuropa zugewanderte Menschen, niederließen. Unter der Ägide Wilhelms I. begann der von 1863 bis 1872 amtierende Oberbürgermeister Karl Theodor Seydel (1812–1873), jene Mietskasernen mit ihren Hinterhöfen erbauen zu lassen, mit denen sich noch heute unser Bild vom gründerzeitlichen Berlin verbindet. Die Grundlage dafür bildete der unter Federführung des Ingenieurs und Stadtplaners James Hobrecht (1825–1902) entwickelte und später nach ihm benannte „Bebauungsplan der Umgebungen Berlins“, der im Juli 1862 in Kraft trat. Abgesehen von einigen wenigen Vorgaben zur Fassade (geschlossene Bebauung zur Straßenseite), zur Größe des Innenhofes, zur Höhe (max. 22 Meter) und Tiefe des Gebäudes (max. 57 Meter) ließ dieser Plan den Bauherren große Gestaltungsmöglichkeiten, was deren Renditevorstellungen sehr entgegenkam, konnten sie doch das Gelände so dicht bebauen lassen wie irgend möglich. So hausten in manchen Quartieren des „steinernen Berlin“[12] bis zu „60 000 Menschen auf einem

Quadratkilometer". Die Folgen sind noch heute sichtbar: die Mietskasernenstadt, deren Fassaden „unter Zuhilfenahme von standardisierten Musterkatalogen" entstanden und in deren Hinterhöfen meist kinderreiche Familien, Niedrigverdiener und Arme lebten, die oftmals alleinstehende Männer, sogenannte Schlafgänger, aufnehmen und mit diesen unter meist unhygienischen Bedingungen auf allerengstem Raum zusammenleben mussten.[13]

Nicht so in der Beletage des Vorderhauses: Hier logierten nicht selten die Eigentümer in großzügig zugeschnittenen, lichtdurchfluteten Wohnungen. Zu den gehobenen Wohnlagen zählten dabei nach wie vor die heute in Berlin-Mitte gelegenen Stadtviertel wie das Alsenviertel im nördlichen Spreebogen (dessen Bebauung mit Ausnahme der Schweizer Botschaft nicht mehr vorhanden ist), die Dorotheenstadt oder die Friedrichstadt. Immer häufiger aber zogen gutsituierte Bürger und Adlige vor die Tore der Stadt, weit weg von den Industriebetrieben, in damals noch eigenständige Städte wie Charlottenburg, Wilmersdorf und Schöneberg, die allmählich ihre Unabhängigkeit einbüßten, auch wenn sie offiziell erst 1920 nach Groß-Berlin eingemeindet wurden. Andere zog es noch weiter ins Grüne: in den Grunewald und nach Lichterfelde, wo ganze Villenkolonien entstanden, dann auch nach Karlshorst bzw. an die umliegenden Seen wie den Wannsee im Westen oder den Müggelsee im Osten.

Wer hier wohnte, konnte die Natur, die Seen und Wälder, weitgehend ungestört genießen. Es war nicht nur der intensive Arbeitsalltag, der die einfachen Menschen und vor allem die Frauen, die oftmals sowohl außer Haus arbeiten als auch den Haushalt versorgen mussten, von der Natur fernhielt. Auch die Fahrtkosten schreckten sie ab, denn erst 1891 wurde ein kostengünstiger Nahverkehrstarif eingeführt. Immerhin gab es einige Viertel, die wie Steglitz (1864) oder Wannsee (1874) ans Netz der Eisenbahn angeschlossen waren. Viele Gebiete im Grunewald waren dagegen so nicht zu erreichen, freilich „nicht unbedingt gegen den Willen der zumeist wohlhabenden Villenbesitzer, die sich mit privaten Droschken und seit den 1890er-Jahren auch mit den ersten privaten Automobilen chauffieren ließen."[14]

Verkehr

Schon zu diesem Zeitpunkt schien es vielen Berlinern, als ob das Straßennetz der Stadt unter dem Andrang des Verkehrs kollabieren müsse. Längst waren die „viel zu engen Straßen […] nicht mehr in der Lage, den ständig wachsenden Verkehr von Wagen, Straßenbahnen, Omnibussen, Fahrrädern aufzunehmen."[15] Hinzu kamen der nicht zuletzt durch Pferdeäpfel verursachte Schmutz auf den Straßen und das chaotische Verkehrsverhalten der Berliner. Die Berliner „Volks-Zeitung" urteilte am 25. Juli 1873, dass die Gefahr, überfahren zu werden, „an den Knotenpunkten unserer Straßen bei dem überaus lebhaften Wagenverkehr keine geringe mehr [sei]. So sehen wir häufig Frauen, welche Kinder an der Hand führen, unter Zittern und Zagen sich durch die schnell fahrenden Droschken und Roll-

Auf dem Potsdamer Platz herrschte bereits Ende des 19. Jahrhunderts dichter Verkehr. Kolorierte Fotografie, um 1900

Ein Zweispänner der Berliner Pferdeeisenbahn befördert Ausflügler.

wagen winden, welche über den Potsdamer Platz kommen. Fünf Straßen münden auf diesen verhältnismäßig sehr kleinen Platz aus, und das Wagengerassel ist hier ein vollkommen betäubendes."[16]

Auch in diesem Verkehrsaufkommen manifestierte sich der Wandel, den Berlin binnen weniger Jahrzehnte durchlaufen hatte. Denn der nun zentral gelegene Potsdamer Platz, der sich in den 1920er-Jahren zu einem der verkehrsreichsten Orte Europas mit der ersten Ampel in ganz Deutschland entwickeln sollte, hatte sich noch in den 1830er-Jahren am Stadtrand befunden, von wo aus die 1792 fertiggestellte Berlin-Potsdamer Chaussee zur Sommerresidenz Friedrich Wilhelms II. führte. Zu jener Zeit machte die Stadt nicht zuletzt aufgrund der Straßenverhältnisse auf Außenstehende noch einen höchst provinziellen Eindruck. Zwar waren schon zu Zeiten Friedrich Wilhelms I. einige Straßen gepflastert und mit Laternen versehen worden; auch eine Verkehrsordnung hatte man erlassen. Dennoch wirkten Berlins Straßen noch um 1800 selbst auf einen Einheimischen wie den Pädagogen Theodor Heinsius „so irregulair und schlecht gepflastert, daß jeder Fremde, wenn er nur wenige Stunden umhergeht, über Schmerzen in den Fußsohlen klagt". An dunklen Abenden laufe man „Gefahr, zu stürzen oder ein Bein zu brechen"; bei dem „kleinsten, unbedeutendsten Regen" entstehe „gleich ein fast undurchdringlicher Koth […], der dem Passagier Durchkommen jeden Augenblick" erschwere. An öffentlichen Gebäuden seien „todte Körper und allerlei Gegenstände des Schmutzes in Menge, welche die Luft verpesten und den Vorübergehenden ekelhafte Anblicke geben". Auch die Beleuchtung sei mangelhaft, es gebe ganze Gegenden und Straßen, „wo kein Strahl von Licht sichtbar" sei. Selbst die gewöhnlichen Laternen gäben „oft mehr Schatten als Licht, und ihre Anzahl [sei]

offenbar für eine Stadt wie Berlin zu gering. Diebstähle, und zwar sehr beträchtliche, [seien] hier nicht selten; eben so gewaltsame Anfälle zur Abendzeit auf öffentlichen Plätzen."[17]

Auch das Fernstraßennetz befand sich zu diesem Zeitpunkt noch in einem desolaten Zustand. Der Weg von Berlin nach Potsdam sei so schlecht, monierte ein Reisender im Januar 1787, dass man sich nicht genug wundern könne, „wie eine Straße, die von allen in den Preußischen Staaten am meisten bereißt" werde und „die der König selbst so oft [passiere], nicht besser und bequemer angelegt" werde. Man fahre „in einem ganz sandigen Boden, und die Aussicht auf die unfruchtbaren Ebenen [werde] durch keinen angenehmen Gegenstand unterbrochen".[18] „Wie viel blühender würde [...] unser Handel, wie viel reicher würden die Fabriken, wie viel einträglicher die Zölle seyn!", wenn es nur Chausseen gäbe, klagte ein anderer von Berlin selbst durchaus beeindruckter Reisender. „Die schlechten Wege und Wirthshäuser und die mittelmäßige Bedienung der Postämter" seien „größtentheils daran Schuld [...], daß man uns auswärts für Barbaren hält". Wenn die französischen und englischen Kaufleute überall „schlechte Bedienung und ununterbrochen elende Wege finden; müssen sie dann nicht geneigt seyn, unser Land mit Sibirien zu vergleichen und uns ein halb Dutzend Stufen auf der Leiter der Cultur herabzusetzen?"[19] Andere Besucher wie Friedrich von Coelln (1766–1820) fühlten sich weniger nach Sibirien als in die „Sandwüsten Arabiens" versetzt.[20] Mit Ausnahme der Chausseen, die von Potsdam und Charlottenburg nach Berlin führten, waren die allermeisten Landstraßen „unbefestigte Sandpisten ohne jeden Unterbau".[21] Noch 1808 fragte sich der französische Schriftsteller Stendhal (1783–1842), wie „bloß jemand auf die Idee kommen [konnte], mitten in all dem Sand eine Stadt zu gründen?"[22]

All diese Beschreibungen überraschen insofern, als sich Berlin in einer verkehrsgünstigen Lage sowohl für den Postkutschen- als auch für den Schiffsverkehr befand. Fernstraßen und Kanäle verbanden die Stadt mit Schlesien und Ostpreußen, Leipzig und Hamburg, der Ost- und der Nordsee. Und doch trat eine spürbare Verbesserung der Verkehrsverhältnisse erst mit der Einführung der Eisenbahn ein. Innerhalb des in Deutschland verhältnismäßig spät verlegten Eisenbahnnetzes entwickelte sich Berlin nun recht schnell zu einem Verkehrsknotenpunkt. Schon drei Jahre nach Eröffnung der ersten Eisenbahnstrecke Deutschlands zwischen Nürnberg und Fürth im Jahre 1835 verband eine Eisenbahn Potsdam mit Zehlendorf und Berlin. 1841 wurde der Anhalter Bahnhof eröffnet, von dem man nach Köthen reisen konnte. Ein Jahr später fuhr eine Bahn vom Frankfurter Bahnhof (heute Ostbahnhof) nach Frankfurt an der Oder. Es folgten Verbindungen nach Lehrte (1843), Breslau und Hamburg (1846). Gut 60 Jahre später, im Jahre 1909, wurde wenige Kilometer nördlich von Schönefeld der Motorflugplatz Johannisthal-Adlershof in Betrieb genommen, nach Darmstadt der zweite deutsche Flugplatz. 1915, mitten im Ersten Weltkrieg, eröffnete bei Spandau ein Luftschiffhafen, der bis in die 1930er-Jahre als Regierungsflugplatz diente und nach 1945 kurzzeitig von den Sowjets als Militärflughafen genutzt wurde.

Auch das innerstädtische Beförderungssystem wurde kontinuierlich ausgebaut. Verstärkt seit den 1840er-Jahren hatte man sich daran gemacht, den Nahverkehr mithilfe von Pferdebahnen und -omnibussen einzurichten. 1865 wurde die Berlin-Charlottenburger Pferde-Eisenbahn, die erste Straßenbahnlinie in Deutschland, in Betrieb genommen. In den 1870er-Jahren erweiterte man das Netz. 1877 wurde eine die Kopfbahnhöfe der Stadt verbindende Ringbahn fertiggestellt und seit 1882 durch die Stadtbahn ergänzt. Ein Jahr zuvor war in Lichterfelde die erste elektrische Straßenbahn weltweit in Betrieb genommen worden. Im Jahre 1902, nur zwei Jahre nach Einführung der Pariser Metro, nahm zudem die erste elektrisch betriebene U-Bahn für den öffentlichen Personenverkehr ihre Fahrt auf; drei Jahre später fuhr bereits ein motorgetriebener Omnibus durch die Stadt. Nicht immer verlief dieser Ausbau reibungslos. Vor allem war er permanent von Klagen und Protesten begleitet, sei es, dass man die hohen Fahrpreise, sei es, dass man den Schmutz oder die Langsamkeit der Verkehrsmittel beklagte. Immerhin gab es auch positive Stimmen, die wie Theodor Fontane die Entwicklung priesen: Berlin, so schrieb der Schriftsteller in einem Brief vom 2. Juni 1881, habe sich

„ganz außerordentlich verändert und ist jetzt eine schöne und vornehme Stadt. Wir verdanken das allem möglichen, aber doch weitaus am meisten dem Asphalt und den Pferdebahnen. Nicht nur ist der Verkehr in einem ganz unglaublichen Grade gewachsen, er hat vor allem auch sein Ansehen geändert. […] Alles ist Leben, Frische, Wohlgekleidetheit. Ich freue mich, diese vernobelte Zeit, an die ich kaum geglaubt, noch erlebt zu haben.“[23]

Hygienische Verhältnisse

Ein solcher Wandel vollzog sich allmählich auch im Bereich der sanitären und hygienischen Verhältnisse. Die moderne Stadt besteht ja nicht nur aus Gebäuden und Straßen, Plätzen und Parks. Ebenso unverzichtbar ist die unterirdische Infrastruktur zur Versorgung und hygienischen Bewältigung des Alltags. Auch hier erwies sich Berlin als Spätzünder. Zwar waren schon unter dem „Großen Kurfürsten“ Friedrich Wilhelm I. (reg. 1640–1688) unterirdische Kanäle für die Abwässer angelegt worden. Ein tief greifender Ausbau der städtischen Infrastruktur erfolgte aber erst nach 1848, zunächst auf Veranlassung des Berliner Polizeipräsidenten Carl Ludwig Friedrich von Hinckeldey (1805–1856), der die Stadtreinigung und die Wasserversorgung verbesserte; dann unter dem seit 1862 amtierenden Oberbürgermeister Karl Theodor Seydel, der nicht nur neue Straßen und Schulen bauen ließ, sondern auch das Gesundheitswesen reformierte und James Hobrecht mit dem Bau eines Kanalisationssystems beauftragte.

Begonnen wurde mit dessen Aufbau allerdings erst zwei Jahre nach Seydels Tod, im Jahre 1875. Zu diesem Zeitpunkt müssen die hygienischen Verhältnisse in Berlin recht primitiv gewesen sein. Das ist einem rückblickend verfassten Bericht August Bebels zu entnehmen, der 1871 als sächsischer Reichstagsabgeordneter nach Berlin kam und als Mitbegründer der deutschen Sozialdemokratie gilt:

„Das damalige Berlin kann sich mit dem heutigen in nichts vergleichen. Die schmucklosen Fassaden der Häuser an den langen geraden Straßen ließen es langweilig und eintönig erscheinen. Die Häuser standen gleichmäßig nebeneinander wie ein Regiment Soldaten, aber ohne anregende Farbe. Der Verkehr war im Vergleich zu heute gering.

Berliner Kinder stehlen Torf von einem Wagen und sammeln aus dem Rinnstein Reste von brennbarem Material, Zeichnung von Th. Hosemann, um 1840

Ab und zu humpelte ein Omnibus mit zwei müden Gäulen über das Pflaster. Droschken sah man selten, deren Benutzung war dem Berliner jener Zeit zu teuer. Das einzige moderne Verkehrsmittel war die Pferdebahn, die vom Kupfergraben nach Charlottenburg führte. Mit den hygienischen Zuständen war es übel bestellt. Eine Kanalisation war noch nicht vorhanden. In den Rinnsteinen, die längs der Bürgersteige hinliefen, sammelten sich die Abwässer der Häuser und verbreiteten an warmen Tagen mefitische [erstickende, modrige] Gerüche. Bedürfnisanstalten auf den Straßen oder Plätzen gab es nicht. Fremde und namentlich Frauen gerieten in Verzweiflung, bedurften sie einer solchen. In den Häusern selbst waren diese Einrichtungen meist unglaublich primitiv. Eines Abends besuchte ich mit meiner Frau das Königliche Schauspielhaus. Ich war entsetzt, als ich in einem Zwischenakt in den Raum trat, der für die Befriedigung kleiner Bedürfnisse der Männer bestimmt war. Mitten in dem Raum stand ein Riesenbottich, längs den Wänden standen einige Dutzend Pots de Chambre [Nachttöpfe], von denen man den benutzten höchst eigenhändig in den großen Kommunebottich zu entleeren hatte. Es war recht gemütlich und ganz demokratisch. Berlin als Großstadt ist wirklich erst nach dem Jahre 1870 aus dem Zustand der Barbarei in den der Zivilisation getreten.“[24]

Überall in der Stadt wird gebaut, wie hier in der Grenadierstraße im Scheunenviertel. Gemälde von Friedrich Kaiser, um 1875

Demografische Entwicklung

Dieser Aufschwung, der sich in Berlin im Laufe des späten 19. Jahrhunderts vollzog, spiegelt sich auch in der demografischen Entwicklung wider. Schätzungen zufolge lebten im Jahr 1709 rund 55 000 Menschen in Berlin. Um 1747 hatte sich die Zahl mit 106 803 Einwohnern schon fast verdoppelt, bis 1800 mit 172 122 Einwohnern sogar mehr als verdreifacht.[25] Im Verlauf des 19. Jahrhunderts setzte sich diese rasante Aufwärtsentwicklung fort: von 200 000 Einwohnern (1815) über 400 000 (1845) und 800 000 (1871) auf eine Million im Jahre 1877 und rund 3,5 Millionen Einwohner im gesamten Großraum um 1900.[26] Schon 1846 war Friedrich Sass zu der Einschätzung gelangt, dass Berlin „in allen seinen Verhältnissen als *große Stadt* zu betrachten" sei, als eine ganz und gar „moderne Stadt", die einer „Größe und Zukunft" entgegenwachse, deren „Gestalt gar nicht vermuthet werden" könne. Dieses Bevölkerungswachstum verdankte sich zu einem nicht unbeträchtlichen Teil der verstärkten Zuwanderung aus allen Teilen Mitteleuropas, die Sass in vier unterschiedliche Gruppen unterteilte:

> *„1) Die Reichen, die Wohlhabenden, kurz, alle diejenigen, welche nicht unter die specielle Rubrik der arbeitenden Classen gehören und eine gesicherte Existenz mitbringen, um sie hier entweder geschäftlich fortzuführen oder nur auf längere oder kurze Zeit zu genießen. […] 2) Die reinen Proletarier. d. h. diejenigen, welche Arbeitslust und Arbeitskraft mitbringen, um in Berlin Arbeit zu suchen und die Existenz nothdürftig zu fristen. […] Tagelöhner, Handwerksgesellen und kleine Gewerbtreibende bilden in dieser Classe die Mehrzahl, obgleich auch sehr viele in ihr stehen, die sich zur Wissenschaft, zur Kunst, zur Schule u.s.w. bekennen und deren Glaube es ist, in dem intelligenten Berlin ihre bescheidenen Hoffnungen am leichtesten verwirklichen zu können. […] 3) Die dritte Partie […]. Unter ihr vereinigen sich die Liederlichen, die Abenteurer, die Lumpen aller Classen, aller Provinzen, aller Länder. […] Schwindelexistenz, Verarmung und Armuth und Verbrechen, das hängt hiemit innig zusammen. 4) Die Soldaten. Ein Soldat ist nichts anderes als ein Proletarier, im Kleide des Königs […]. Sie verheirathen sich in Berlin, machen Familie, greifen entweder zu ihrer alten Hanthierung […] oder werden Kutscher, Bediente, Hausknechte, Tagelöhner, oder legen auch einen kleinen Kram an".*[27]

Urbanisierung und Bevölkerungswachstum zählen zu den grundlegenden Prozessen im Europa des 19. und frühen 20. Jahrhunderts. Kaum eine Stadt wurde seinerzeit von Schrumpfungsprozessen geplagt. Vergleicht man aber den Anstieg mit anderen europäischen Großstädten, wird das Ausmaß der demografischen Revolution in Berlin besonders deutlich. Noch im Jahre 1750, also zur Zeit Friedrichs II., rangierte Berlin gerade einmal auf Platz 16 der einwohnerstärksten Städte Europas: hinter London (Platz 1), Paris, Neapel, Amsterdam, Lissabon, Wien, Moskau, Venedig, Rom, St. Petersburg, Dublin, Palermo, Madrid, Mailand und Lyon. Schon 100 Jahre später war Berlin unter den ersten fünf großen Städten Europas vertreten.[28] Dabei handelte es sich gleichzeitig um die politischen Zentren Europas, die Hauptstädte der fünf europäischen Großmächte. Um 1900 war Berlin schließlich die größte Stadt des Kontinents – und das noch vor London und Paris, das retrospektiv mit gutem Grund als „Hauptstadt des XIX. Jahrhunderts" bezeichnet worden ist.[29]

Insofern spiegelt sich in Berlin ein Prozess wider, der ganz Deutschland kennzeichnete: So wie binnen weniger Jahrzehnte aus einem Agrarland der erste Industriestaat Europas geworden war, hatte sich die Mitte des 19. Jahrhunderts im Vergleich zu anderen Metropolen zurückgeblieben wirkende preußische und seit 1871 auch deutsche Hauptstadt in eine Metropole verwandelt, die sich in allen Bereichen der Kultur, Politik, Gesellschaft und Wirtschaft zu den bedeutendsten Städten ihrer Zeit zählen durfte. Es ist diese gerade einmal 60 Jahre lang währende Phase als Weltstadt mit einem im klassizistischen Stil erbauten Stadtkern, die noch heute das Image Berlins prägt.

Am 14. März 1848 gehen bewaffnete Kavallerie-Einheiten auf dem Berliner Schlossplatz gegen die unbewaffnete Volksmenge vor. Holzstich nach einer Zeichnung von August Löffler, 1891

POLITIK UND PROTEST

Das Allgemeine Landrecht, die Stein-Hardenbergschen Reformen, die Gründung des ersten deutschen Nationalstaats und Bismarcks Sozialgesetzgebung – das sind sicherlich die vier wichtigsten Maßnahmen, die Preußen und seinen politischen Eliten bei vielen den Ruf eingebracht haben, Motor der Modernisierung in Deutschland zu sein. Als preußisch-deutsche Hauptstadt wurde Berlin damit manchem gar zum Synonym für eine in Europa einmalige Reformpolitik von oben, die den Prozess der Rechtsstaats-, Nationalstaats- und Sozialstaatsbildung nachhaltig befördert habe – was denn auch zu einer Mythenbildung um den preußischen Staat beigetragen hat. Doch längst sind neben die positiven Darstellungen eines besonders reformfreudigen Staates jene Deutungen getreten, die auf die im Vergleich zu Westeuropa bestehenden Defizite der Reformpolitik verweisen, Preußen zum Ausgangspunkt einer fatalen Entwicklung Deutschlands im 19. und vor allem 20. Jahrhundert machen und von einem preußisch-deutschen „Sonderweg“ sprechen, der zum Nationalsozialismus geführt habe.[1]

Ein kritischer Blick auf die politische Geschichte Preußens und Berlins hat es demzufolge mit positiven wie negativen Überzeichnungen zu tun, denen man nur durch einen Vergleich mit anderen Stadt- und Nationalgeschichten beikommen kann. Und aus einer solchen vergleichenden Perspektive verblasst die Berlin und Preußen unterstellte Sonderstellung ein wenig – zumal sich die Reformen von oben nicht in einem Vakuum vollzogen. Sehr oft kamen die Anstöße von außen (aus England oder Frankreich), von der Peripherie (Königsberg) oder von unten (aus der Bevölkerung). Nicht selten handelte es sich dabei auch um Akte „defensiver Modernisierung“, die von äußerem oder innerem Druck erzwungen waren und in der Absicht verfolgt wurden, das Alte (und damit überkommene Privilegien) so gut wie möglich zu erhalten.

Eine Geschichte der preußischen Reformpolitik muss deshalb auch diejenigen Akteure in den Blick nehmen, die die Veränderungen gegen den Willen der in Berlin residierenden Machthaber und Regierungen erzwangen. Dabei spielt der lokale Faktor eine zentrale Rolle. Denn Konflikte wurden im 18. und 19. Jahrhundert vornehmlich auf den Straßen der Hauptstadt ausgetragen. Wenn es in Berlin zu Protesten und Zusammenstößen mit der Obrigkeit kam, dann wirkten diese unmittelbar auf die Regierungspolitik ein, die hier, vor Ort, für das ganze Land bestimmt wurde. Eine politische Stadtgeschichte, die zeigen kann, dass sich die Berliner Bevölkerung seit Ende des 18. Jahrhunderts zusehends von den Machthabern entfremdete und dass die Stadt gegen Ende des 19. Jahrhunderts schließlich zu einer „Metropole der Opposition“[2] mutierte und damit die Regierungspolitik beeinflusste, betrachtet Berlin nicht nur als ein besonders anschauliches *Objekt*, sondern auch als *Subjekt* der allgemeinen preußisch-deutschen Geschichte. Gleichzeitig kann ein Blick auf die im „langen 19. Jahrhundert“ vorherrschenden Stimmungen und eigensinnigen Verhaltensweisen der Berliner so manches Urteil über den angeblichen Untertanengeist und das Obrigkeitsdenken „der“ Deutschen zumindest abschwächen.

Berlin wird Königsstadt (1701–1713)

Politik beruht nicht selten auf Tausch. Wer etwas durchsetzen will und dazu der Zustimmung oder Duldung eines anderen Mächtigen bedarf, der muss dafür eine Gegenleistung erbringen. Im Falle der 1701 erfolgten Erhebung Preußens zum Königreich war dies das Versprechen des brandenburgischen Kurfürsten Friedrich III., die Habsburger im Spanischen Erbfolgekrieg zu unterstützen. Nach dem Tod des kinderlosen Königs Karl II. von

Spanien im Jahr 1700, des letzten spanischen Habsburgers, rivalisierten zwei Allianzen um die Thronfolge: auf der einen Seite die bourbonische Allianz unter Führung Ludwigs XIV. von Frankreich und unter Beteiligung von Kurköln und Bayern; auf der anderen Seite die Haager Große Allianz, ein Bündnis um den österreichisch-habsburgischen Kaiser, dem nicht nur das Heilige Römische Reich Deutscher Nation, sondern auch die Niederlande und England angehörten. Dafür, dass auch Friedrich III., seit 1688 Kurfürst von Brandenburg-Preußen, seine Regimenter zur Verfügung stellte und sich zu hohen Zahlungen an den habsburgischen Kaiser Leopold I. verpflichtete, willigte dieser in dessen Rangerhöhung ein.

Besonders betroffen von der brandenburgischen Hilfe für den fernen Kaiser in Wien waren diejenigen Familien, deren Söhne zu diesen Regimentern zählten und ihr Leben auf den Schlachtfeldern des insgesamt 14 Jahre andauernden Kabinettskrieges ließen. Aber auch für die Berliner, die aufgrund einer weitgehenden Befreiung vom Militärdienst zumeist nicht direkt in Kriege involviert waren, hatte dieser politische „Deal" Friedrichs weitreichende Folgen sowohl politischer als auch wirtschaftlicher und kultureller Art. Denn Berlin war fortan Königsstadt – ein Status, dem nicht nur architektonisch Rechnung getragen wurde, sondern auch durch die Zunahme von Luxus, Prunk und Pomp am Hofe.

Das wirkte sich auf die gesamte städtische Gesellschaft aus. Denn nicht nur am Berliner Hof wurde gefeiert. Auch das Bürgertum kam nun verstärkt mit neuen Formen des Vergnügens in Berührung. Davon zeugt die Eröffnung zahlreicher neuer Gasthäuser, Tanzlokale und Bordelle sowie der bis dahin in Berlin unbekannten Kaffeehäuser. Binnen kurzer Zeit entwickelte sich die Stadt zum Anziehungsort für Menschen, die auf Abenteuer aus waren und ihr Glück zu machen suchten: Arbeiter und Handwerker, Schauspieler, Künstler und Tänzer, Wirte, Gaukler und Prostituierte. Von staatlicher Seite wurde dies durchaus begrüßt, denn für die wirtschaftliche und finanzielle Entwicklung der Stadt erwiesen sich der Zuzug von Menschen und der damit verbundene Geldzufluss und Aufbau neuer Wirtschaftszweige als Segen. In einer 1713 an Friedrich Wilhelm I., den Nachfolger Friedrichs I., gerichteten Denkschrift betonte Generalfeldmarschall Friedrich Wilhelm von Grumbkow (1678 – 1739) diese positiven Impulse nachdrücklich:

Am 6. Mai 1701 wird König Friedrich I. mit Pomp vor dem Berliner Stadtschloss empfangen. Kupferstich von Pieter Schenk, 1701

Friedrich Wilhelm I. liebte einfache und derbe Unterhaltung. Neben dem König, der in der Mitte sitzend mit Pfeife zu sehen ist, sitzt Kronprinz Friedrich, der spätere Friedrich II., der dem „Tabakskollegium" seines Vaters offenbar gar nichts abgewinnen kann. Kolorierter Holzstich nach einer historisierenden Zeichnung von Adolph von Menzel, 1880

„Das vielfältige Bauen hat viel tausend Künstler, Handwerker und Arbeiter, welche doch ihren Verdienst durch consumtion wiederum der Accise zugetragen, hergezogen; viele Fremde haben sich, um den Hof und verschiedene allhier vorhandene Curiositäten zu sehen, eingefunden und viele tausend Thaler in die Stadt gebracht. Unter den königl. Hofbedienten haben die Cammer-Herren und Cammer-Junker, welche 800 oder 1000 Reichsthaler Besoldung gehabt, von ihren eigenen Mitteln gar considerable Summen zugeschossen und verzehret, dergleichen auch von verschiedenen Fremden, so sie sich […] allhier häußlich niedergelassen, geschehen. Die Kunst- und Maler-Academie hat den Effect gehabt, daß, da vorher die Märker und Berliner anderwärts, zur Erlernung guter Künste […] ihr Geld in die Fremde haben schicken müssen, nachhero diese Academie die Künstler und Handwerker aus der Fremde hergelocket […], welche sich allhier in ihrer Kunst qualificieret und das Geld, so sie anderwärts vor sich gebracht, mit Freuden in Berlin verzehret haben. Dies alles nun hat die Anzahl der Consumenten, folglich auch die Einkünfte der Accise vermehrt, die seit anno 1688 von Jahre zu Jahre zugenommen hat."[3]

Ungeachtet solch rationaler ökonomischer Argumente prallte Grumbkows Plädoyer, von Sparmaßnahmen abzusehen, an Friedrich Wilhelm I. ab. Für Pomp und Luxus hatte der sogenannte Soldatenkönig nur Verachtung übrig. Aber auch die Nachwelt hat dem höfischen und städtischen Leben unter Friedrich I. nichts abgewinnen können. In vielen Geschichtsdarstellungen liest man denn auch immer wieder von der Verschwendungs- und Geltungssucht, die Einzug hielten in die Stadt. Damit folgten sie einer Deutung Friedrichs II., der in seinen 1751 zunächst auf Französisch veröffentlichten „Mémoires de la Maison de Brandebourg" seinem Großvater ein denkbar schlechtes Zeugnis ausgestellt hatte:

„Er verwechselte Eitelkeiten mit echter Größe. Ihm lag mehr an blendendem Glanz als am Nützlichen, das bloß gediegen ist. 30 000 Untertanen opferte er in den verschiedenen Kriegen des Kaisers und der Verbündeten, um sich die Königskrone

zu verschaffen. Und er begehrte sie nur deshalb so heiß, weil er seinen Hang für das Zeremonienwesen befriedigen und seinen verschwenderischen Prunk durch Scheingründe rechtfertigen wollte. Er zeigte Herrschepracht und Freigebigkeit. Aber um welchen Preis erkaufte er sich das Vergnügen, seine Passionen zu befriedigen! Er verschacherte das Blut seines Volkes an Engländer und Holländer. […] Die Freigebigkeit, die Friedrich I. liebte, war […] nur Vergeudung, wie ein eitler und verschwenderischer Fürst sie übt. Seine Hofhaltung war eine der prächtigsten in Europa, seine Gesandtschaften waren nicht minder prunkvoll als die der Portugiesen. Er bedrückte die Armen, um die Reichen zu mästen. Seine Günstlinge erhielten hohe Gnadengehälter, während sein Volk im Elend schmachtete. Seine Bauten waren prachtvoll, seine Feste glänzend, seine Marställe und Dienerschaft zeugten eher von asiatischem Prunk als von europäischer Würde. […] Sein Hof war wie ein großer Strom, der alle Bächlein in sich aufnimmt. Seine Günstlinge wurden mit Wohltaten überhäuft, seine Verschwendung kostete Tag für Tag ungeheure Summen, während Ostpreußen und Litauen der Hungersnot und der Seuche preisgegeben waren, ohne daß der freigebige Monarch sich herbeiließ, ihnen zu helfen. Ein geiziger Fürst ist für sein Volk wie ein Arzt, der einen Kranken in seinem Blut ersticken läßt. Der verschwenderische gleicht einem Arzt, der den Kranken so lange zur Ader läßt, bis er ihn getötet hat.“[4]

Seit Heinrich von Treitschke (1834–1896) sind zahlreiche Historiker diesem von ethnischen Stereotypen („asiatischer Prunk“ vs. „europäische Würde“) unterlegten Urteil gefolgt und haben die „pejorative

Grundhaltung" gegenüber Friedrich I. fortgeschrieben.[5] Auch im 20. Jahrhundert hat sich ein dezidierter Linker wie der Publizist Bernt Engelmann (1921–1994) in diese Tradition eingereiht mit dem Verweis, dass es sich „in Europa herumgesprochen hatte", dass Friedrich I., der neue König, „ein ungemein eitler und törichter Wicht sei, dem man nahezu alles aufschwatzen konnte, wenn es nur pompös zu werden versprach".[6]

Freilich ignoriert ein solch vernichtendes Urteil nicht nur die bereits erwähnten wirtschaftsstimulierenden Effekte, die von dieser Form der Hofhaltung ausgingen. Es verkennt auch die mannigfaltigen außen- wie innenpolitischen Motive, die der höfischen Lebensführung zugrunde lagen, und personalisiert und banalisiert damit ein hochkomplexes Phänomen. Denn der in Berlin (schon vor 1701) praktizierte Pomp und Prunk war keineswegs nur die Marotte eines Einzelnen, eines eitlen und vergnügungssüchtigen Fürsten, den man von der „wahren Politik" abhalten musste, um Schaden abzuwenden – so wie es seinerzeit Eberhard von Danckelman (1643–1722) sah, dem von 1695 bis zu seinem Sturz im Jahre 1697 die brandenburgischen Regierungsgeschäfte oblagen. Vielmehr handelte es sich um ein *europäisches* Phänomen, wie ein vergleichender Blick nach Frankreich zeigt. Dort regierte mit Ludwig XIV. (König 1661–1715) ein Monarch, der sich als Sonnenkönig inszenierte und mit dem nahe bei Paris gelegenen Schloss Versailles den Prototyp monarchischer Hofarchitektur und -haltung schuf.

Anton von Werners Studie für ein Wandgemälde zur Krönung Friedrichs I. in Königsberg am 18. Januar 1701 empfindet nach, wie mit symbolhaften Handlungen Politik gemacht wurde. Gemälde, 1887

Friedrich I., König in Preußen, Gemälde von Friedrich Wilhelm Weidemann, um 1701

Zahlreiche deutsche Fürsten eiferten ihm nach – und das nicht nur aus Gründen persönlicher Eitelkeit und Geltungssucht. Prunk und Luxus stellten mehr dar als reine Oberflächenphänomene einer barocken Epoche. Sie waren integraler Bestandteil einer Politik, die den sich in der Frühen Neuzeit herausbildenden Staat nach außen wie nach innen konsolidieren sollte. Je bedeutender der Titel, je prächtiger das Schloss, je verschwenderischer das höfische Leben, desto bedeutender, mächtiger und überlebensstärker der Staat – so das Kalkül zahlreicher Fürsten. Denn obgleich sich die einzelnen miteinander rivalisierenden Staaten Europas gegenseitig anerkannten und bestimmte Regeln des Völkerrechts akzeptierten, standen sie doch in einem permanenten Konkurrenzverhältnis und Verdrängungswettbewerb, der grundsätzlich auch die Annexion und Auflösung eines Staates zuließ. Man denke nur an das an Preußen grenzende Polen, das im letzten Drittel des 18. Jahrhunderts mehrfach geteilt und erst 1918 wiedergegründet wurde. In diesem „ewigen Geschiebe und Gezerre“[7] setzten sich in der Regel die Stärkeren und Geschickteren durch. Und einen Teil dieses Geschicks demonstrierte man durch symbolische Politik: Wer besonders prunkvoll war, der verschaffte sich Geltung und Gehör. Repräsentation war Teil der allgemeinen Staatsräson.

Und jener bedurfte Preußen seit 1701 auf besondere Weise. Denn keineswegs handelte es sich bei diesem Staat um ein Königreich, dessen Status an den Englands, Frankreichs, Russlands oder der Habsburger-Monarchie herangereicht hätte. Das kam schon in der Titulatur zum Ausdruck: Friedrich I. war ja nur „König in Preußen“, nicht aber „König von Preußen“. Hinter diesem scheinbaren Detail verbarg sich ein Statusdefizit. Denn das 1701 zum Königtum erhobene Preußen, das 1618 zunächst als polnisches Lehen an die Hohenzollern gefallen war und über das der Kurfürst 1657 im Vertrag von Wehlau schließlich die Souveränität gewonnen hatte, gehörte nicht zum Heiligen Römischen Reich Deutscher Nation. Und so wurde der brandenburgische Kurfürst Friedrich III., dem der in Wien residierende Kaiser für sein Beistandsversprechen im Spanischen Erbfolgekrieg die Königswürde zugestanden hatte, denn auch nicht gekrönt, sondern setzte sich die Königskrone selbst auf – und das nicht in Berlin, sondern im außerhalb des Heiligen Römischen Reiches liegenden ostpreußischen Königsberg. Das führte in europäischen Adelskreisen zu Heiterkeit und abschätzigen Urteilen, sodass sich Friedrich I. geradezu genötigt sah, seinen neuen Status europaweit zu demonstrieren. Auch wenn sich Berlin noch für sehr lange Zeit politisch nicht mit London, Paris, Wien oder Moskau bzw. St. Petersburg messen konnte, versuchte es jetzt zumindest kulturell an andere bedeutendere Hauptstädte Europas aufzuschließen.

Darüber hinaus lagen der verschwenderisch wirkenden Hofführung auch innenpolitische Motive zugrunde. Es ging um nichts Geringeres als um den Aufbau und die Konsolidierung eines modernen bürokratischen Staatswesens und damit verbunden um eine Neuausrichtung des politischen Systems. Seit dem 17. Jahrhundert vollzog sich in weiten Teilen Europas ein „Verstaatungsprozess“, der alle Dimensionen der Gesellschaft erfasste. Mit der Errichtung stehender Heere, der Schaffung eines Beamtenapparates und der Einführung eines merkantilistischen Wirtschaftssystems, das starke Eingriffe des Staates vorsah und auf eine aktive Handelsbilanz ausgerichtet war, beanspruchten zahlreiche Fürsten in Europa eine neue Führungsrolle.

Um sich gegen etwaige Opponenten vor allem aus dem Adel, aber auch aus dem gemeinen Volk zu behaupten und diese unter Kontrolle zu bringen, bedienten sich die europäischen Monarchen verschiedener Mittel. Drakonische Strafen und Gewaltanwendung, zum Beispiel zur Niederschlagung von Aufständen, bildeten nur die Ultima Ratio. Effizienter war es, die drohende Konkurrenz zu integrieren und damit auszuschalten. Gerade die Eliten, den Klerus, den Adel und das Großbürgertum, versuchte man daher einzubinden, sie emotional und finanziell abhängig zu machen. Und dabei spielte das höfische Leben eine zentrale Rolle. Durch den Ausbau der Schlösser und die Entfaltung höfischen Lebens zog der König vor allem die Adligen an seinen Hof und brachte sie so unter seine Aufsicht und in finanzielle Abhängigkeit. Denn das Leben am Hofe war kostspielig.

Ludwig XIV. hatte das vorgemacht: Nirgendwo wurde das höfische Leben so zelebriert wie in Versailles. Mit dem sogenannten Sonnenkönig etablierte sich in Europa ein Herrscher, der sich als Inkarnation des Staates begriff, was sich der Legende nach in dessen Ausspruch „L’état c’est moi“ („Der Staat, das bin ich“) kristallisiert haben soll. Die Historiografie hat dafür lange Zeit den Kunstbegriff „Absolutismus“ verwendet – einen in der Restaurationszeit geformten Begriff, der eine nahezu totalitäre Herrschaftspraxis suggerierte. Doch handelte es sich in Wirklichkeit um ein „ziemlich fragiles oder prekäres Staatswesen“,[8] das stets auf die aktive Unterstützung der traditionellen Eliten und auch des neuen Bürgertums angewiesen war.

Eine solche Diskrepanz zwischen dem „absolutistischen“ Machtanspruch des Fürsten und seiner tatsächlichen Rolle im Herrschaftssystem lässt sich auch für Preußen konstatieren. Immerhin gelang es der Krone,

Ludwig XIV., König von Frankreich, Gemälde von Hyacinthe Rigaud, 1700

eine gewisse politische Zentralisierung durchzusetzen, wovon die Berliner Stadtverwaltung und damit auch die Berliner auf direkte Weise betroffen waren. Denn mit der 1710 vorgenommenen Revision der Stadtverfassung beraubte Friedrich I. die Stadt jetzt endgültig ihrer Unabhängigkeit. Treffend spiegelte sich dieser Verlust in der neuen Gestaltung des Stadtsymbols: „Der Berliner Bär stand zwar aufrecht, hatte allerdings nun ein Halsband und stand unter der Krone sowie dem preußischen und dem brandenburgischen Adler. Souverän sah […] das nicht aus.“[9]

„Souverän“ war aber auch nicht gerade das Handeln der Krone. Denn eine wirklich absolute Machtstellung hätte entsprechender Finanzmittel bedurft, um den Staat zu einem effizienten handlungsfähigen Akteur zu formen. Die Modernisierung und Rationalisierung von Verwaltung und Heer tat not – wofür wiederum ein schlagkräftiges Beamtentum die Voraussetzung war. Von all dem konnte in Preußen nicht die Rede sein. Im Gegenteil: Mit Johann Kasimir Kolbe von Wartenberg (1643–1712) regierte ein extrem korrupter Premierminister, der das Land in den Ruin zu reißen drohte und schließlich Ende 1710 mit Unterstützung des Kronprinzen, des späteren „Soldatenkönigs", zum Rücktritt gezwungen werden konnte.

Staat und Reformpolitik unter Friedrich Wilhelm I., Friedrich II. und Friedrich Wilhelm II.

Dass „Männer [...] die Geschichte" machen, ist ein von dem Historiker Heinrich von Treitschke (1834–1896) zwar nur beiläufig formulierter Satz.[10] In der Geschichtsschreibung aber beanspruchte er lange Zeit nahezu kanonische Gültigkeit und trug damit auch zur Mythenbildung um die preußischen Könige des 18. Jahrhunderts bei. Die Geschichtswissenschaft hat sich längst von einer solchen Perspektive gelöst. Auch wenn dem Faktor Persönlichkeit gerade in Krisenzeiten, in Momenten, in denen es einer wegweisenden Entscheidung bedarf, eine wichtige Rolle zugeschrieben wird, besteht weitgehend Konsens darüber, dass alle Regierenden, selbst sich allmächtig wähnende Despoten, im Rahmen vorgegebener Strukturen handeln. Auch sie sind mit bestimmten Sachzwängen konfrontiert und kaum in der Lage, der Eigendynamik mittel- und langfristiger Prozesse etwas entgegenzusetzen. Auch sie können zumindest langfristig nicht permanent gegen die Interessen ihrer Bevölkerung herrschen. Dies galt auch für die in der Frühen Neuzeit scheinbar absolut regierenden Könige Preußens, für Friedrich I. ebenso wie für seine beiden Nachfolger, Friedrich Wilhelm I. und Friedrich II., jene Monarchen, die von der traditionellen Geschichtsschreibung einst als die beiden großen Persönlichkeiten und „Macher" preußisch-deutscher Geschichte beschrieben wurden: der eine als Preußens „größter innerer König",[11] der andere kurz und bündig als „der Große".

Vergleicht man das Handeln der drei ersten Preußenkönige mit dem anderer europäischer Monarchen, so

1717 wurde in Preußen die allgemeine Schulpflicht eingeführt. Adolph von Menzel idealisierte das später mit seinem Bild einer Schulinspektion des Königs. Kolorierter Holzstich nach einem Gemälde, 1858

treten denn auch eher die zahlreichen Parallelen zutage. Und doch: Je mehr man sich dem historischen Gegenstand nähert, desto plastischer treten die Unterschiede vor Augen – die zwischen den europäischen Herrscherpersönlichkeiten ebenso wie die zwischen den allgemeinen Strukturen, innerhalb derer sie agierten. Auch untereinander unterschieden sich die preußischen Könige auf markante Weise, sowohl in ihrer Selbstinszenierung als auch in ihrem innen- und außenpolitischen Handeln. Das hatte nicht zuletzt für die Entwicklung der Stadt Berlin einschneidende Folgen.

Mit Friedrich Wilhelm bestieg ein Asket den preußischen Thron, der die höfische Prachtentfaltung zutiefst verabscheute. Obwohl er die „finanzielle Lage des Staates günstiger [vorfand], als er erwartet hatte“[12] und man ihm die konjunkturfördernden Impulse der bisherigen Hofführung vor Augen führte, verordnete er eine drastische Sparpolitik, die sich unmittelbar auf den lokalen Arbeitsmarkt auswirkte: „zwei Drittel der bei Hofe angestellten Dienerschaft – einschließlich des *Chocolatiers*, der beiden Kastraten, der Cellisten, Komponisten und Orgelbauer – wurden fristlos entlassen; die Übrigen mussten Gehaltskürzungen von bis zu 75 Prozent hinnehmen“; auch die Pensionen wurden reduziert.[13]

Die seiner Finanzpolitik zugrunde liegenden Prinzipien brachte der König 1722 in einer zu „Botsdam den 17. fewer 1722“ erlassenen „Instruckcion“ für seinen Nachfolger auf den Punkt: „Dahero machet auch Keine schulden und gehbet nichts mehr aus als Ihr einzunehmen habet“.[14] Es hat den Anschein, als ob dieser Sparkurs bei vielen Berlinern durchaus gut ankam. In den öffentlichen Blättern der Stadt kursierte jedenfalls ein Gedicht, das der König, dem dieses zu Ohren kam, als Bestätigung seiner Sparmaßnahmen verstanden haben soll:

„Die Curen, die der König thut, sind alle wohl gerathen.
Man setzt nicht mehr so häufig auf Pasteten, Torten, Braten.
Wer grose Bissen eingeschluckt, dem hilft er von dem Steine.
Wer sich in Kutschen fahren lies, den bringt er auf die Beine.
Dem, der die Kleider immerdar mit Golde lies bordiren,
Dem hilft er von der Gelbesucht, und lehrt ihn menagiren.
Die Toden weckt er wieder auf zu einem neuem Leben.
Wer allzuviele Dienste hat, dem will er Ruhe geben.
Wer sich in Sänften tragen lies, der kan nun wieder gehen.
Wer auf der faulen Seite lag, beginnet aufzustehen.
Was ehedem unmöglich schien bey unsern lieben Alten,
Geschicht itzt. Denn es lernt der Hof genaue Wirthschafft halten.“[15]

Die gewaltigen Summen, die der König fortan einsparte, gab er allerdings gleich wieder aus, und zwar für die preußische Armee. Ihrem Ausbau von 40 000 auf 83 000 Mann wurden alle anderen politischen Aufgaben und Ziele untergeordnet. Das schlug sich unmittelbar im Staatshaushalt nieder, von dem nun rund drei Viertel das Heer betrafen, und prägte das Bild des Hofes wie das der ganzen Stadt auf nachhaltige Weise. Der „adlig-opulente Glanz des Hofes“ wich „bürgerlicher Rationalität und der Nüchternheit des Kasernenhofs“.[16] Aus Berlin, das sich schon unter dem ‚Großen Kurfürsten‘ Friedricl: Wilhelm von Brandenburg in eine Garnisonsstadt verwandelt hatte, wurde jetzt eine „Stadt im Gleichtakt“,[17] mit Exerzierplätzen und einer Akzisemauer, die der Desertion vorbeugen sollte.

Dementsprechend war nun auch das Wirtschaftsleben auf militärische Belange ausgerichtet. Die zahlreichen Soldaten mussten schließlich einquartiert, eingekleidet und bewaffnet werden. Daher förderte der preußische Staat jene Gewerbebetriebe und Manufakturen, die Uniformen und Waffen produzierten, und schützte sie durch hohe Importzölle. Damit verschaffte er „der Berliner Wirtschaft gegenüber anderen Wirtschaftszentren einen Standortvorteil, der durch die günstige Lage der Stadt im Verkehrsnetz noch verstärkt wurde“. Überhaupt profitierte nun ganz Preußen von dieser neuen Wirtschaftspolitik:

Aus einem „Land der Textilimporte war ein Exportstaat geworden“,[18] der dringend auf den Zuzug von Arbeitskräften angewiesen war – sodass Friedrich Wilhelm die Einwanderung mit allen Kräften förderte und primär aus religiösen Gründen verfolgte Flüchtlinge ins Land holte.

Sosehr sich diese Politik Friedrich Wilhelms I. von der seines Vaters unterscheiden mochte und sosehr sich Berlin infolgedessen veränderte, beide Monarchen hatten sich einer Politik verschrieben, die den Staatsbildungsprozess Preußens beförderte. Die Pracht des Hofes und die nach außen demonstrierte Militärmacht waren nur zwei Seiten ein und derselben Medaille: Beide trugen dazu bei, das Gewicht Preußens im europäischen Mächtewettbewerb zu stärken und Berlins Rolle als symbolisches bzw. ökonomisches und militärisches Zentrum des Landes zu stärken. So belastend dies für die Bewohner nicht nur Berlins, sondern ganz Preußens auch sein mochte, mit Ausnahme des kurz währenden Pommernfeldzuges (1715/16) hielt sich der „Soldatenkönig“ aus kriegerischen Auseinandersetzungen heraus. In seiner „Instruckcion“ von 1722 warnte er denn auch seinen Sohn eindringlich: „Bettet zu Gott und fanget niemahlen ein ungerechten Krig an.“[19]

Der sollte diese Warnung nicht beherzigen. Gerade einmal sechs Monate im Amt, nutzte Friedrich II. die prekäre Situation der gerade auf den österreichischen Thron gelangten Maria Theresia (reg. 1740–1780) und fiel mit der von seinem Vater hochgerüsteten Armee in das zum habsburgischen Reich gehörende Schlesien ein – ein Krieg, dem weitere folgen sollten. Es waren aber nicht nur die vielen Schlachten, die Friedrichs Ruf prägten und zu höchst unterschiedlichen Urteilen bei den Nachgeborenen führten, sondern auch seine Reformpolitik. Zuletzt versuchte die SED vom Friedrich-Mythos zu profitieren, als sie 1980 das von Christian Daniel Rauch (1777–1857) geschaffene und 1851 enthüllte Reiterstandbild Friedrichs des Großen, das um 1960 fast eingeschmolzen worden wäre, wieder Unter den Linden, nahe der Humboldt-Universität, aufstellen ließ. Zeitgleich bemühte sich die DDR-Historiografie um eine Neubewertung des Königs, den man ungeachtet aller Defizite „in die geistige Ahnengalerie der DDR einzuordnen“ bemüht war.[20] Aber auch Westdeutsche haben „ihrem“ Friedrich einen festen Platz in der Reihe bedeutender Könige sichern wollen. Wenn Friedrich II. noch heute von vielen als „der Große“ tituliert wird, dann freilich nicht mehr

Christian Daniel Rauchs Reiterstandbild Friedrichs II. Unter den Linden

aufgrund seiner militärischen Leistungen. Im Vordergrund stehen vielmehr die sogenannten preußischen Tugenden wie Aufrichtigkeit, Bescheidenheit, Fleiß und Pflichtbewusstsein, Pünktlichkeit und Zuverlässigkeit, als deren Inkarnation Friedrich bewundert wird; vor allem aber die friderizianischen Reformen, die der König während seiner Regierungszeit in Angriff nahm.

Tatsächlich begegnet uns mit Friedrich II. ein zeittypischer Machtpolitiker und *Roi philosophe*, ein von der Aufklärung inspirierter König, der wie viele andere europäische Fürsten seine Autorität einsetzte, um die von zeitgenössischen Denkern vorgelegten Vorschläge für eine radikale Umgestaltung von Staat und Gesellschaft durchzusetzen. So schaffte er die bis dahin bei Kriminalprozessen zwecks Wahrheitsfindung angewandte Folter zunächst für bestimmte Delikte und schließlich ganz ab. Des Weiteren beauftragte er namhafte Rechtsgelehrte, ein Gesetzbuch auszuarbeiten, das 1794 unter dem Namen „All-

gemeines Landrecht für die Preußischen Staaten" in Kraft treten sollte und eine Rechtsvereinheitlichung und mehr Rechtssicherheit zum Ziel hatte. Vor allem aber propagierte er das Bild von einem Staat, dem sich alle Menschen unterordnen sollten, was sich bis heute in der berühmten Sentenz vom Souverän als „erstem Diener seines Staates" im kollektiven Gedächtnis der Deutschen erhalten hat.[21]

Allerdings wird dabei oftmals übersehen, dass diese Auffassung keineswegs neu war, dass sich seinerzeit auch andere Herrscher durch einen ausgeprägten Reformeifer auszeichneten und sich zum Teil, wie der Habsburger Joseph II. (Kaiser 1765–1790) oder Katha-

Friedrich war sich bewusst, dass er sein Land wirtschaftlich wieder gesunden lassen musste. Dieses Historiengemälde zeigt ihn um 1780, wie er in der Neumark seinen Wagen halten lässt, um die Kartoffelernte eines Bauern zu begutachten. Gemälde von Robert Warthmüller, 1886

rina II. (Zarin 1762–1796), mit noch weitaus radikaleren Projekten an einer Umgestaltung ihrer Länder im Sinne eines „aufgeklärten Absolutismus" versuchten. Während Friedrich II. zu keinem Zeitpunkt eine Verfassung im modernen Sinne anstrebte und die feudale Gesellschaftsordnung keineswegs infrage stellte, hätte eine erfolgreiche Umsetzung der josephinischen Reformen vermutlich eine Transformation von Staat und Gesellschaft von revolutionärem Ausmaß zur Folge gehabt. Dazu aber sollte es nicht kommen, weder in Österreich noch in Preußen. Zu groß waren die Beharrungskräfte, zu halbherzig manche Versuche, zu klein das zur Verfügung stehende Zeitfenster. Denn infolge der 1789 ausgebrochenen Französischen Revolution kam es zu einem Erstarken der restaurativen Kräfte, sodass viele Reformprojekte vorerst auf Eis gelegt wurden.

Von nachhaltiger Bedeutung waren dagegen die siedlungs-, gewerbe- und agrarwirtschaftlichen Maßnahmen, die Friedrich II. angeordnet hatte. Durch die zahlreichen kostspieligen Kriege, die dieser geführt hatte, den Ersten und den Zweiten Schlesischen Krieg (1740–1742 und 1744/45), vor allem aber den Siebenjährigen Krieg (1756–1763), war Preußen in den Kreis der nunmehr fünf Großmächte Europas (Pentarchie) aufgestiegen. Gleichzeitig aber waren das ganze Land und auch Berlin in Mitleidenschaft gezogen worden. Schwerer noch als die 1757 und 1760 erfolgte Besetzung der Stadt wogen die indirekten Folgen des lange andauernden Kriegszustandes. Zwar profitierten einige Unternehmer von den zahlreichen Militäraufträgen, langfristig aber schlugen die „Verluste durch das Abschneiden von auswärtigen Märkten sowie der zivilen Nachfrage" im Inland zu Buche. Insofern bedurfte es „eines ganzen Kataloges politischer und wirtschaftlicher Maßnahmen, die Folgen des Krieges zu beseitigen."[22] Dazu zählten konjunkturfördernde Bauprogramme, eine Reorganisation der Finanzverwaltung und der Erlass rigider Einfuhr- und Ausfuhrverbote. Vor allem aber förderte die Krone die Ansiedlung neuer Gewerbe, namentlich die Seidenraupenzucht, aber auch den Obst- und Gemüseanbau.

So entwickelte sich Berlin mehr und mehr zu einem wichtigen Wirtschaftsstandort – womit jedoch auch manch negative Begleiterscheinung verbunden war. Ein Resümee der Regierungszeit Friedrichs II. fällt umso zwiespältiger aus, als dass sich nun auch die soziale Frage verstärkt bemerkbar zu machen begann – und das nicht nur in Schlesien, sondern auch in Berlin. Nicht einmal der borussophile Historiker William Pierson (1833–1899) kam in seiner „Preußischen Geschichte" von 1865 umhin, das sich in der Hauptstadt ausbreitende Elend eindringlich zu beschreiben:

„Es stellte sich eine sehr zahlreiche Fabrikbevölkerung ein, mit all dem sittlichen und leiblichen Elend, das überall ihre Begleitung zu sein pflegt. Die Fabrikherren äußerten wol selber, sie könnten darum ihre Ware so billig stellen, weil die Arbeiterinnen nur einen sehr geringen Lohn erhielten, aber dabei beständen, da sie das Fehlende Abends reichlich als Dienerinnen der Wollust erwürben. Mit Trauer und Zorn sahen die alten ‚Friedrich-Wilhelms-Männer', deren Reihen immer dünner wurden, wie die Zucht und Sitte der Väter verschwand, wie die Hetzjagd nach Geld und Genuß alles hinriß, die Beispiele von Betrügereien und Veruntreuungen, von Schuldenmachen und Bankerotten, von Ausschweifungen aller Art sich rings um sie von Jahr zu Jahr vermehrten. Die ebenso große Zunahme der Verfeinerung des Schönheitssinnes und der Bequemlichkeit schien dagegen doch ein zweifelhafter Gewinn. Welch ein Unterschied schon im Aeußern gegen die gute alte Zeit."[23]

Dementsprechend gering scheint die Sympathie gewesen zu sein, die die Mehrheit der Bevölkerung dem großen König zum Ende seiner Regierungszeit entgegenbrachte. Darauf deuten zumindest einige zeitgenössische Quellen hin, die sich der Reaktion der Berliner auf den Tod des Königs widmen. So berichtet Graf Mirabeau (1749–1791) in einem Brief vom 19. August 1786:

„Alles ist düster, Nichts ist traurig; Alles ist beschäftigt, Nichts ist betrübt! Nicht eine Klage, nicht ein Seufzer, nicht ein Lob! In dieser Weise

also endigen so viel gewonnene Schlachten, so viel Ruhm, eine Regierung von fast einem halben Jahrhundert voll von großen Thaten! Ein Jeder wünschte ihr Ende!“[24]

Nun hat „historische Größe“ als eine von manchen Geschichtswissenschaftlern auch heute noch bemühte Kategorie nicht zwingend etwas mit Popularität, einem vorbildlichen Charakter oder gar humanitären Leistungen zu tun. Dem Schweizer Kulturhistoriker Jacob Burckhardt (1818–1897) zufolge zeichnet sich der große Herrscher aus durch den „wirklichen Willen, sich der Lage zu bemächtigen, und zugleich eine abnorme Willens*kraft*, welche magischen Zwang um sich verbreitet und alle Elemente der Macht und Herrschaft an sich zieht und sich unterwirft.“ Und so bescheinigte Burckhardt Friedrich II. in seinen 1905 veröffentlichten „Weltgeschichtlichen Betrachtungen“ historische Größe, da „alle seitherige mitteleuropäische Geschichte [...] davon bedingt“ sei, dass dieser zwischen 1759 und 1763 „gewisse Seelenspannungen und Anstrengungen ersten Ranges“ aushalten konnte.[25] Solchen Kategorien können Historiker, die das „Hazardeurhafte“ Friedrichs betonen (Stichwort „Friederisiko“),[26] heute kaum noch etwas abgewinnen. Plausibler scheint da schon die von Burckhardt dem Individuum zugeschriebene Fähigkeit, „sich nach Belieben auf *eine* Sache zu konzentrieren und dann ebenso zu einer andern überzugehen.“[27] Schließlich verstand es Friedrich II., viele unterschiedliche Rollen virtuos zu spielen: die des Machtmenschen und Strategen, die des Reformpolitikers und Agrarexperten, des Komponisten und Musikers, des Historikers und Korrespondenten. Andere wiederum sehen Friedrichs Größe vornehmlich darin „dass er es wie kein anderer geschafft hat, das Bild, das sich die Nachwelt von ihm gemacht hat, selbst zu bestimmen.“[28]

1781 stürzte der begonnene Deutsche Dom am Gendarmenmarkt wegen ungenügender Fundamentierung ein. Holzstich, 1781

Zu einer solchen erfolgreichen Selbststilisierung gehörte auch sein Versuch, das Bild seines Nachfolgers zu beeinflussen, der als Friedrich Wilhelm II. 1786 den preußischen Thron besteigen sollte. Schon 1770 hatte der kinderlose Friedrich in einem Brief an seine Schwester den gemeinsamen Neffen als „das schwerfälligste Tier, das Sie sich denken können", bezeichnet:

> *„Linkisch in allem was er tut, grob, stur, launisch, ein Wüstling, verdorben, ein Dummkopf und unangenehm, da haben Sie ihn nach der Natur gemalt. […] Nun, meine liebe Schwester, das ist der Abschaum der Familie."*[29]

Nicht nur in seiner familiären Korrespondenz, auch Außenstehenden gegenüber ließ Friedrich keinen Zweifel daran aufkommen, was er von dem künftigen König hielt:

> *„Ich werde Ihnen sagen, wie es nach meinem Tode gehen wird. Es wird ein lustiges Leben bei Hofe werden. Mein Neffe wird den Schatz verschwenden, die Armee ausarten lassen. Die Weiber werden regieren, und der Staat wird zugrunde gehen."*[30]

Friedrich Wilhelm nahm das seinem Onkel verständlicherweise übel, wie einem Brief an seine Geliebte Wilhelmine Encke (1752–1820) zu entnehmen ist:

> *„das thier ist doch eine recht zucht ruhte gotes, die aus der höle durch gotes zorn auf die erden gespien ist"*.[31]

Friedrich der Große in seinen letzten Tagen, Holzstich nach einer Statue von Harro Magnussen, 1890

Tatsächlich standen sich mit Friedrich II. und seinem Neffen zwei Herrschertypen gegenüber, die sich quasi idealtypisch voneinander abgrenzen lassen: hier „der letzte in einer außergewöhnlich langen Reihe außergewöhnlich begabter Herrscher aus dem Hohenzollerngeschlecht"; dort „die vielleicht schwächste Figur auf dem preußischen Thron in den letzten 150 Jahren", „nicht außergewöhnlich dumm", aber ein „impulsiver, labiler Charakter", nicht skeptisch, rationalistisch wie sein Onkel, sondern abergläubisch und mystisch, kein Frauenfeind, ja Menschenfeind wie „der Alte Fritz", sondern „freundlich, gesellig und geradezu sorglos im Umgang mit dem anderen Geschlecht"[32] – eine euphemistische Beschreibung eines Herrschers, der sexuelle Freizügigkeit praktizierte. Schenkt man einem Zeitzeugen wie dem klassizistischen Bildhauer Johann Gottfried Schadow Glauben, dann herrschte zur Zeit Friedrich Wilhelms II. „die größte Liederlichkeit“:

> *„Alles besoff sich in Champagner, fraß die größten Leckereien, frönte allen Lüsten. Ganz Potsdam war ein Bordell; alle Familien dort suchten nur mit dem Könige, mit dem Hof zu tun zu haben, Frauen und Töchter bot man um die Wette an, die größten Adelichen waren am eifrigsten.“*[33]

Eine ausschließlich auf die unterschiedliche Persönlichkeit der beiden Monarchen abzielende Gegenüberstellung der friderizianischen und postfriderizianischen Zeit bis 1797 würde allerdings die zahlreichen Kontinuitäten verkennen, die weit über das Todesjahr Friedrichs II. hinausreichten, zum Beispiel in der preußischen Außenpolitik, was sich in der Fortführung der polnischen Teilungen (1772 bzw. 1793 und 1795) niederschlug, oder in der Justizpolitik, insofern das unter Friedrich II. in Angriff genommene „Allgemeine Landrecht für die Preußischen Staaten“ erst 1794, unter Friedrich Wilhelm II., fertiggestellt wurde und in Kraft trat. Kontinuitäten gab es auch in der Baupolitik, die sich an dem Aufschwung des bereits vor 1786 entwickelnden Klassizismus ablesen lassen, sowie gesellschaftspolitisch, insofern man an der feudalen Ordnung festhielt und die Unterschichten in der Hauptstadt zunehmend verelendeten. Anders jedoch als in Frankreich, wo 1789 eine Revolution ausbrach, die eine unvorhersehbare Eigendynamik entwickelte, kam es weder in Preußen noch in Berlin zu nennenswerten Unruhen.

Dabei hatten sich in der Hauptstadt durchaus demokratische Zirkel gebildet, die immer wieder durch Publikationen auf sich aufmerksam machten.[34] So wurden im Oktober 1792 Flugblätter verteilt, in denen die Teilnahme Preußens am Koalitionskrieg gegen das revolutionäre Frankreich scharf kritisiert und die Berliner zu einem Umsturz aufgerufen wurden:

Das Gegenbild zu seinem asketischen Onkel Friedrich II.: König Friedrich Wilhelm II., Gemälde von Anton Graff, 1788

> *„Aufforderung an die Einwohner von Berlin. Brave Bürger! Ihr schlaft und die Tyrannei schwebt über euren Köpfen. Eure Schätze sind zerstreut, eure Heere streiten wider die Freiheit, um euch in die Sklaverei desto gewisser zu werfen. Nach einem schimpflichen Kriege, wenn er schon einen glücklichen Ausgang nehmen sollte, würdet ihr genötigt sein, drückende Auflagen zu ertragen, euren Schweiß zu verschwenden, um zu den Ausgaben der wollüstigen Frauenzimmer eures Beherrschers beizutragen. Der Augenblick ist vorhanden, benutzt denselben, aber ohne Ausschweifung,*

ohne Laster. Euer Wille muss sich durch Gewalt offenbaren, durch Nachdruck, aber mit einer Gelassenheit, die nur Gerechtigkeit und Mut geben kann. Befehlet, daß dieser ungerechte Krieg ein Ende nehme, daß die Ordnung in euren Finanzen wiederhergestellt werde, daß das Volk für den wahren Souverän erkannt werde, daß der Unterschied zwischen den Ständen aufhöre, welcher uns herabwürdigt, und daß der Mensch in seine ursprüngliche Würde zurückkehre, welche nur durch die Frechheit des Tyrannen zu sein aufgehört hat; daß diejenigen, welche das Vaterland, die Ehre und die Menschheit lieben, sich miteinander auf den 31. Oktober erheben. Ehre sei der Freiheit, der Gleichheit, der Einigkeit und der Tugend.“[35]

Kurz darauf ereignete sich tatsächlich ein „Auflauf am Schönhauser Tore, bei dem Heumagazine für das Heer in Brand gesteckt wurden und die Menge in Freiheits- und Gleichheitsrufe ausbrach.“[36] Grundsätzlich aber pflegte die Berliner Polizei und Justiz unverzüglich und erfolgreich gegen jegliche Form demokratischer Agitation vorzugehen. Immerhin schied Preußen mit dem am 5. April 1795 geschlossenen Frieden zu Basel frühzeitig aus der Kriegskoalition gegen das revolutionäre Frankreich aus,

Auf dem sich bürgernah gebenden Friedrich Wilhelm III., hier mit Königin Luise um 1800 auf einem Berliner Weihnachtsmarkt im Gespräch mit einer Bürgersfrau, ruhten viele Hoffnungen nach einem Ende der Repressionen gegen die Bevölkerung. Wie sehr dies nachwirkte, zeigt diese Chromotypie nach Richard Knötel von 1896.

was den innenpolitischen Druck gegen Friedrich Wilhelm II. vermutlich abmilderte. Als dieser im November 1797 starb, nahm man dies in Berlin jedenfalls „ohne große Anteilnahme auf".[37] Die nun vor allem vom Bürgertum in seinen Sohn und Thronnachfolger Friedrich Wilhelm III. (König bis 1840) gesetzten Hoffnungen sollten sich indes nicht erfüllen.

Im Windschatten Frankreichs: Die preußischen Reformen (1806–1815)

Anders als in Frankreich, wo es infolge der nahezu vollständigen Reformunfähigkeit der Monarchie zu einer Staats- und Gesellschaftskrise ungeahnten Ausmaßes kam, die sich schließlich 1789 in einer Revolution entlud, blieben die innenpolitischen Verhältnisse in Preußen auch um die Jahrhundertwende stabil. Nicht eine Revolution brachte den preußischen Staat zum Einsturz; er implodierte vielmehr. Im Zuge der Doppelschlacht bei Jena und Auerstedt im Oktober 1806, bei der das preußische Heer von den Franzosen vernichtend geschlagen wurde, zeigte sich, dass der (post-)friderizianische Staat ungeachtet aller zaghaften Reformen in wirtschaftlicher, diplomatischer und vor allem militärischer Hinsicht am Ende war. Ohne die Fürsprache des russischen Zaren Alexander I. (reg. 1801–1825), der 1807 mit dem siegreichen Napoleon in Tilsit einen vergleichsweise günstigen Frieden für sein Land abschloss, wäre der preußische Staat vermutlich schon damals endgültig von der Landkarte verschwunden. So aber beließ es Napoleon bei einer Halbierung des Territoriums. Die westlich gelegenen Landesteile wurden größtenteils dem Großherzogtum Berg und dem Königreich Westphalen zugeschlagen – zwei Neugründungen, die gemeinsam mit jenen Staaten, die 1806 aus dem Heiligen Römischen Reich Deutscher Nation ausgetreten waren und damit dessen Auflösung bewirkt hatten, den Rheinbund, eine mit Frankreich verbündete Konföderation deutscher Staaten, bildeten.

Den Berlinern wurde die Überlegenheit Frankreichs und damit auch seines von der Revolution geprägten Systems durch den Einmarsch der *Grande Armée* eindringlich vor Augen geführt. Mit der zuvor noch vorherrschenden Indifferenz war es im Oktober 1806 vorbei, als zunächst Marschall Louis-Nicolas Davout (1770–1823) mit seinen Truppen und zwei Tage später Napoleon in Berlin einzogen. Über die Reaktionen der Bevölkerung liegen höchst unterschiedliche Zeugenaussagen vor. So berichtet der damalige Berliner Kriegs- und Domänenrat und spätere preußische Regierungs- und Oberpräsident Magnus Friedrich von Bassewitz (1773–1858), dass man

Königin Luise versucht 1807 in Tilsit, Kaiser Napoleon mildere Friedensbedingungen für Preußen abzuringen. Chromotypie nach Woldemar Friedrich, 1896

> *„an den Fenstern der Häuser […] zwar viele Zuschauer [sah], besonders Frauen, die jedoch nicht mit Tüchern wehten, wie solches [General] Hulin mündlich gewünscht hatte, sondern oft mit selbigen die Tränen von ihren Augen abwischten und dadurch zeigten, welchen tiefen Kummer die Einwohner der Stadt über diesen Triumphzug des Kaisers empfanden."*[38]

In vielen anderen Memoiren aus jener Zeit liest man dagegen „von Fraternisierungsszenen zwischen französischen Soldaten und Einwohnern Berlins". Demzufolge wurde Napoleon auf seinem Ritt Unter den Linden „von der Menge mit Beifall begrüßt"[39] – so wie dies ja auch für viele andere deutsche Städte bezeugt ist. Nun hat der Verwaltungsjurist Friedrich von Raumer in seinen „Lebenserinnerungen" grundsätzlich „die französischen Berichte und die in Paris befindlichen Gemälde von großem Beifall, flehenden Damen und dgl." als „unwahr und gelogen" bezeichnet.[40] Freilich stellt sich die Frage, ob den deutschen Zeitzeugen, deren Erinnerungen zum Teil mehr als 40 Jahre später veröffentlicht wurden, mehr Glauben zu schenken ist. Schließlich war es nach 1813 in der preußischen Beamtenschaft alles andere als von Vorteil, ein positives Urteil über die sogenannte Franzosenzeit zu fällen und so nachträglich in den Verdacht der Kollaboration mit den Besatzern zu geraten. Selbst Napoleon gegenüber kritisch eingestellte Beamte, die im Interesse der einheimischen Bevölkerung in Berlin geblieben waren und die ihnen vorgelegte Loyalitätserklärung „bewußt unleserlich unterschrieben" hatten – ein Kriegsrat goss gar ein Tintenfass darüber –,[41] wurden später von Friedrich Wilhelm III., der seinerzeit nach Ostpreußen geflüchtet und von den Berliner Straßenjungen mit dem Gassenhauer „Unser Dämel sitzt in Memel" verspottet worden war,[42] in Ungnade entlassen. Aber auch Zeitzeugen, die keine solchen Unannehmlichkeiten zu befürchten hatten, verfielen im Laufe des 19. Jahrhunderts nicht selten in einen frankophoben Nationalismus, der ihren retrospektiven Blick auf die Errungenschaften der napoleonischen Zeit trübte und sie gelegentlich sogar ihre einstige Sympathie für Napoleon vergessen ließ.

Es gab nämlich einige Gründe, warum reformfreudige Kräfte, Bürger wie Adlige, den Franzosen und ihrem Kaiser zunächst aufgeschlossen begegneten. So deutete zunächst alles auf eine grundlegende Professionalisierung der Stadtverwaltung und eine kommunalpolitische Partizipation zumindest der begüterten Bürger hin. Denn unmittelbar nach seinem Eintreffen in Berlin entließ

Dieses französische Gemälde zeigt links Abgeordnete des Berliner Stadtrats, wie sie am 19. November 1806 von Napoleon im Berliner Stadtschloss empfangen werden. Gemälde von René Berthon, 1808

Napoleon den Zivilgouverneur Berlins, Franz Ludwig von Hatzfeld (1756–1823), der nach der Flucht seines Schwiegervaters, des für Berlin zuständigen Gouverneurs Friedrich Wilhelm von der Schulenburg-Kehnert (1742–1815), die städtische Verwaltung übernommen hatte, und ließ eine Liste der 2000 wohlhabendsten Bürger Berlins erstellen, die am 29. Oktober 1806 in der Petrikirche zusammentraten, um am nächsten Tag eine 60-köpfige Generalverwaltungsbehörde zu wählen, die wiederum sieben ihrer Mitglieder für ein *Comité administratif* bestimmte, das an die Stelle des bisherigen Magistrats trat. Gleichwohl sollten die Berliner schon bald mit den Schattenseiten der Besatzungsherrschaft Bekanntschaft machen. Denn letztlich dienten alle administrativen Reformen immer auch militärischen Zwecken: „Um das besetzte Land nach Kräften auspressen zu können, bedurfte es einer effektiven Verwaltung".[43] Und ausgepresst wurden Preußen und Berlin so gut es nur ging. So musste die Stadt in der zweijährigen Besatzungszeit von 1806 bis 1808 zahlreiche Konfiskationen erdulden. Der unter dem französischen Generalinspektor der Museen, Dominique-Vivant Denon (1747–1825), betriebene Kunstraub machte noch nicht einmal vor Schadows Quadriga auf dem Brandenburger Tor halt, die zerlegt und in Kisten verpackt nach Paris geschafft wurde – wo man für sie allerdings keine Verwendung fand. Viele Berliner mochten das als einen symbolischen Akt der Erniedrigung empfinden. Aber schlimmer wogen sicherlich die materiellen Lasten, die ihnen auferlegt wurden: die Einquartierungen der Truppen bzw. die zu leistenden Ausgleichszahlungen, die Lieferungen an die französische Armee und die finanziellen Zwangserhebungen (Kontributionen). Hinzu kamen die für die Berliner Textil- und Luxusindustrie verheerenden Folgen der Kontinentalsperre, einer gegen England gerichteten Wirtschaftsblockade, der Preußen hatte beitreten müssen, sowie eine schlechte Ernte (1807), sodass sich schon bald eine wirtschaftliche und soziale Krise abzeichnete. Den höchsten Preis aber zahlten diejenigen Familien, deren Söhne am Russlandfeldzug 1812/13 teilnehmen mussten, von dem sie oftmals nicht mehr zurückkehrten.

Dementsprechend schlug die politische Stimmung allmählich um, zunächst im städtischen Bildungsbürgertum. Noch während der Besatzungszeit hatte sich ein Kreis Berliner Patrioten gebildet, zu dem namhafte Persönlichkeiten wie der Schriftsteller Ernst Moritz Arndt (1769–1860), der Dichter Adelbert von Chamisso (1781–1838), der Rechtsgelehrte Friedrich Carl von Savigny (1779–1861), der Theologe Friedrich Schleiermacher (1768–1834) und der Naturforscher Henrich Steffens (1773–1845) zählten, die sich unter anderem in den berühmten Berliner Salons von Henriette Herz (1764–1847) und Rahel Varnhagen von Ense (1771–1833) trafen. Sie standen jenen frankophilen Persönlichkeiten gegenüber, die sich teils aus Opportunismus, teils aus fortschrittlicher Überzeugung mit der Siegermacht arrangiert hatten und später als „Kollaborateure" verunglimpft wurden.[44] Einer von ihnen war Simson Alexander David (1755–1813), ein Freund Gotthold Ephraim Lessings (1729–1781) und Schützling Carl August Fürst von Hardenbergs (1750–1822), der unter verschiedenen Pseudonymen (Alexander Daveson und Carl Julius Lange) auftrat und als Publizist schon in den 1790er-Jahren radikaldemokratische Tendenzen vertreten hatte. Zwischen 1806 und 1808 war er Herausgeber der von den Franzosen geförderten ersten Berliner Tageszeitung „Der Telegraph", die mit der preußischen Monarchie und ihren Repräsentanten hart ins Gericht ging – wofür ihn manche Zeitgenossen wie der Berliner Publizist und Dichter Ludwig Rellstab (1799–1860) noch Jahrzehnte später scharf kritisierten:

> *„Gegen diesen richtete sich der äußerste Haß, Wuth möchte man sagen, und die schwerste Verachtung. Jeder Schulknabe kannte seinen Namen, und bezeichnete mit ihm das äußerste Maaß des Nichtswürdigen. Er durfte sich, wie sehr ihn die französische Gensdarmerie in Schutz nahm, kaum auf der Gasse sehen lassen, ohne insultirt zu werden."*[45]

Mit dem Abzug der Franzosen Anfang Dezember 1808 verstummten die frankophilen Stimmen, und manch demokratisch gesinnter Bürger nahm Reißaus. Fortan mehrten sich in der Bevölkerung frankophobe Bekenntnisse, einige befürworteten sogar einen Aufstand gegen Napoleon. Vorerst aber hielten sich die antifranzösischen

PART OF SWEDEN
SOUTH GOTHLAND
ZEELAND
PART OF DENMARK
PART OF FYEN ISLE
THE GREAT BELT
BORNHOLM ISLAND
THE BALTIC SEA
Falster Isle
Moen
Lubeck
Rostock
Stralsund
Stettin
Colberg
Stolpe
Lauenburg
POMERANIA
MARK OF BRANDENBURG
PRIGNITZ
WEST PRUSSIA
SOUTH PRUSSIA
Berlin
Potsdam
Brandenburg
Frankfort
Magdeburg
Halberstadt
Halle
Dresden
Gorlitz
Breslau
Glogau
Ohlau
LOWER SILESIA
UPPER SILESIA
BOHEMIA
LOWER SAXONY
UPPER SAXONY
Koniggratz
Pilsen
Eger

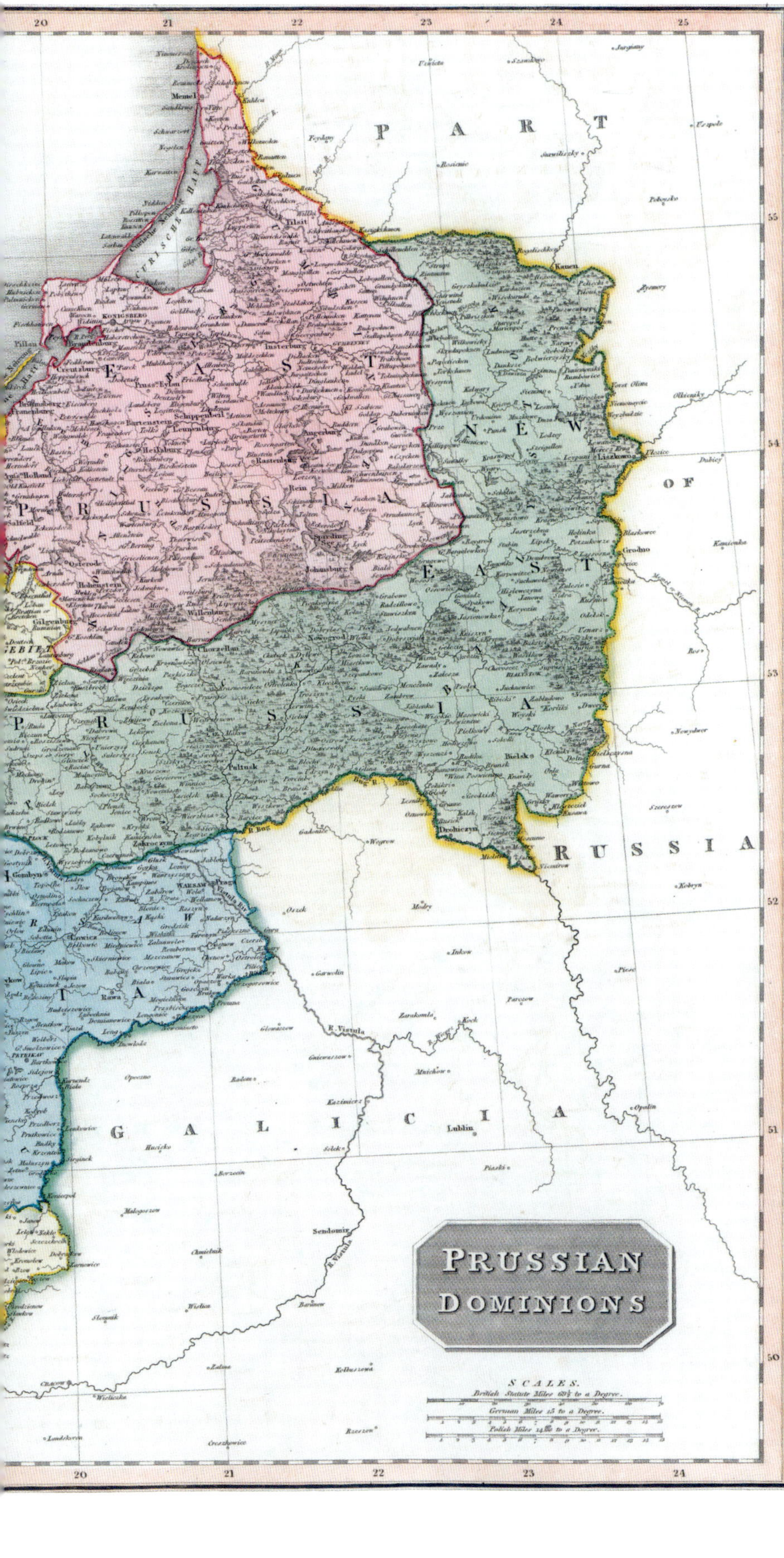

Karte Preußens, 1810. Berlin liegt ganz am westlichen Rand. Preußen hatte seine Staatlichkeit gegen Frankreich knapp behaupten können.

Bekenntnisse noch in Grenzen. Als die Franzosen im Februar 1812 Preußen zur Beteiligung am Russlandfeldzug zwangen und im März erneut in Berlin einrückten, kam es zwar immer wieder zu Protesten, Übergriffen und Sabotageakten. Aber erst gegen Ende des Jahres 1812, als sich ein Scheitern der *Grande Armée* in Russland abzuzeichnen begann, brach die franzosenfeindliche Stimmung in allen Schichten endgültig durch.

Manche Intellektuelle überboten sich nun in ihrem Hass auf Napoleon und die Franzosen. Viele Freiwillige, darunter vor allem Jugendliche, meldeten sich zum Armeedienst. All das setzte den preußischen König unter Druck, der sich am 23. Februar 1813 von Napoleon lossagte und wenige Tage später ein Bündnis mit Russland einging. Schon am 20. Februar – die Franzosen waren noch in Berlin stationiert – hatte man einen Straßenkampf nur mit Mühe abwenden können. Die Berliner waren jedenfalls froh, als die Franzosen in der Nacht zum 4. März 1813 endlich und endgültig abzogen. Es folgten zwei Wochen, „in denen sich die angestaute Spannung in einem Rausch von Festlichkeiten, Illuminationen, Bällen, Festvorstellungen und Dankesfeiern entlud“.[46] Als die von Napoleon 1806 geraubte und von Paris aus zurückgeführte Quadriga in Anwesenheit des preußischen Königs am 7. August 1814 wieder aufgestellt wurde, strömten Tausende Berliner zum Brandenburger Tor, das nun zu einem wichtigen Nationalsymbol wurde. Auch der Kult um die 1810 verstorbene Königin Luise (1776–1810), die sich in Tilsit in einem persönlichen Gespräch mit Napoleon für einen maßvollen Frieden eingesetzt hatte und seither zur patriotischen Märtyrerin stilisiert worden war, erreichte jetzt seinen ersten Höhepunkt.

Weniger erfreut zeigten sich vor allem die bürgerlichen Kreise über den politischen Weg, der nach dem Sieg über Napoleon eingeschlagen wurde. Dabei hatten die in Königsberg weilenden reformorientierten Kräfte schon im Oktober 1806 einen Kurswechsel eingeleitet, der Preußen auf eine Stufe mit den fortschrittlichsten Rheinbundländern stellen sollte. So gab die verheerende Niederlage und Unterordnung des Landes den Anstoß für einen Reformprozess, der nahezu alle Bereiche von Staat und Gesellschaft berührte. Aus der Einsicht in Frankreichs erdrückende politische, militärische, wirtschaftliche und gesellschaftliche Überlegenheit und wohl auch im Wissen um die reformfreudige Stimmung in Teilen der Bevölkerung zeigte der König sich nun endlich bereit, jene Reformer gewähren zu lassen, die bislang wie der Reichsfreiherr Heinrich Friedrich Karl vom und zum Stein (1757–1831) und Hardenberg in der Peripherie (in Westfalen bzw. Ansbach-Bayreuth) gewirkt hatten und nun von Berlin aus dem ganzen Land eine Generalkur verordneten. Mit den Preußischen Reformen erlebte das Land eine Art „defensiver Modernisierung“[47] – eine von der Französischen Revolution und Napoleons Reformpolitik inspirierte und gleichzeitig gegen sie gerichtete „Reform von oben“, die Preußen effizienter und damit auch wieder kampffähig machen sollte. Dementsprechend gab es kaum einen

Der Raub der Quadriga auf dem Brandenburger Tor und ihre Überführung nach Paris 1806 wurde von vielen Berlinern als besondere Schmach empfunden. Wenige Jahre später kehrte die Quadriga jedoch an ihren angestammten Platz zurück. Aquatinta von Daniel Berger, 1814

Die Protagonisten der Reformen: General Gerhard von Scharnhorst, Minister Carl August von Hardenberg, Staatsminister Karl vom und zum Stein (v.l.n.r.), Holzstich um 1860

Bereich, der nicht von diesem Reformprozess erfasst wurde. Das Reformpaket bestand aus tief greifenden Maßnahmen zur Umgestaltung von Verwaltung, Heer und Justiz, Wirtschaft und Gesellschaft, Bildung und Kultur. Die Gleichstellung der Juden, die Befreiung der Bauern, die Einführung der Gewerbefreiheit, die Aufhebung adliger Privilegien – all das rückte nun auf einmal in greifbare Nähe. Freilich ging man nicht so weit wie im benachbarten Königreich Westphalen, einem von Napoleon ins Leben gerufenen und von seinem Bruder Jérôme Bonaparte (König 1807–1813) regierten Modellstaat, eine Verfassung zu oktroyieren und ein Parlament zu errichten. Immerhin aber initiierte man mit der Städteordnung von 1808 eine kommunale Selbstverwaltung, sodass seither der Oberbürgermeister Berlins gewählt und vom König nicht mehr eingesetzt, sondern nur noch bestätigt wurde.

Lange Zeit haben Historiker über den Stellenwert dieser Reformen diskutiert – auch und vor allem im Vergleich zu jenen Reformen, die zeitgleich im rheinbündischen Deutschland, vor allem in Baden, Württemberg, Bayern und Westphalen durchgeführt und lange Zeit geringgeschätzt wurden. Heute würde wohl kaum noch ein Historiker bestreiten, dass die Reformen im rheinbündischen Deutschland „einen eigenständigen und dauerhaften Weg der Modernisierung einleiteten, der den preußischen Reformen ebenbürtig war."[48] Allerdings muss man in Preußen ebenso wie in Süd- und Westdeutschland eine Diskrepanz zwischen Anspruch und Wirklichkeit konstatieren. Denn ungeachtet aller Errungenschaften, die mit den preußischen und rheinbündischen Reformen verbunden waren: Sie erreichten bei Weitem nicht das ihnen zugedachte Ausmaß; vor allem aber dienten sie primär militärischen Zwecken. Als mit der Niederlage Napoleons der von

Frankreich direkt oder indirekt ausgeübte Reformdruck wegfiel, ließ der Reformeifer abrupt nach und viele Reformprojekte wurden ausgebremst oder rückgängig gemacht. Unter Friedrich Wilhelm III., dem Hardenberg zwei Verfassungsversprechen abgerungen hatte (die nicht eingelöst wurden), zählte Preußen gemeinsam mit Österreich zwischen 1815 und 1848 schließlich zu den politisch rückständigsten Ländern in Deutschland.

Konstitutionalisierung im Deutschen und im Norddeutschen Bund (1815–1866/71)

Nach dem endgültigen Sieg über Napoleon in Waterloo am 18. Juni 1815 gelang es Preußen, sich wieder als zweite deutsche Großmacht neben Österreich zu etablieren. Auf dem Wiener Kongress war bereits am 9. Juni 1815 eine territoriale und politische Neuordnung Mitteleuropas beschlossen worden, die die Errichtung eines Staatenbundes vorsah, in dem die einzelnen Länder weitgehend ihre Autonomie wahren konnten. Obwohl dieser Deutsche Bund (1815–1866) den Menschen Mitteleuropas eine im Vergleich zum 17. und 18. Jahrhundert verhältnismäßig lange Zeit des Friedens bescherte, haben ihn Generationen von Historikern negativ beurteilt: als Hemmschuh für die Konstitutionalisierung Deutschlands und die Herausbildung eines deutschen Nationalstaates. Tatsächlich hatten die im Bund versammelten Fürsten, darunter nicht nur deutsche Oberhäupter, sondern auch der König von Großbritannien und Irland (für Hannover), der dänische König (für Holstein und Lauenburg) und der König der Niederlande (als Großherzog von Luxemburg), kaum ein Interesse an einem

Diese Radierung von 1816, die eine Tagung der Gesandten aller Bundesstaaten des Deutschen Bundes in Frankfurt am Main zeigt, trägt den Titel „Deutschlands Hoffnung".

deutschen Nationalstaat. Weder dem österreichischen Kaiser noch dem preußischen oder dem bayerischen König war daran gelegen, seine Souveränität an einen übergeordneten Fürsten abzutreten.

Weniger Einigkeit bestand hinsichtlich der Verfassungsfrage. Artikel 13 der Kongressakte sah vor, dass „in allen Bundesstaaten [...] eine landständische Verfassung stattfinden" werde,[49] ließ aber offen, wann dies geschehen solle und wie dies inhaltlich umzusetzen sei. In Baden, Württemberg, Bayern und Hessen-Darmstadt nutzte man diese Klausel, um eine verhältnismäßig moderne Verfassung zu verabschieden, in Preußen und Österreich dagegen nicht. Eine Verfassung und ein Parlament, wie es in Karlsruhe, Stuttgart, München oder Darmstadt bestand, blieben den preußischen Untertanen verwehrt. Die acht zwischen 1824 und 1827 eingerichteten Provinzialstände verfügten kaum über Kompetenzen; sie unterstanden königlicher Aufsicht und „entwickelten sich zu Trägern eines konservativen Regionalismus".[50] Von einem Reformeifer, wie er bedingt unter Friedrich II. und dann vor allem unter Stein und Hardenberg zu beobachten gewesen war, konnte seit dem Wegfall des von Frankreich ausgeübten Reformdrucks in Preußen keine Rede mehr sein. Im Gegenteil: Alle diejenigen, die sich für einen liberalen oder gar demokratischen Nationalstaat starkmachten, fielen nun politischer Verfolgung anheim oder wurden an den Rand gedrängt.

Davon waren nicht einmal so loyale Mitstreiter der preußischen Krone ausgenommen wie der Generalfeldmarschall August Graf Neidhardt von Gneisenau (1760–1831), der schon im April 1815 mit Verbitterung registrierte, dass man ihn „unter die Jakobiner und Revolutionäre" rechnete.[51] Vor allem aber traf es Demokraten, Liberale und Nationalisten. Eines der ersten Opfer war der frankophob-ultranationalistische Friedrich Ludwig Jahn (1778–1852), der nicht nur eine fünfjährige Haft verbüßen musste, sondern nach seiner Freilassung noch jahrelang unter Polizeiaufsicht stand und sich nicht mehr in Berlin niederlassen durfte – und das obwohl ihn der für den Fall zuständige Richter, der zu diesem Zeitpunkt schon als Schriftsteller erfolgreiche E. T. A. Hoffmann (1776–1822), der Mitglied der in Berlin eingerichteten „Immediat-Untersuchungskommission zur Ermittlung hochverräterischer Verbindungen und anderer gefährlicher Umtriebe" war, hatte freilassen wollen. Die Härte des Staates war eine Reaktion auf den Mordanschlag eines deutschen Nationalisten auf den Dichter August von Kotzebue (1761–1819). Mit den daraufhin gefassten Karlsbader Beschlüssen von 1819 wurde die Meinungsfreiheit im Deutschen Bund drastisch eingeschränkt. Pressezensur und Überwachung von Universitätsprofessoren standen fortan auf der Tagesordnung, Denunziationen und Verhaftungen haben dieser Zeit den Stempel „Restaurationsepoche" aufgedrückt.

Andere bezeichneten die Jahrzehnte mit Blick auf die Reaktionen des Bürgertums auch als „Biedermeier": eine Zeit, geprägt durch „eine resignierte Abwendung von der Politik, einen bewußten Rückzug in die eigene Behausung, die man, sofern die Mittel dazu ausreichten, so wohnlich wie möglich zu machen suchte." Zumindest in den besser gestellten Kreisen (nicht nur Berlins) scheint sich „ein apolitischer, auf Behaglichkeit und Beschaulichkeit ausgerichteter bürgerlicher Wohn- und Lebensstil mit einem ausgeprägten geselligen Leben, künstlerischen und literarischen Interessen und starken Anleihen bei der Romantik" durchgesetzt zu haben. Langfristig indes führten „Demagogenriecherei" und „Verfolgungshysterie" dazu, dass „sich die Verbundenheit von Dynastie und Hauptstadt lockerte" und einer Entfremdung zwischen Krone und Bevölkerung wich.[52]

Eine solche Entfremdung zeichnete sich vor allem in der in Burschenschaften organisierten Studentenschaft, unter Intellektuellen und in den Unterschichten ab. Schon das Ausmaß politischer Verfolgung zeugt davon, wie groß der Widerstand gegen die restaurative Politik Preußens gerade in diesen gesellschaftlichen Gruppen Berlins gewesen sein muss. Gelegentlich kam es sogar zu handgreiflich ausgetragenen Konflikten, so etwa im Jahre 1820 am Oranienburger Tor, als Bürger aus den unteren Schichten mit „Lang-lebe-Napoleon"-Rufen einen Tumult auslösten,[53] oder im September 1830, als es infolge der Pariser Julirevolution zu einem „revolutionären Aufmucken und zu einer für Berliner Verhältnisse beispiellosen Demonstration", der sogenannten Schneiderrevolution, kam.[54] Dabei handelte es sich um einen mehrtägigen Aufruhr, dem neben eher randständigen Forderungen nach einer

Abschaffung der Hundesteuer und für die Raucherlaubnis im Tiergarten durchaus revolutionäre Absichten zugrunde lagen. Das ist einem von der Polizei abgefangenen Anschlagzettel zu entnehmen, der zwar weniger radikal ausfiel als Georg Büchners (1813–1837) 1834 verteilter und auch heute noch berühmter „Hessischer Landbote", der aber dennoch auf eine fundamentale politische Neuordnung ausgerichtet war:

> *„Auf, auf, ihr Teutsche! Schüttelt das Joch ab, welches seit 15 Jahren immer drückender geworden ist. Blickt nach Süden und Westen, da seht ihr ein ruhmvolles Beispiel, wie sich andere Nationen mit Gewalt ihre Freiheit erkämpfen. Wollen wir diesen nachstehen? Wollen wir noch länger Sklaven bleiben? Nein, brave teutsche Mitbrüder! Fort mit der absoluten Gewalt! Nieder mit den Händen der Tyrannei, den Gendarmen. Es lebe die Nation, es lebe eine repräsentative Verfassung! Es lebe der konstitutionelle König!"*[55]

Die Berliner Stadtbehörden ließen von Anfang an nichts unversucht, jedweden Protest im Keim zu ersticken: Es kam zu Festnahmen, brutaler Gewalt, Drohungen und paternalistisch gehaltenen Appellen („Unser theurer König, den wir Alle so innig lieben, muß mit Mißfallen dies unbedachte Zusammenlaufen bemerken"). Aber erst nach einer Woche gelang es der Polizei, die Unruhen niederzuschlagen. Über 200 Personen wurden verhaftet, von denen fast alle zu Peitschenhieben, Arrest oder Arbeitshaus verurteilt wurden. So groß war die Zahl der politisch Verfolgten in Berlin, dass man sich veranlasst sah, neue Gefängnisse zu bauen.[56]

Im Rückblick mutet es grotesk an, wie massiv die Staatsgewalt mitunter auf geringste Vorkommnisse reagierte. Das zeigte sich auch im Jahre 1835 bei einem Volksfest anlässlich des Geburtstags Friedrich Wil-

Rückzug ins Private: Die Familie des Berliner Schlossermeisters C.F.A. Hauschild aus der Stralauer Straße 49, Gemälde von Eduard Gärtner, 1843

helms III., als Polizei und Gendarmerie mit aller Gewalt gegen den Einsatz von Feuerwerkskörpern vorgingen, was eine mehrtägige Straßenschlacht mit über 100 Schwerverletzten und sogar zwei Toten zur Folge hatte. Dass sich diese „Feuerwerksrevolution" gegen die Obrigkeit, keineswegs aber gegen die Person Friedrich Wilhelms III. selbst richtete, spricht für die Beliebtheit des Herrschers bei den Berlinern: dass man „alles was Gutes in Preußen geschah", dem König zuschrieb, „seiner Gerechtigkeit und seiner Gutmütigkeit, während man die Summe der unbeliebten Maßnahmen, vom Bruch des Verfassungsversprechens bis zu den Demagogenverfolgungen, seinen Ministern und Ratgebern anlastete."[57] Offensichtlich hätte man sich zu diesem Zeitpunkt noch mit der Einführung einer konstitutionellen Monarchie wie in Baden, Bayern oder Württemberg, mit dem König als Souverän, einer Verfassung und einem parlamentarischen Mitbestimmungsorgan zufriedengegeben. Die Hoffnungen der Bevölkerung auf den König waren dabei keineswegs so naiv, wie es rückblickend erscheinen mag. Oftmals handelte es sich bei den an die Krone gerichteten Appellen und Wünschen um taktische Manöver: Man versuchte den König zu vereinnahmen, um ihn gegen seine Entourage auszuspielen.

Offensichtlich bemühte man auch 1840 eine solche Taktik. Als Friedrich Wilhelm IV. (bis 1861 König von Preußen) die Nachfolge seines im Juni verstorbenen Vaters antrat, richteten sich auf ihn die Hoffnungen zahlreicher Liberaler. Tatsächlich schien der neue König zunächst einen Kurswechsel vorzunehmen, was sich in einer Amnestie für politische Gefangene, einer gelockerten Pressezensur und einer liberaleren Berufungspolitik an der Berliner Universität niederschlug. Aber schon bald folgten Ernüchterung und schließlich Enttäuschung. Noch im Jahr seines Regierungsantritts machte der König deutlich, dass er nicht daran dachte, eine Verfassung, wie sie in den süd- und mitteldeutschen Staaten längst existierte, auch in Preußen einzuführen, und demonstrierte durch unpopuläre Personalentscheidungen bei der Besetzung von Regierungs-, Gerichts- und Universitätsposten seine konservativ-reaktionäre Grundeinstellung, sodass er „ein gutes halbes Jahr nach seinem Regierungsantritt [...] bei den Liberalen allen Kredit verspielt" hatte.[58]

Die französische Julirevolution inspirierte die Berliner, es den Franzosen gleichzutun. Straßenkämpfe vor dem Rathaus in Paris. Farblithografie nach F. Hoffbauer

1840 huldigten die preußischen Stände dem neuen König Friedrich Wilhelm IV. vor dem Berliner Stadtschloss. Zeitgenössisches Gemälde von Franz Krüger

Über den Kreis bildungsbürgerlicher Reformkräfte und einen kleinen Zirkel radikaler Intellektueller hinaus – zu dem auch der 1836 bis 1841 in Berlin studierende Karl Marx (1818–1883) zählte – begannen sich nun auch Menschen aus dem Volk für die Verfassungsfrage zu interessieren. Der Anstoß dazu kam aus der Peripherie des Königreiches, aus dem ostpreußischen Königsberg. Im Jahre 1841 veröffentlichte der Arzt Johann Jacoby (1805–1877) zunächst anonym eine Schrift, in der er eine Verfassung und ein Parlament forderte:

> *„Seit drei Jahrzehnten deuten Preußens Geschichte und Preußens Gesetzgebung gleich unabweisbar auf die Nothwendigkeit einer Volksvertretung hin; nur durch sie kann der Beamten-Willkür Einhalt geschehn, nur durch sie kann des Volkes Stimme zum Throne gelangen und zwischen Regierung und Regierten das Vertrauen wieder hergestellt werden, welches allein bei künftigen politischen Stürmen (und schon ziehen die Wolken dicht zusammen) das Land vor dem Schicksale des Jahres 1807 zu schützen vermag.“*[59]

Obwohl Jacoby sich explizit auf das von Friedrich Wilhelm III. gegebene Verfassungsversprechen bezog und dessen Nachfolger einzubinden versuchte, indem er ihm ein Exemplar mit Widmung zukommen ließ, versuchte Friedrich Wilhelm IV., ihn auf juristischem Wege auszuschalten – ein Vorgehen, das sich als kontraproduktiv erweisen sollte. Denn nicht nur endete der gegen Jacoby angestrengte Hochverratsprozess 1843 mit einem Freispruch; Jacoby und seine Publikationen wurden nun auch einem größeren Kreis der Berliner bekannt.

Zu diesem Zeitpunkt war die Stadt bereits im Begriff, sich zu einem Zentrum oppositioneller Liberaler und radikaler Demokraten zu entwickeln, die in Weinstuben und Cafés (beispielsweise im Café Kranzler an der Ecke Friedrichstraße/Unter den Linden) miteinander diskutierten. Von diesen Intellektuellen sollten einige nicht nur ideengeschichtliche (wie der individualistische Anarchist Max Stirner [1806–1856]), sondern auch weltpolitische Bedeutung entfalten wie Marx und Friedrich Engels (1820–1895), der hier 1841/42 seinen Militärdienst ableistete und Vorlesungen besuchte. Darüber hinaus begannen sich nun auch Teile der Unterschichten zu politisieren. In seinen „Erinnerungen eines Achtundvierzigers" hat der Buchdrucker und Protagonist der deutschen Arbeiterbewegung Stephan Born (1824–1898) berichtet, wie er 1845 dem zwei Jahre zuvor gegründeten

Berliner Lesecafés trugen zur Intellektualisierung breiter Bevölkerungskreise bei. Dieses Gemälde von Gustav Taubert (1832) heißt „Alles liest alles".

Berliner Handwerkerverein beitrat, der sich unversehens in eine „Bildungsstätte für heranwachsende Revolutionäre" wandelte:

„In dem Vereine wurden belehrende Vorträge gehalten. Die Beantwortung der eingelaufenen Fragen gab zu Diskussionsübungen Gelegenheit. Der Verein hatte seinen Männerchor, sogar seinen Kreis junger Poeten aus dem Handwerkerstande. Mein erstes Auftreten mit einem Liede „Der Bettelmann", zu dessen sentimentaler Melodie ich den Text gedichtet hatte, war, wie alles, was der politischen Stimmung der Zeit Ausdruck gab, von ungeheurem Erfolg. Der vor der Pforte des Palastes singende Bettelmann war das Volk, dem in der letzten Strophe zugerufen wurde, um die Freiheit dürfe man nicht betteln, man müsse sie sich erkämpfen. Das Gedicht war recht gering, seine Wirkung aus dem angegebenen Grunde trotzdem sehr groß. […] In dem Berliner Handwerkerverein atmete man in jenen Tagen den Lebensodem einer für Deutschland nahenden neuen Geschichtsepoche."[60]

Rückblickend behauptete Born gar, dass „schärfere Geister" im Berliner Handwerkerverein schon 1845/46 die Bildung einer „sozialdemokratischen Arbeiterpartei" hätten vorhersehen können. Von einer organisierten Massenpartei im modernen Sinne konnte freilich zu diesem Zeitpunkt noch keine Rede sein. Immerhin trat nun die soziale Frage in all ihrer Dringlichkeit zusehends neben die Forderungen nach einer Verfassung und einem deutschen Nationalstaat. Allmählich wurde sich Friedrich Wilhelm IV. bewusst, dass er Zugeständnisse machen musste, um Schlimmeres zu verhindern. Halbherzig stellte er 1844 die Einberufung eines Vereinigten Landtages, eine Versammlung der acht preußischen Provinzialstände in Aussicht, die tatsächlich im April 1847, mit äußerst geringen Kompetenzen ausgestattet, im Berliner Stadtschloss zusammenkam. Schon in seiner Eröffnungsrede am 11. April 1847 machte der König klar, dass er eine Konstitutionalisierung und Parlamentarisierung Preußens strikt ablehnte:

„Es drängt Mich zu der feierlichen Erklärung: daß es keiner Macht der Erde je gelingen soll, Mich zu bewegen, das natürliche, gerade bei uns durch seine innere Wahrheit so mächtig machende Verhältniß zwischen Fürst und Volk in ein conventionelles, constitutionelles zu wandeln, und dass Ich es nun und nimmermehr zugeben werde, dass sich zwischen unseren Herr Gott im Himmel und dieses Land ein beschriebenes Blatt [eine Verfassung] gleichsam als zweite Vorsehung eindränge, um uns mit seinen Paragraphen zu regieren und durch sie die alte, heilige Treue zu ersetzen."

Großzügig gewährte der König den Abgeordneten das Recht, Bitten und Beschwerden vorzubringen, machte aber gleichzeitig klar:

„Das aber ist ihr Beruf nicht: ‚Meinungen zu repräsentiren', Zeit- und Schulmeinungen zur Geltung bringen zu sollen. Das ist völlig undeutsch und obendrein völlig unpraktisch […] denn es führt nothwendig zu unlösbaren Konflikten mit der Krone, welche nach dem Gesetze Gottes und des Landes und nach eigener Bestimmung herrschen soll, aber nicht nach dem Willen von Majoritäten regieren kann und darf."[61]

Spätestens zu diesem Zeitpunkt musste auch allen gemäßigten Liberalen klar geworden sein, dass von diesem „Romantiker auf dem Thron"[62] keine politische Modernisierung zu erwarten war. In seinem Tagebuch hat der Schriftsteller und Diplomat Karl August Varnhagen von Ense (1785–1858), der Ehemann der berühmten Salonnière, die entsprechenden Reaktionen in der Berliner Bevölkerung, den „scharfen Tadel gegen des Königs Rede", der sich „überall ohne Scheu mit Nachdruck" aussprach, festgehalten:

„‚Keine Zeile, die nicht unwahr oder albern wäre […]' – ‚Bisher konnte man von Unsinn, jetzt muß man von Wahnsinn reden.' – ‚Der hat Karl's des Zehnten Geschichte [dessen restaurative Maßnahmen die Pariser Juli-Revolution 1830 ausgelöst hatten] schon vergessen.'"[63]

Friedrich Wilhelm IV. bei der Eröffnungsfeier des Vereinigten Landtages am 11. April 1847, zeitgenössischer Holzstich

Indes, die Mehrheit der Berliner hatte von Anfang an kein sonderliches Interesse für dieses Pseudo-Parlament, wie man in den Erinnerungen des Philosophen und Politikers Karl Biedermann (1812–1901) lesen kann:

„Auffallend war mir die Theilnahmlosigkeit der Berliner Bevölkerung angesichts der Eröffnung des Vereinigten Landtags. Ich war auf meiner Reise nach Berlin mit einem jungen Schriftsteller, Emil Frensdorf, zusammengetroffen und bekannt geworden, der in Belgien seine journalistische Schule gemacht hatte und nun, gleich mir, diese epochemachende Wandlung der Dinge in Preußen aus der Nähe beobachten wollte. […] Es war Sonntag, und die öffentlichen Locale waren daher gefüllt. Allein nirgends konnten wir, wie sehr wir auch spähten und lauschten, selbst nur das geringste Zeichen von Theilnahme an dem für den nächsten Tag bevorstehenden wichtigen Ereigniß entdecken. Auch als die Thronrede in der Staatszeitung gedruckt erschien, war davon, daß etwa ein Zudrang zu den Ausgabestellen des Blattes stattgefunden hätte, nichts zu entdecken. Und eben so wenig sah man am Tage der Eröffnung selbst ein Zusammenströmen von Menschen oder Kundgebungen von Sympathien für die Vertreter des Volkes.“[64]

Tatsächlich galt die Aufmerksamkeit der Berliner eher den bedrückenden Arbeitsbedingungen und der Armut, unter der weite Kreise der städtischen Bevölkerung litten. Schon 1844 hatten die Berliner Kattundrucker ihre Arbeit niedergelegt. Drei Jahre später erfasste der Protest gegen die soziale Lage weite Kreise der Stadt. Noch bevor der Vereinigte Landtag zu Ende gegangen war, entlud sich die angespannte Stimmung in der sogenannten Kartoffelrevolution, einer aufgrund der gestiegenen Lebensmittelpreise ausgelösten Protestbewegung, die auch vor Symbolen der königlichen Macht nicht haltmachte. Auch das hat Biedermann in einem noch im selben Jahr erschienenen Buch anschaulich beschrieben:

„Die materielle Noth war auf einen bedenklichen Höhepunkt gestiegen; tumultuarische Auftritte, durch die Verzweiflung der hungernden und hülflosen Menge und durch einzelne wucherische Erpressungen beim Verkaufen der ersten Lebensmittel veranlaßt, hatten in mehreren Städten der Monarchie bereits stattgefunden. Jetzt begannen sie auch in der Hauptstadt, unter den Augen des Königs und der versammelten Stände. Drei Tage lang wiederholten sich die Exzesse; eine entfesselte Menge wogte durch die Straßen und auf den öffentlichen Plätzen, zerstörte, plünderte, mishandelte. […] Die Polizei und das Militär, sonst so rasch zur Hand und so bereit zum strengen Einschreiten, kamen diesmal fast überall entweder zu spät oder griffen nur schwach ein und bestärkten dadurch den Muthwillen der erregten Masse. Die Bürger, eine allgemeine Entfesselung des Pöbels und die Zerstörung oder Plünderung ihres Eigenthums fürchtend, boten ihre Hülfe zur Unterdrückung der Ruhestörungen an und baten um die Erlaubniß, eine Bürgerwache bilden zu dürfen; der Minister des Innern wies diesen Antrag zurück – man fand es bedenklich, dem Gedanken der Selbstregierung bei den Bürgern Nahrung zu geben und die Illusionen von der Allmacht und Alleinberechtigung der Polizei und des Militärs zu schwächen. Doch fing man jetzt an, etwas ernster gegen die Tumultuanten zu verfahren, und in Kurzem war die Ruhe hergestellt.“[65]

Kartoffelhändler werden von aufgebrachten Berlinern verprügelt. Zeitgenössische Lithografie von Vinzenz Katzler

Es waren fast ausschließlich Frauen, die diesen Aufstand ausgelöst und dabei auch Gewalt gegen die Kartoffelhändler ausgeübt hatten. Das erklärte sich nicht nur aus dem Umstand, dass Frauen für den Einkauf zuständig waren, derweil „daheim Gatte und Kinder auf eine sättigende Mahlzeit warteten".[66] Vielmehr handelt es sich um ein Indiz einer fundamentalen Politisierung, die längst auch die Frauen erfasst hatte. Seit den 1840er-Jahren engagierten sich bürgerliche Frauen nicht nur in der sozialen Frage – in Berlin allen voran Bettina von Arnim (1785–1859) mit einem dem König gewidmeten Buch.[67] Auch Forderungen nach weiblicher Partizipation kamen nun auf die Agenda liberaler wie katholischer und protestantischer Gruppierungen. So entstand 1848 „eine erste, in lokalen Vereinen organisierte und durch ein überregionales Publikationsorgan verbundene Frauenbewegung".[68] In den Unter- und in den Mittelschichten, unter Männern wie Frauen, herrschte 1847 eine weitverbreitete Unzufriedenheit mit der allgemeinen Lage. Die Zeit, so schien es, war reif für eine tief greifende Umwälzung der politischen und gesellschaftlichen Verhältnisse.

Bis weit ins 20. Jahrhundert löste der Begriff „Revolution" höchst unterschiedliche Reaktionen aus. Konservative assoziierten damit vor allem Gewaltexzesse, Chaos und Terrorpolitik, während radikale Demokraten und Sozialisten an grundlegenden Wandel, Verbesserung und Fortschritt dachten. Karl Marx bezeichnete Revolutionen gar als die „Lokomotiven der Geschichte".[69] Auch heute noch spielen sie in der amerikanischen, französischen und russischen Geschichtskultur eine derart dominante Rolle, dass man geneigt ist, die historische Entwicklung Europas und Nordamerikas primär mit den revolutionären Ereignissen von 1763/83, 1789 und 1917 in Verbindung zu bringen. Dabei bildeten Revolutionen im 19. und 20. Jahrhundert eher die Ausnahme als die Regel. Es mussten schon zahlreiche Faktoren, situative wie strukturelle, politische wie sozioökonomische, zusammenkommen, damit sich verschiedene Gruppen aus zum Teil höchst unterschiedlichen Motiven engagierten und es zu einer veritablen Revolution kam.

Und es bedurfte eines Anlasses, einer Initialzündung. Die kam – wieder einmal – aus Paris. Dort war am 24. Februar 1848 König Louis Philippe (reg. seit 1830) gestürzt und die konstitutionelle Monarchie durch eine demokratische Republik ersetzt worden. Noch am selben Tag versammelten sich im nahe Frankreich gelegenen Mannheim zahlreiche Bürger, deren sogenannte Märzforderungen nach Pressefreiheit, einer Verfassung und einer Nationalrepräsentation binnen weniger Tage auch in anderen süddeutschen Städten und schließlich in ganz Deutschland kursierten. Allerorts sahen sich nun die Fürsten mit einem derart massiven Volkswillen konfrontiert, dass sie unverzüglich nachgaben und die Bildung neuer Regierungen, sogenannter Märzministerien, zuließen. Zu spät, wie Varnhagen von Ense in seinem Tagebucheintrag vom 6. März 1848 meinte:

> *„Eines kränkt und beschämt mich immerfort, daß wir Deutschen nichts aus uns selbst, daß wir alles aus Frankreich bekommen als Nebenwirkung und Nachtrag der dortigen Ereignisse. Jedes Zugeständniß der bestürzten Regierungen ist mir ein Stich durchs Herz. Schande über Schande, daß sie jetzt alle eilig geben, was sie mehr als dreißig Jahre mit dünkelvollem Trotz verweigert haben! Und das bischen Pressefreiheit, das bischen Vereinigungsrecht, das bischen Freiheit für die Stände, wie bald werden sie es wieder verkümmern!"*[70]

Einen Tag später erreichten die Märzforderungen auch Berlin, wo sie von einer Bürgerversammlung, „in tiefster Unterthänigkeit" an den König gerichtet, verabschiedet wurden.[71] Allerdings taten sich die preußischen wie kommunalen Eliten bei deren Annahme weitaus schwerer als andernorts, denn der König und seine Berater „sahen in einem solchen Akt der ‚Zudringlichkeit' ein bedenkliches Zeichen drohenden demokratischen Umsturzes; man winkte ungnädig ab […]. Die Adressenbewegung […] schien in Berlin zur Farce zu geraten". Es war wohl vor allem den verarmten Volksmassen zu verdanken, dass sich die Stimmung allmählich radikalisierte und sich der Konflikt zusehends ins Innere der Stadt verlagerte. Schon am 13. März kam es zu ersten Zusammenstößen mit dem Militär, zum Barrikadenbau und zum Einsatz von Waffen; kurz darauf waren die ersten

Toten und Verletzten zu beklagen. In dieser emotional aufgeladenen Atmosphäre entwickelte sich Militärhass zu einem „Grundgefühl in der Berliner Bevölkerung", und die „Erfahrung ohnmächtiger Hilflosigkeit verlieh dem Feindbild ‚Militär' irrationale Züge", derweil die Soldaten „zunehmend schießfreudiger" wurden und „untere Chargen [...] voreilige Angriffskommandos" gaben.[72] Als bekannt wurde, dass der österreichische Staatsmann und Außenpolitiker Clemens Fürst von Metternich (1773–1859), die verhasste Gallionsfigur der deutschen Restauration, am 13. März 1848 zurückgetreten und aus Wien geflohen war, zeigte sich der preußische König endlich zu einer Liberalisierung und Konstitutionalisierung der preußischen Monarchie bereit. Mittlerweile schien sich aber auch das Volk an den Gedanken gewöhnt zu haben, „im offenen Kampf dem Militär zu widerstehen und eine Revolution zu machen".[73] Offensichtlich hatte die Protestbewegung bereits eine solche Eigendynamik entwickelt, dass ihr weder von oben noch von unten beizukommen war. Auf einer am 18. März 1848 vor dem Berliner Schloss stattfindenden Volksversammlung, auf der man den König jubelnd empfing und sein Innenminister Ernst von Bodelschwingh (1794–1854) die Einführung der Pressefreiheit, die Umwandlung Preußens in eine konstitutionelle Monarchie und eine Lösung der nationalen Frage in Aussicht stellte, sollte die Situation eskalieren. Die Jubelversammlung schlug um in eine Protestdemonstration: „König, Minister und Stadthonoratioren sahen hilflos, wie ihnen die Massen entglitten." Anstatt der Forderung nach einem Abzug des Militärs entgegenzukommen, gab Friedrich Wilhelm IV. nun General Karl Ludwig von Prittwitz (1790–1871) den Befehl, dass er mit seiner Kavallerie „den Schloß-Platz säubern und dem dort herrschenden Skandal endlich ein Ende machen solle" – ohne das Gewehr aufzunehmen.[74] Als dennoch zwei Schüsse fielen, fühlte sich die Menge verraten, Panik brach aus und die Barrikadenkämpfe begannen. Der später weltberühmte Mediziner Rudolf Virchow (1821–1902) hat diesen revolutionären Moment in einem Brief an seinen Vater festgehalten:

Angriff auf die Barrikade am Alexanderplatz am 18. März 1848. Zeitgenössische Kreidelithografie

Keine furchteinflößende Truppe: Schlafende Posten der Bürgerwehr vor der Wohnung Friedrich Wilhelms IV. im Berliner Schloss. Gemälde von Eduard Grawert, 1848

„Alles schrie Verrath und Rache. In wenig Stunden war ganz Berlin unter Barrikaden, u. wer Waffen bekommen konnte, rüstete sich. Leider war aber die Zahl der grösseren Schiessgewehre ausserordentlich klein, da die Waffenhändler ihren Vorrath hatten abliefern müssen u. die Berliner nur ausnahmsweise Büchsen oder Flinten besitzen. Gegen 4 Uhr standen in Berlin etwa 25 000 Mann Militär unter den Waffen, da durch Zuzug von Potsdam, Charlottenburg, Spandau, Stettin, Frankfurt, Guben u. Halle die Garnison bedeutend verstärkt war. Die Zahl der kämpfenden Bürger lässt sich nicht angeben. Der Kampf begann, ich weiss nicht mehr genau wann, es mag gegen 5 Uhr gewesen sein. Zum erstenmal seit der französischen Revolution des vorigen Jahrhunderts, zum erstenmal seit dem Beginn der deutschen Geschichte ist es vorgekommen, dass ein Landesfürst auf seine Unterthanen mit Kanonen hat schiessen lassen; das Kleingewehrfeuer genügte nicht – nein, Kartätschen u. Granaten liess er in das Volk schleudern. Der Kampf wüthete gleichzeitig an 3 Punkten: in der Nähe des Schlosses, in der Königsstadt u. in der Friedrichsstadt; erst in der Nacht um 2 Uhr begann er an einem 4ten Punkt an der Marschallsbrücke in unserm Viertel.“[75]

Ein noch in derselben Nacht erlassener Aufruf „An meine lieben Berliner“, in dem der König seine „treue Gesinnung“ beteuerte, eine „meist aus Fremden“ bestehende „Rotte von Bösewichtern“ für die Eskalation verantwortlich machte und an die „Wohlgesinnten“ appellierte, die Barrikaden zu räumen, verhallte ungehört.[76] Schließlich sah sich der König gezwungen, das Feuer einstellen zu lassen und das Militär abzuziehen. Ja, er zeigte sich sogar bereit, bei einem Ritt mit Generälen und Ministern durch Berlin am 21. März 1848 eine schwarz-rot-goldene Armbinde anzulegen und einen Tag später 183 zivilen Opfern der Straßenkämpfe, den sogenannten Märzgefallenen, die letzte Ehre zu erweisen, bevor sie auf einem im heutigen Volkspark Friedrichshain eingerichteten Gräberfeld bestattet wurden.

Des Weiteren bewilligte Friedrich Wilhelm IV. eine bewaffnete Bürgerwehr, setzte eine Märzregierung unter Ministerpräsident Ludolf Camphausen (1803–1890) ein, führte die Vereins- und Pressefreiheit ein, erließ eine Amnestie für politische Gefangene und signalisierte eine Unterstützung der Idee eines nationalen Bundesstaats („Preußen geht fortan in Deutschland auf“[77]). Am 1. Mai 1848 wurden zudem Wahlen durchgeführt, an der sich alle über 24 Jahre alten und nicht auf die städtische Armenfürsorge angewiesenen Männer beteiligen durften. Neben der deutschen Nationalversammlung in Frankfurt am Main konstituierte sich in der Folge auch eine Preußische Nationalversammlung in Berlin. Spätestens jetzt zeigte sich, wie tief der Graben zwischen der Krone und der Bevölkerung der Hauptstadt geworden war. Denn unter den zehn von den Berlinern gewählten Repräsentanten befand sich kein einziger konservativer Abgeordneter. Im Gegensatz zum Stadtparlament, das nur von 25 000 ausschließlich begüterten Bürgern gewählt wurde und dementsprechend ausschließlich aus konservativen und gemäßigt-liberalen Honoratioren bestand, waren die Berliner Abgeordneten der Preußischen Nationalversammlung allesamt der demokratischen Linken zuzuordnen.[78]

Allerdings zeichnete sich bereits jetzt ein Auseinanderbrechen der revolutionären Basis ab. Einschlägige Quellen lassen vermuten, dass sich unter den 3000 bis 4000 Barrikadenkämpfern und den Zehntausenden von Unterstützern Angehörige „aller sozialen Schichten“, Fabrikanten, Kaufleute, Beamte, Bildungsbürger, Studenten, Handwerker, Arbeiter und Tagelöhner, ja sogar Frauen und Kinder, befanden.[79] Auch in politischer Hinsicht spannte sich der Bogen der Märzbewegung recht weit: von gemäßigten Liberalen über radikale Demokraten bis zu (wenn auch vergleichsweise wenigen) Sozialisten und Kommunisten. Viele von ihnen organisierten sich in Vereinen oder gruppierten sich um Zeitungen, wodurch eine neue politische Öffentlichkeit entstand, die auf eine Überwindung des alten politischen und gesellschaftlichen Systems abzielte.

Doch diese Allianz war nur von kurzer Dauer. Denn die nun einsetzenden politischen Debatten und sozialen

Am 11. November 1848 wird in Berlin die Bürgerwehr entwaffnet. Im Hintergrund ist die Friedrichswerdersche Kirche zu sehen. Zeitgenössische kolorierte Lithografie (Neuruppiner Bilderbogen)

Konflikte polarisierten zusehends die städtische Bevölkerung, von der sich ein Teil schon im März 1848 für die Rückkehr des Militärs als Ordnungsfaktor aussprach – eine Petition, der vonseiten der neuen Regierung stattgegeben wurde. In den folgenden Monaten verschlechterte sich das Verhältnis zwischen der Bürgerwehr und der politischen Linken. Es kam verschiedentlich zu Zusammenstößen, unter anderem zu einem Sturm auf das Zeughaus am 14. Juni. Am 16. Oktober 1848 schoss die Bürgerwehr auf Arbeiter auf dem Köpenicker Feld. Unter dem Eindruck der in Wien eine Woche später einsetzenden Konterrevolution (23. Oktober bis 1. November 1848) verschärften sich die gewaltsam ausgetragenen Konflikte zwischen Bürgerwehr und Demonstranten ein weiteres Mal, sodass die Märzbewegung schließlich auseinanderbrach.

Das war der Moment, in dem der König und seine Entourage Morgenluft witterten, um die Hauptstadt und damit das ganze Land wieder unter ihre Kontrolle zu bringen: „Ich wiederhole […] daß die Eiterbeule von Berlin operiert werden muß. Je eher, je besser. Jeder Tag ist unwiederbringlich verloren, weil es das Ansehen der Regierungen antastet und meine Stellung zu Grunde richtet", hatte Friedrich Wilhelm IV. seinen Ministerpräsidenten Camphausen schon am 18. Juni 1848, zwei Tage vor dessen Rücktritt, wissen lassen.[80]

Nun griff der König tatsächlich durch. Am 1. November berief er mit Friedrich Wilhelm Graf von Brandenburg (1792–1850) einen konservativen Ministerpräsidenten; am 9. November 1848 befahl er, den Sitz des links dominierten Parlaments gegen dessen Widerstand nach Brandenburg zu verlegen; am 10. November ließ er in Berlin die Armee einrücken und den Sitzungssaal versperren; am 12. November wurde der Belagerungszustand über Berlin ausgerufen, auch eine Entwaffnung wurde durchgeführt. Als daraufhin das Parlament zu einer allgemeinen Steuerverweigerung aufrief, wollten ihm viele Bürger aus Angst vor einer weiteren Eskalation nicht mehr folgen. Am 5. Dezember wurde es dann endgültig aufgelöst.

Resignation und eine allgemeine Revolutionsmüdigkeit hatten sich über die Stadt gelegt. Während in der Frankfurter Paulskirche bis Mai 1849 und im Stuttgarter Rumpfparlament noch bis zum 18. Juni 1849 getagt wurde, während im Rahmen der sogenannten Reichsverfassungskampagne in der Pfalz, in Sachsen und in Baden Aufstände ausbrachen, war es in Berlin nach Anbruch des Jahres 1849 längst wieder still. Daran änderten auch im Januar 1849 abgehaltene Neuwahlen des Abgeordnetenhauses, der nunmehr nur noch zweiten Kammer des neuen Preußischen Landtags, nichts – zumal auch dieses Parlament, das sich für die Annahme der Reichsverfassung aussprach, im Mai 1849 aufgelöst wurde. An die Stelle des gleichen Männerwahlrechts trat nun ein Dreiklassenwahlrecht, das das Stimmgewicht von der Steuerleistung abhängig machte und damit seinen restaurativen Zweck ebenso wenig verfehlen sollte wie die zahlreichen repressiven Maßnahmen, welche die ein Jahr zuvor erkämpften Freiheiten wieder erheblich einschränkten.

Die Revolution scheiterte nicht nur in Wien und Berlin, aber sie scheiterte vor allem hier. Dass die Konterrevolution ausgerechnet in den beiden größten und wichtigsten deutschen Staaten so früh so erfolgreich war, dass sich erst der österreichische Kaiser und dann auch der preußische König weigerten, die Krone eines konstitutionellen Kaisertums anzunehmen, all das hat die Niederlage der deutschen Revolution von 1848/49 entscheidend befördert. Insofern war die Berliner Märzrevolution mehr

Ein Revolutionär wird am Pranger gefesselt. Lithografie, 1836

als nur ein Kapitel der Stadtgeschichte. In ihr verdichteten sich vielmehr die lokale und die nationale Geschichte zu einem zentralen Ereignis von weitreichender Bedeutung für die Entwicklung Mitteleuropas. Wie weit diese Bedeutung reichte, darüber haben Historiker jahrzehntelang debattiert. Für die Vertreter der Sonderwegs-These war 1848 gewissermaßen der Sündenfall der modernen deutschen Geschichte. Ihnen zufolge behaupteten sich mit dem Scheitern der Revolution jene vormodernen Kräfte, die wie die ostdeutschen Großgrundbesitzer mit den wirtschaftsbürgerlichen Eliten der Schwerindustrie ein Bündnis eingingen und die Herausbildung eines selbstbewussten und selbstständigen Bürgertums blockierten – mit der Folge, dass sich das deutsche Bürgertum an den überkommenen feudalen Werten des preußischen Adels orientiert habe und sich ein Untertanengeist und ein Obrigkeitsdenken ausgebreitet hätten, was letztlich zum Aufstieg Hitlers geführt habe. Gegen die Annahme eines solchen „Sonderwegs" spricht nicht nur ein Vergleich mit Frankreich, dessen Februarrevolution ebenfalls scheiterte und spätestens 1851 in eine Diktatur mündete – ohne dass dies einer späteren republikanischen Entwicklung entgegenstand. Auch die vielen liberalen und demokratischen Traditionslinien, die 1848/49 begründet wurden und nach Weimar und in die Bundesrepublik Deutschland reichen sollten, sprechen gegen die Konstruktion einer „Einbahnstraße" von 1849 bis 1933[81] – zumal die Revolution keineswegs auf allen Feldern scheiterte. Sicherlich blieben ein föderaler Nationalstaat mit gesamtdeutscher Verfassung und ein demokratisch gewähltes Parlament vorerst im Bereich des Utopischen. Gleichzeitig aber politisierten sich die mehr und mehr nationale Ideen vertretenden Unter- und Mittelschichten, an denen auch die verstocktesten Konservativen nicht mehr vorbeikamen. Ein Zurück zu den alten Verhältnissen war seither nicht einmal in Preußen mehr möglich. Schon im Dezember 1848 hatte Friedrich Wilhelm IV. im Rahmen seines Staatsstreiches eine Verfassung oktroyiert, die nach vielfältigen Revisionen in die preußische Verfassung vom 31. Januar 1850 mündete. Auch wenn diese Verfassung, die bis 1918 gültig bleiben sollte, dem König außerordentliche Vollmachten zubilligte, band sie ihn doch an ein Grundgesetz und garantierte zumindest offiziell einige bürgerliche Freiheitsrechte. Das war sehr viel weniger, als die Demokraten und die Liberalen im März 1848 gefordert hatten. Aber immerhin war nun auch Preußen in den Kreis der deutschen Verfassungsstaaten getreten.

Friedrich Wilhelm IV. empfängt am 3. April 1849 im Berliner Stadtschloss eine Deputation der Frankfurter Nationalversammlung, die ihm die deutsche Kaiserkrone anbietet. Der König verweigert sich. Stahlstich von Veit Froer, 1861

Es folgte ein Jahrzehnt der Repressionen: Pressezensur, Polizeikontrollen, Bespitzelungen und Verhaftungen politischer Dissidenten, Überwachungen und Verbote demokratischer Vereine und Versammlungen waren fortan an der Tagesordnung. Sogar die Strafe des Prangerstehens wurde wieder vollstreckt. Das blieb nicht ohne Folgen für die allgemeine politische Stimmung in der Stadt. Die „Herrschaft der Reaktion lastete schwer auf dem ganzen preußischen Lande, am drückendsten fühlbar aber wurde sie in der Hauptstadt", so hat es der Stadtchronist Adolf Streckfuß (1823–1895), der zu jener Zeit selbst unter zahlreichen Schikanen zu leiden hatte, rückblickend beschrieben:

> *„Es herrschte in Berlin im Frühjahr 1850 eine apathische Ruhe; alle Parteien und am meisten das politisch gleichgültige Bürgertum waren der politischen Bewegung müde, selbst die bisher so rührige Volkspartei war durch die polizeiliche Verfolgung, der sie nun schon seit mehr als einem Jahre ausgesetzt war, mürbe geworden, sie suchte jede Gelegenheit zu vermeiden, welche der Polizei eine Veranlassung zu einem Einschreiten hätte geben können."*[82]

Die restaurative Wende manifestierte sich auch in den Kommunalverfassungen von 1850 und 1853. So wurde in Preußen eine neue Gemeindeordnung eingeführt, die einerseits die Selbstverwaltung bestätigte und nicht nur den Städten, sondern allen Kommunen zubilligte, andererseits aber die Autonomie der Städte stark einschränkte, insofern sie dem Gemeinderat Kompetenzen entzog und dem Bürgermeister ein weitreichendes Vetorecht bei dessen Beschlüssen einräumte. Der Bürgermeister wurde zwar vom Gemeinderat gewählt, musste aber vom König bestätigt werden. Zudem bedurften die Magistratsmitglieder fortan einer Bestätigung durch die Regierung. Der König konnte das städtische Parlament zudem auflösen und Neuwahlen ausschreiben. Dabei stand eine liberale oder gar linke Ausrichtung nicht zu erwarten, da infolge des hohen Zensus die Bevölkerungsmehrheit vom Wahlrecht ausgeschlossen blieb und aufgrund des Dreiklassenwahlrechts die Stimmen der besonders Wohlhabenden sehr viel mehr Gewicht erhielten. So ergaben die Septemberwahlen von 1850 einen konservativen Gemeinderat. Auch der Oberbürgermeister zählte zum konservativen Lager: Heinrich Wilhelm Krausnick (1797–1882) hatte Berlin bereits von 1834 bis 1848 vorgestanden, war im Verlauf der Märzevolution abgewählt worden und sollte nun von 1850 bis 1862 erneut die Stadt leiten.[83]

Allerdings war nicht Krausnick der starke Mann Berlins jener Jahre, sondern Carl Ludwig Friedrich von Hinckeldey, der als Berliner Polizeipräsident von 1848 bis 1856 nicht nur die städtische Infrastruktur grundlegend modernisierte, sondern auch das städtische Polizeiwesen reorganisierte und die ihm zugestandenen Machtbefugnisse ausgiebig nutzte. Hinckeldeys antirevolutionäre Polizeipraxis fußte wohl auf einem negativen Großstadtbild, wie es sich seinerzeit (nicht nur) in Berlin Bahn brach und das in konservativen Kreisen bis in die 1930er-Jahre wirksam blieb: ein Bild, das die Großstadt „in ihrer moralischen und politischen Undurchschaubarkeit zu einer Gefahr für die Menschheit" stilisierte und sie mit Kriminalität und politischem Radikalismus geradezu identifizierte.[84] Dass Hinckeldey nicht nur Liberale und Demokraten verfolgte, sondern auch konservative Kritiker der Regierung, Aristokraten und sogar adlige Offiziere ins Visier nahm, sollte ihm schließlich zum Verhängnis werden: „Mitglieder der Berliner Aristokratie trieben den Polizeipräsidenten in eine manipulierte Beleidigungsaffäre, die sich schließlich zu einer Duellforderung verwickelte"[85] – und mit dessen Tod 1856 endete.

Von einem Ende der Ära Hinckeldey konnte indes erst zwei Jahre später die Rede sein. Als Friedrich Wilhelm IV. infolge mehrerer Schlaganfälle nicht mehr in der Lage war, die Regierungsgeschäfte zu führen, übernahm sein Bruder Wilhelm die Verantwortung, zunächst als sein Stellvertreter (1857), dann als Prinzregent (1858) und schließlich als König (1861–1888). Dass sich anfangs ausgerechnet mit dem einst so rücksichtslos gegen die 1848er vorgehenden „Kartätschenprinzen" so viele Hoffnungen auf eine „Neue Ära" verbanden, hing mit der Berufung einer neuen, reformorientierten Regierung zusammen. Bald aber machte sich Ernüchterung breit. Denn Wilhelms „Reformpolitik" betraf vor allem die Armee: Die Friedenspräsenzstärke des Heeres sollte gesteigert, die Dienstzeit von zwei auf drei Jahre erhöht und die bürgernahe Landwehr geschwächt werden. Demgegenüber vertrat die liberale Mehrheit im Landtag das Konzept eines Volksheeres, was zu einem mehrjährigen Konflikt zwischen Regierung und Parlament führte. Dies hätte vermutlich schon 1862 zum Rücktritt des Königs und damit zur Umwandlung der konstitutionellen in eine parlamentarische Monarchie geführt, wenn nicht im letzten Moment der konservative Politiker Otto von Bismarck (1815–1898) mit den Regierungsgeschäften betraut worden wäre. Dieser setzte die Heeresreform gegen den Willen des Landtages durch und verschärfte dadurch erst einmal den preußischen Verfassungskonflikt. Da es ihm aber gleichzeitig gelungen war, nach zwei erfolgreichen Kriegen gegen Dänemark 1864 und gegen Österreich 1866 den Norddeutschen Bund und nach einem Krieg gegen Frankreich 1870/71 das deutsche Kaiserreich und damit den ersten deutschen Nationalstaat zu errichten, gewann er die Unterstützung zahlreicher Liberaler, denen die Lösung der deutschen Frage wichtiger war als verfassungsrechtliche Bedenken. Generationen von Historikern haben Bismarck für diese Politik von „Eisen und Blut“ verehrt, eine Politik, die dieser bereits am 30. September 1862 im Abgeordnetenhaus entworfen hatte:

Ein Denkmal erinnerte an der Stelle des Duells am Forsthaus Königsdamm an den Tod von Hinckeldey; es steht seit 1956 im Volkspark Jungfernheide.

Otto von Bismarck spricht vom Bundesratstisch im Reichstag.
Gemälde von Anton von Werner, 1888

„Nicht auf Preußens Liberalismus sieht Deutschland, sondern auf seine Macht; Bayern, Württemberg, Baden mögen dem Liberalismus indulgieren [nachgeben], darum wird ihnen doch keiner Preußens Rolle anweisen; Preußen muß seine Kraft zusammenfassen und zusammenhalten auf den günstigen Augenblick, der schon einige Male verpaßt ist; Preußens Grenzen nach den Wiener Verträgen sind zu einem gesunden Staatsleben nicht günstig; nicht durch Reden oder Majoritätsbeschlüsse werden die großen Fragen der Zeit entschieden – das ist der große Fehler von 1848 und 1849 gewesen – sondern durch Eisen und Blut."[86]

Auch in Berlin fanden sich zahlreiche Liberale und gemäßigte Demokraten, die nach der niedergeschlagenen Revolution und der vorsichtigen Konstitutionalisierung Preußens der Einheit einen Vorrang vor der Freiheit einräumten und auf eine Vorreiterrolle Preußens setzten. Viele von ihnen organisierten sich im Deutschen Nationalverein, der 1859 in Berlin gegründet worden war und die Bildung eines deutschen Nationalstaates unter Ausschluss Österreichs zum Ziel hatte. Ein stärkeres Gewicht auf verfassungsrechtliche Aspekte legten die Liberalen in der Deutschen Fortschrittspartei, die sich ebenfalls in Berlin konstituierte und deren Repräsentanten sowohl im Abgeordnetenhaus als auch in der Stadtverordnetenversammlung stark vertreten waren. Auch hier kam es zu einer Polarisierung: zwischen den eher fortschrittlich orientierten Stadtverordneten und dem von einer liberalen Mehrheit 1862 gewählten Oberbürgermeister Karl Theodor Seydel, der wohl eher konservativ gesinnt war, sich aber vor allem durch sein selbstherrliches Verhalten unbeliebt machte.[87] Weniger erfolgreich war die politische Linke. Erst Ende der 1870er-Jahre sollte es der Sozialdemokratie gelingen, in Berlin Fuß zu fassen. Aber auch die Konservativen vermochten hier keine Mehrheit zu erringen. Kein Wunder also, dass Wilhelm I. der Stadt „bis an sein Lebensende" misstraute[88] und Bismarck sie für „politisch absolut unzuverlässig" hielt.[89] Noch am 4. März 1881 bekannte dieser in einer Reichstagsrede:

„Ich habe mich immer dem Gedanken nicht verschließen können, daß der Reichstag und die Zentralbehörden besser in einer anderen, weniger bevölkerten und der Unruhe weniger ausgesetzten Stadt wie Berlin ihre Sitzungen hielten."[90]

Tatsächlich hatte man 1871 über die Wahl eines anderen Regierungs- und Parlamentssitzes nachgedacht. So hatte die konservative Berliner „Landeszeitung" das zentral gelegene Kassel als Alternative zur „Riesenstadt" Berlin „mit der kolossalen (hungernden) Arbeiterbevölkerung" vorgeschlagen,[91] derweil sich mancher Liberaler für Frankfurt am Main mit der Paulskirche als traditionsreichem Tagungsort aussprach und Vertreter kleinerer Länder Leipzig oder gar Erfurt in Erwägung zogen. Gelegentlich vermischten sich auch politische mit kulturellen Ressentiments: etwa im linksrheinischen Deutschland, wo sich das historische Sonderbewusstsein nicht nur aus der römischen Geschichte und der Bedeutung im Mittelalter herleitete, sondern auch mit dem rechtlichen Sonderstatus zusammenhing – bis zur Einführung des Bürgerlichen Gesetzbuches im Jahre 1900 galt hier mit dem *Code Napoleon* das sogenannte Rheinische Recht. Hier war man „überhaupt nicht angetan von der Aussicht, künftig im Schatten einer Stadt zu stehen, die nur eine Delle in der Brandenburger Steppe gewesen war". Vor allem aber nahmen nichtpreußische Deutsche „Anstoß an Berlins östlicher Lage und Orientierung; sie sprachen geringschätzig von der ‚Hauptstadt Ostelbiens', als sei Berlin eine Pioniersiedlung am Rand der slawischen Wildnis."[92] Berlin, das blieb vor allem in den Augen vieler Süd- und Westdeutscher ein Emporkömmling – was auch in dem neuen Beinamen „Parvenupolis" zum Ausdruck kam.[93]

Reichshauptstadt und Kaiserstadt (1871–1914)

Gleichsam über Nacht war Berlin 1871 zur Hauptstadt eines neuen Staates, des ersten deutschen Nationalstaates geworden. Von dessen Gründung bekamen die Berliner allerdings nicht viel mit, denn die Kaiserpro-

Am 16. Juni 1871 wurden die heimkehrenden preußischen Truppen am Pariser Platz feierlich empfangen.

klamation vom 18. Januar 1871 vollzog sich nicht hier, sondern in Versailles, vor den Toren von Paris. Der symbolischen Bedeutung des Ortes mussten sich alle Beteiligten bewusst sein. Ausgerechnet am 18. Januar, am Jahrestag der Königskrönung Friedrichs I., und ausgerechnet im prachtvollen Spiegelsaal desjenigen Schlosses, das als Prototyp fürstlicher Machtvollkommenheit und „einer der heiligsten Orte des Geschichtsbewußtseins Frankreichs" galt,[94] feierte man den (zu diesem Zeitpunkt noch nicht vollendeten) Sieg über Frankreich und begründete gleichzeitig eine neue Großmacht, die an Preußens Stelle trat. All das musste man in den folgenden Jahrzehnten in Frankreich umso mehr als einen Akt der Demütigung und der histo-

rischen Rache verstehen, als noch im März 1871 ein Großteil des im 17. Jahrhundert von Ludwig XIV. eroberten Elsasses sowie Teile Lothringens vom deutschen Kaiserreich annektiert wurden. Dass 48 Jahre später, am 28. Juni 1919, die für Deutschland so harten Friedensbedingungen am selben Ort in einer mehrstündigen Zeremonie unterzeichnet wurden, empfanden viele Franzosen daher sicherlich als Wiedergutmachung für diese traumatische Erfahrung.

Viele Deutsche verfielen 1871 in einen frankophoben Nationalismus. In der Berliner Bevölkerung scheint man hingegen auf die Reichsgründung am 18. Januar nicht sonderlich enthusiastisch reagiert zu haben. So notiert die Baronin Hildegard von Spitzemberg (1843–1914), eine Verehrerin der bismarckschen Außenpolitik, in ihrem Tagebucheintrag vom 20. Januar 1871:

> *„Während sonst überall die Wiedererstehung des deutschen Kaisertums mit Sang und Klang gefeiert wurde, war hier sowohl Beflaggung als Beleuchtung keineswegs dem wichtigen Ereignis entsprechend. Die Berliner sind ein ekelhaft blasiertes, nüchternes Volk; um sie zu begeistern, muß man ganze Heere und Kaiser fangen, und außer dem Falle von Paris und dem Friedensschluß wird nichts mehr die Flaggen hervorzaubern.“*[95]

Dass es in dem linksliberal und demokratisch geprägten Milieu der neuen Hauptstadt auch politische Vorbehalte gegen Bismarcks eigentümlichen Entwurf einer konstitutionellen Monarchie geben mochte, kam der Baronin nicht in den Sinn. Denn obgleich es sich bei der Reichsverfassung von 1871 um die erste gesamtdeutsche Verfassung handelte und diese zahlreiche fortschrittliche Passagen enthielt (etwa ein allgemeines, gleiches und direktes Männerwahlrecht und einen mit weitreichenden Kompetenzen ausgestatteten Reichstag), konnte von einer parlamentarischen Monarchie oder einem demokratischen System nicht die Rede sein. Zu übermächtig war die Stellung des Erbkaisers bzw. des allein von seiner Gunst abhängigen Reichskanzlers; zu schwach erwies sich die Stellung des Reichstags. Nicht nur fehlte diesem Organ das zentrale Recht, die Regierung durch ein Misstrauensvotum zu Fall zu bringen. Der Reichstag wurde auch durch den Bundesrat ausgebremst – eine nicht nach demokratischen Prinzipien gebildete Vertretung der Gliedstaaten des Reiches, die sowohl über legislative als auch über exekutive und judikative Kompetenzen verfügte. Diesem unausgegorenen Nebeneinander demokratischer und nichtdemokratischer Elemente entsprach die Inszenierung der Kaiserproklamation. Denn die Abgeordneten des 1867 gebildeten norddeutschen

Reichstages, der wie der norddeutsche Bundesrat dem preußischen König im Dezember 1870 die Kaiserkrone angetragen hatte, traten in Versailles kaum in Erscheinung. Militärs und Fürsten dominierten hier das Bild.

So zurückhaltend die Berliner auf die Nachricht der Kaiserproklamation reagierten, so enthusiastisch verhielten sie sich bei der pompösen Siegesfeier am 16. Juni 1871 (s. Kap. III). Wie lässt sich dieses Nebeneinander von Gleichgültigkeit und Begeisterung in der Berliner Gesellschaft erklären? Eine mögliche Antwort erschließt sich mit Blick auf den politischen Zeitgeist im Berlin jener Jahre. Dem hier dominierenden Linksliberalismus waren Verfassungsbewusstsein und Nationalismus zwei Seiten ein und derselben Medaille. Nur von einem starken Nationalstaat versprach man sich die Verwirklichung der Forderung nach Freiheit und Gleichheit – dementsprechend feierte man den Sieg über Frankreich am 16. Juni, nicht aber die Proklamation des neuen Obrigkeitsstaates am 18. Januar 1871. Die Berliner gaben den Kampf für eine weitere Liberalisierung des Kaiserreiches nicht auf und gerieten dadurch immer stärker in Opposition zur Regierungspolitik Otto von Bismarcks, zumal dieser mit seiner 1878 durch seine Schutzzollpolitik erfolgten Abwendung vom Freihandel auch in wirtschaftspolitischer Hinsicht gegen liberale Standpunkte verstieß.

Für die Arbeiterschaft gaben dagegen soziale und politische Aspekte den Ausschlag für ihre oppositionelle Grundhaltung. Nicht zuletzt infolge einer massiven Zuwanderung von Unterschichtsangehörigen tat sich eine immer größer werdende Kluft zwischen Bevölkerung und Regierung auf. Ausgerechnet die Hauptstadt des neuen autoritären Obrigkeitsstaates verwandelte sich zusehends in eine „Hauptstadt der Opposition“,[96] in der Linksliberale und seit Mitte der 1880er-Jahre auch Sozialdemokraten dominierten.

Das schlug sich natürlich auch im Wahlverhalten nieder. Obwohl die Wahlen zur Stadtverordnetenversammlung auf dem Dreiklassenwahlrecht basierten (das das jeweilige Stimmgewicht von der Steuerleistung abhängig machte), blieb der Linksliberalismus auch nach 1871 die prägende Kraft auf kommunalpolitischer Ebene – auch wenn die ersten Oberbürgermeister Karl Theodor Seydel (von 1863 bis 1872), Arthur Hobrecht (von 1872 bis 1878) und Max von Forckenbeck (von 1878 bis 1892) zum Nationalliberalismus zählten. Erst zwei Jahre nach Ende der Bismarckzeit gelangten mit Robert Zelle (von 1892 bis 1898) und Martin Kirschner (von 1899 bis 1912) linksliberal gesinnte Oberbürgermeister ins Rote Rathaus. Auch bei den Deputierten, die die Berliner ins preußische Abgeordnetenhaus entsandten, dominierten die Linksliberalen. Immerhin gelang es den Berliner Sozialdemokraten bei den Wahlen von 1908, sechs Sitze zu erringen. Das war die Hälfte der für Berlin vorgesehenen Mandate – ein riesiger Erfolg, wenn man bedenkt, dass die Partei infolge des Dreiklassenwahlrechts in ganz Preußen nur sieben von 443 Mandaten errang![97]

Wie es um die tatsächliche Stimmung in der Hauptstadt bestellt war, das zeigen die Ergebnisse der Reichstagswahlen, für die ja ein zumindest im europäischen Vergleich recht fortschrittliches gleiches Männer-Mehrheitswahlrecht galt. Die insgesamt sechs Wahlkreise Berlins gingen bis zu den Reichstagswahlen von 1881 allesamt an linksliberale Kandidaten. Dann aber begann der Siegeszug der Sozialdemokraten: 1884 holten sie zwei Wahlkreise (im Norden und Osten der Stadt), 1893 dann vier, 1898 nur drei, seit 1903 dann aber fünf der sechs Wahlkreise – und das mit heutzutage unvorstellbar hohen Werten: schon 1898 erreichten die Sozialdemokraten 59,6 Prozent, bei den letzten Reichstagswahlen von 1912 gar 75,6 Prozent. Auch im näheren Umfeld Berlins, in Charlottenburg, Wilmersdorf, Schöneberg und Neukölln, hatten die Sozialdemokraten Erfolg: mit 46 Prozent (1898) und 49,1 Prozent (1912) lagen sie weit über dem Reichsdurchschnitt (von 27,2 bzw. 34,8 Prozent) und weit vor anderen europäischen Metropolen jener Zeit. Damit bestätigte sich, was Friedrich Engels bereits 1893 bemerkt hatte: dass Berlin aus sozialistischer Sicht „an der Spitze aller europäischen Großstädte“ stand und „selbst Paris weit überflügelt“ hatte.[98]

Rückblickend soll August Bebel den Aufstieg seiner Partei schon 1878 vorhergesehen haben. „Berlin gehört uns“, frohlockte er und leitete daraus einen Anspruch auf ganz Deutschland ab: „denn in Berlin sitzt unser großer Feind, und dort muss der große Schlag geführt werden“.[99] Die Taktik allerdings, mittels derer manche Sozialdemokraten diesen „großen Schlag“ führen

Am 21. März 1871 hält Wilhelm I. im Weißen Saal des Berliner Stadtschlosses eine Rede zur Eröffnung des ersten Deutschen Reichstages. Zeitgenössischer Holzstich von Hermann Lüders

wollten, ließ manche aufschrecken. So meinte Wilhelm Liebknecht (1826–1900), wie Bebel einer der Gründerväter der Sozialdemokratie, auf einer öffentlichen Versammlung des demokratischen Arbeitervereins Berlin am 31. Mai 1869, dass „der Sozialismus keine Frage der Theorie mehr, sondern einfach eine Machtfrage [sei], die in keinem Parlament, die nur auf der Straße, auf dem Schlachtfelde zu lösen [sei], gleich jeder anderen Machtfrage".[100] Nicht auszuschließen, dass solche Bekenntnisse einen Konservativen wie Otto von Bismarck aufhorchen ließen und ihn an die 1848 praktizierte außerparlamentarische Taktik mancher Revolutionäre erinnerte, die zum vorübergehenden Zusammenbruch des restaurativen Systems geführt hatte. Zumindest handelte der Reichskanzler entsprechend. So wie man 1819 auf die Ermordung Kotzebues mit den Karlsbader Beschlüssen reagiert hatte, nahm man 1878 zwei Attentate auf Wilhelm I., die in keinem Zusammenhang mit der Sozialdemokratie standen, zum Anlass, um diese dort zu bekämpfen, wo sie am gefährlichsten erschien: auf der Straße. Während sozialdemokratisch gesinnte Privatpersonen weiterhin für den Reichstag kandidieren durften und als Abgeordnete ihre Immunität wahrten, setzte eine beispiellose Verfolgung der Partei im Alltag ein. Täglich, so berichtet der dänische Schriftsteller Georg Brandes (1842–1927) in seinen Erinnerungen an Berlin,

„erfährt man von Hausdurchsuchungen, Festnahmen und Urteilssprüchen, die betrüben muß, wer Deutschland eine weitere Entwicklung in

jene Richtung wünschte, die das neue Reich bei seiner Gründung eingeschlagen hatte. Fünf Jahre Gefängnis für ein im Halbrausch ausgestoßenes Schimpfwort gegen den Kaiser sind nichts Ungewöhnliches; ein bis zwei Jahre für ähnliche leichtsinnige Ausrutscher von Angehörigen der Arbeiterklasse werden dutzendweise verfügt […]. In einem meiner Wohnung gegenüberliegenden Ausstellungslokal wurde eine einfache Frau […] angezeigt, arretiert und zu vier Jahren Gefängnis verurteilt, weil sie bei einem während der Ausstellung ausgebrachten Hoch auf den Kaiser gelacht und irgend etwas Antikaiserliches zwischen den Zähnen gemurmelt hatte. Das harte Urteil wurde mit ihrem Geschlecht begründet und damit, daß der Verbreitung geistiger Unart bei den Frauen vorsorglich Schranken gesetzt werden sollten. Zu Dutzenden wurden Schuljungen eingesperrt, weil sie sich (in Pausen und auf Spaziergängen) Klassenkameraden gegenüber als ‚Sozialdemokraten aus Überzeugung' bezeichnet hatten.“[101]

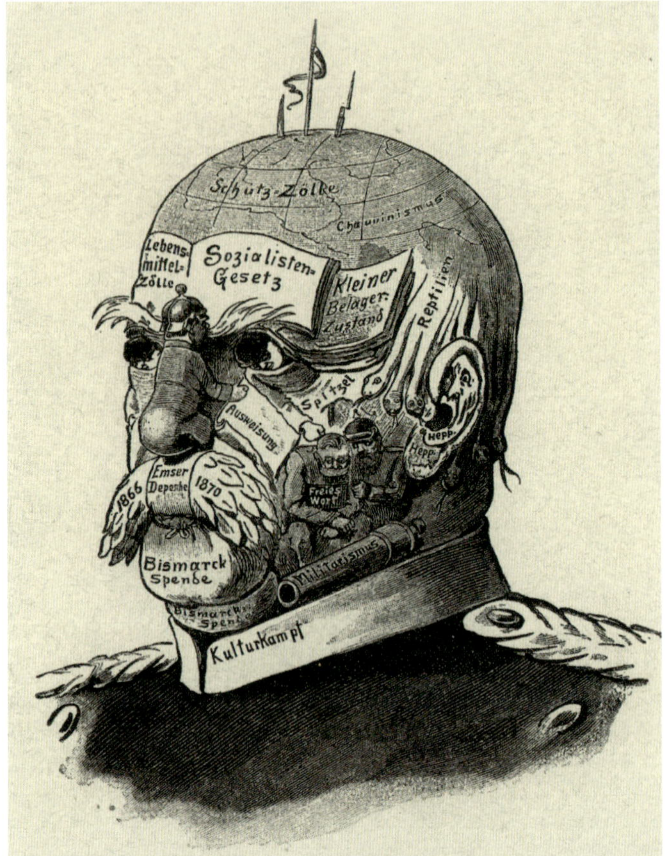

Karikatur Bismarcks als Reaktionär. Holzstich von Robert Holoch, 1879

Damit nicht genug. Im 1878 neu konstituierten Reichstag wurde gegen die Stimmen der Linksliberalen, der katholischen Zentrumspartei und der Sozialdemokraten ein „Gesetz gegen die gemeingefährlichen Bestrebungen der Sozialdemokratie“ verabschiedet, das Vereine, Versammlungen und Druckerzeugnisse, „in welchen sozialdemokratische, sozialistische oder kommunistische auf den Umsturz der bestehenden Staats- oder Gesellschaftsordnung gerichtete Bestrebungen in einer den öffentlichen Frieden, insbesondere die Eintracht der Bevölkerungsklassen gefährdenden Weise zu Tage treten“, verbot[102] – ein Gesetz, das mehrfach, bis ins Jahr 1890, verlängert wurde. In der Folge kam es zu einer massiven Einschränkung sozialdemokratischer Arbeit durch Vereinsverbote und Auflösungen von Versammlungen, Pressezensur, Ausweisungen, Verhaftungen und Prozessen mit Geld- und Haftstrafen vor allem in den sozialdemokratischen Hochburgen des Reiches wie Hamburg, Leipzig und Berlin. Um dennoch eine sozialdemokratische Parteiarbeit aufrechtzuerhalten, traf man sich in den folgenden zwölf Jahren vor allem in Kneipen und Wirtshäusern, wo man scheinbar unpolitischen Aktivitäten nachging. Das blieb der Staatsmacht nicht verborgen, sodass permanent inkognito ermittelnde Beamte und Denunzianten die einschlägigen Lokale besuchten. In Berlin war dies unter anderem der Mohrenklub, worüber der Schriftsteller Max Kretzer (1854–1941) in seinen Erinnerungen berichtet:

„Studenten, Künstler, Kaufleute und intelligente Arbeiter kamen unter harmloser Maske in einem Vereinszimmer zusammen, vergnügten sich bei Speise und Trank, besprachen Parteiinteressen, steckten sich Mosts ‚Freiheit' und andere verbotene Schriften zu, veranstalteten Sammlungen, verkauften Billets zu sozialdemokratischen Festen, die irgendwo unter anderer Flagge veranstaltet wurden, und trafen zweckdienliche Verabredungen. […] Fanden wichtige Beratungen statt, wurde gewöhn-

Auflösung einer sozialdemokratischen Sitzung, Holzstich um 1880

lich auf dem Treppenflur ein Posten ausgestellt, der Scharfblick genug hatte, um den ‚Geheimen' schon an dem unzertrennlichen Regenschirm zu erkennen. Das Spitzeltum trieb damals die übelduftendsten Blüten […]. In der Regel wurde aber dem Spioniersystem der Polizei ein Schnippchen geschlagen, besonders was die Verbreitung verbotener Schriften betraf. […] Zahlreich waren die ‚offenen Klubs', die man in ganz bekannten Lokalen finden konnte, wie zum Beispiel bei Waßmann in der Leipziger Straße. An einem halben Dutzend Tischen, zerstreut im Lokal, saßen harmlose Skatspieler oder müßige Gäste, größtenteils junge Männer. Eine Tischgesellschaft nahm von der anderen keine Notiz, und der Unbeteiligte, der das Lokal betrat, hatte sicher keine Ahnung davon, daß das sozialdemokratische Genossen waren, die sich alle kannten. Wenn man sich verständigen wollte, ging man durch das Lokal, nahm sich von dem betreffenden Tisch Feuer oder traf sich an einem gewissen Ort, wo man sich ungeniert unterhalten konnte." [103]

Kurzfristig schaffte es Bismarck, mit seiner Repressionspolitik die Nationalliberalen an sich zu binden und den Aufschwung der Sozialdemokraten auszubremsen; mittelfristig war seiner Taktik kein Erfolg beschieden. Vielmehr gingen die Sozialdemokraten aus den Reichstagswahlen von 1890,

die knapp vier Wochen nach der Nichtverlängerung des Gesetzes stattfanden, gestärkt hervor.

Es waren nicht nur Bismarcks Sozialistengesetze, sein Kulturkampf und seine Polenpolitik, sondern auch seine Schutzzollpolitik und sein Autoritarismus, die den Reichskanzler unpopulär machten. In seiner Regierungszeit brachte Bismarck daher nicht nur die Arbeiterschaft, die katholischen und Polnisch sprechenden Einwohner, sondern auch das liberale Bürgertum der Stadt gegen sich auf. So standen gegen Ende der 1880er-Jahre „Berlin, seine Presse, seine vorherrschenden Parteien, seine führenden gesellschaftlichen Zirkel […] fast einmütig gegen den Mann, den die Stadt im Frühjahr 1871 mit großem Pomp zu ihrem Ehrenbürger ernannt hatte".[104]

Der linksliberale Politiker Eugen Richter (1838–1906) sprach vielen Berlinern aus dem Herzen, als er anlässlich des forcierten Rücktritts des Reichskanzlers am 18. März 1890 in der von ihm herausgegebenen, in Berlin erscheinenden (und deutschlandweit gelesenen) „Freisinnigen Zeitung" schrieb:

„Gott sei Dank, daß er fort ist! so sagen wir heute ebenso aufrichtig, wie wir ihm gegenüber stets gewesen sind. Es wäre ein Segen für das Reich gewesen, wenn er schon viel früher beseitigt worden wäre. Nicht um der Person willen sagen wir dies, sondern wegen des Regierungssystems, welches Fürst Bismarck befolgte. […] Es ist unsere innerste

Anfang 1894 besucht Bismarck auf Einladung Wilhelms II. zum letzten Mal Berlin. Vor dem Stadtschloss wird ihm ein festlicher Empfang bereitet. Zeitgenössischer Farbholzstich

Überzeugung, daß eine Fortsetzung der bisherigen inneren Politik […] tatsächlich Deutschland in den Abgrund geführt haben würde. […] Wie seine falsche innere Politik an dem Volksleben gesündigt, das wird in seinem ganzen Umfang erst späteren Generationen zum vollen Bewußtsein gelangen, die noch unter den Nachwirkungen dieser Politik zu leiden haben werden.“

Erst „eine spätere Generation“ werde „ein vollkommen gerechtes Urteil über den Fürsten Bismarck fällen“, meinte Richter.[105] Und in der Tat hat Bismarck als politische Persönlichkeit in den letzten 120 Jahren verschiedene, zum Teil gegensätzliche Ausdeutungen erfahren. Will man dem Reichskanzler gerecht werden, sollte man sicherlich sämtliche Dimensionen seiner Politik in den Blick nehmen. Mit Blick auf die *Art und Weise*, wie Bismarck seine Interessen durchzusetzen und seine Macht zu erhalten versuchte, bestätigt sich, dass es sich bei dem „Eisernen Kanzler“ um einen autoritären Machtmenschen handelte, der skrupellos gegen politische, religiöse und ethnische Minderheiten vorging. Dagegen fällt eine Bewertung der politischen *Inhalte* weitaus positiver aus. Man denke nur an Bismarcks Sozialgesetzgebung (Krankenversicherung 1883, Unfallversicherung 1884, Alters- und Invaliditätsversicherung 1889), die auch heute noch als Jahrhundertwerk beurteilt wird, ja als eine „europäische Leistung“,[106] die ihm mit vielen anderen Reformen den Ruf eines „weißen Revolutionärs“ eingebracht hat.[107] Natürlich muss man dabei die antisozialistische Stoßrichtung berücksichtigen: Ohne den Druck von unten, einen Druck, der in Berlin besonders stark zu spüren war, hätte es die Sozialgesetzgebung in dieser Form vermutlich nicht gegeben.

Mit einem liberal gesinnten Kaiser und bei einer entsprechenden Mehrheit im Reichstag hätte Deutschland womöglich den Weg der Demokratisierung beschreiten können – mit dem Ergebnis, dass sich die konstitutionelle Monarchie in eine parlamentarische Monarchie gewandelt hätte. Ein solcher liberaler Kaiser fehlte allerdings. Als Wilhelm I. im Jahre 1888 starb, bestieg zwar mit seinem Sohn eine Persönlichkeit den Thron, auf den viele Liberale ihre Hoffnung gesetzt hatten. Doch war Friedrich III. zu diesem Zeitpunkt bereits todkrank. Er starb noch im selben Jahr und machte damit den Weg frei für seinen Sohn, Wilhelm II., der, anders als sein Großvater (der die Regierungsgeschäfte Bismarck überlassen hatte), selbst zu regieren beanspruchte, aber nicht über die dafür notwendigen Kompetenzen verfügte. Das erkannte schon Bismarck, der ihn als einen „Brausekopf“ beschrieben haben soll, der nicht schweigen könne, Schmeichlern zugänglich sei und „Deutschland in einen Krieg stürzen [könne], ohne es zu ahnen und zu wollen“.[108]

Kaiser Wilhelm I. auf einem Zigarrenkistenbild von 1895. Der Kaiser musste solche Porträts genehmigen.

Es waren nicht zuletzt Wilhelms außenpolitische Reden und Interviews, die Teile der deutschen Bevölkerung irritierten und auch bei ausländischen Beobachtern den Eindruck entstehen ließen, dass ein Dilettant dem Deutschen Reich vorstand. Rückblickend erschien Bismarck vielen nun umso mehr als Lichtgestalt, was sich seit den 1890er-Jahren in einem, in Teilen gegen Wilhelm II. gerichteten Bismarck-Kult zeigte, der auch in der Reichshauptstadt um sich griff. Gleichzeitig huldigte ein anderer Teil der Berliner dem neuen Staatsoberhaupt und stimmte in einen Kaiser-Wilhelm-Kult ein, der sich sogar im Äußeren und im Verhalten niederschlug: Viele jüngere bürgerliche Männer trugen nun „einen Schnurrbart mit nach oben gezwirbelten Spitzen in der Manier des Kaisers“ und bemühten sich, „im Umgang mit Untergebenen oder gesellschaftlich unter ihnen Stehenden wie Miniaturausgaben des Kaisers aufzutreten." Dagegen mochte das linksliberale Bürgertum weder Bismarck noch Wilhelm II. viel abgewinnen, was auch in dem Entschluss der Fortschrittspartei zum Ausdruck kam, „sich dem von der Stadtverwaltung entsandten Geburtstaggruß" an Bismarck nicht anzuschließen.[109] Selbst manche Konservative konnten sich für den jungen Kaiser nicht erwärmen. So wird in den postum herausgegebenen Erinnerungen des Generalfeldmarschalls Alfred Graf von Waldersee (1832–1904), der gegen Friedrich III. intrigiert hatte und auch am Sturz Bismarcks nicht unbeteiligt gewesen war, ein wenig schmeichelhaftes Bild des neuen Regenten gezeichnet:

„11. August 1890 [...] Der Kaiser hat noch auf keinem Gebiete eine eigentliche Ansicht und weiß nicht, worauf er hinauswill; er ist von leidlich geschickten Leuten leicht zu beeinflussen und macht die überraschendsten Sprünge nach allen Seiten. Ein Gedanke bestimmt alle seine Handlungen: das Interesse für seine persönliche Stellung, der Wunsch, populär zu sein! Dazu tritt die Sorge für persönliche Sicherheit und schnell zunehmende Eitelkeit. [...] Er hascht geradezu nach Ovationen und hat nichts lieber als hurrabrüllende Volksmassen. Da er von den eigenen Fähigkeiten sehr eingenommen ist (was leider auf arger Täuschung beruht), so empfindet er Schmeicheleien sehr angenehm. [...] Die große Stärke des Kaisers ist das ihm eigene Geschick, mit Menschen umzugehen, er besitzt eine bezaubernde Liebenswürdigkeit und gewinnt die Herzen überall, wo er hinkommt und – nicht lange bleibt."[110]

Ein ähnliches Stimmungsbild in den politischen Eliten zeichnete die Schriftstellerin und spätere Berliner Salonnière Marie von Bunsen (1860–1941), der zufolge vom Kaiser „fast so viel wie vom Wetter geredet wurde": „meistens kritisch, auch in den konservativsten Kreisen".[111] All das blieb Wilhelm II. natürlich nicht verborgen, sodass er dementsprechend unwirsch auf seine Kritiker reagierte. Als ihm im Oktober 1888 eine Delegation der städtischen Behörden auf Druck des Kultusministeriums einen Brunnen (den heute zwischen Marienkirche und Rotem Rathaus gelegenen Neptunbrunnen des Schöneberger

Leo von Caprivi, 1880

Bildhauers Reinhold Begas [1831–1911]), als Huldigungsgeschenk antrug, begegnete der Kaiser ihr frostig und verweigerte Oberbürgermeister von Forckenbeck gar den Handschlag. Wie Bismarck hegte Wilhelm I. einen „gewissen Widerwillen gegen die Reichhauptstadt"[112] und favorisierte schon seit Längerem Potsdam, wie einem Brief des fließend Englisch sprechenden Thronerben an Marie Gräfin Dönhoff (1848–1929) von 1879 zu entnehmen ist:

„I never feel happy, real[l]y happy at Berlin. Only Potsdam that is my ‚el dorado' [...] where one feels free with the beautiful nature around you and soldiers as much as much as you like, for I love my dear Regiment very much." [Ich bin nie wirklich glücklich in Berlin. Allein Potsdam ist mein Eldorado, wo man sich inmitten der schönen Natur und umgeben von Soldaten, so viele man sich nur wünscht, ganz frei fühlen kann. Denn ich liebe mein Regiment sehr.][113]

Die Abneigung gegen Berlin beruhte nicht zuletzt auch auf der starken sozialdemokratischen Präsenz in der Reichshauptstadt. Zwar hatte sich Wilhelm II. 1890 für eine Aussetzung des Sozialistengesetzes ausgesprochen und die Arbeiterschaft durch soziale Reformen für sich zu gewinnen versucht. So brachte der von Leo von Caprivi (Reichskanzler 1890–1894) eingeschlagene „Neue Kurs" einige Gesetze auf den Weg, die der Arbeiterschaft zugutekommen sollten (u. a. wurden die Sonntagsarbeit sowie die Fabrikarbeit von Kindern unter 13 Jahren verboten und die Arbeitszeit für Jugendliche und Frauen auf zehn bzw. elf Stunden begrenzt). Als jedoch wider Erwarten die links eingestellten Teile der Arbeiterschaft der Sozialdemokratie nicht den Rücken kehrten, verlor Wilhelm II. das Interesse an weiteren Sozialreformen. Vor allem aber verprellte er die Sozialdemokraten durch fortgesetzte Denunziationen, etwa wenn er sie bei einem anlässlich des Sedanstags am 2. September 1895 abgehaltenen Festmahl im Berliner Schloss als „eine Rotte von Menschen, nicht wert, den Namen Deutscher zu tragen", bezeichnete.[114]

Gleichzeitig ergriff die Obrigkeit weiterhin verschiedene polizeiliche Maßnahmen gegen die Arbeiterbewegung, besonders in Preußen. Die massiven Repressionen hat der Publizist Hellmut von Gerlach (1866–1935) in einem 1909 erschienenen Aufsatz eindringlich beschrieben:

> *„Das Sozialistengesetz ist aufgehoben. Aber de facto wird nach wie vor nach seinen Grundsätzen verfahren. Die Sozialdemokraten sind Staatsbürger zweiter Klasse. Kein Sozialdemokrat wird im bescheidensten Staats- oder Gemeindeamt, als Nachtwächter oder Laternenanzünder, geduldet. Kein Sozialdemokrat wird als Mitglied einer Schulverwaltung bestätigt. Kein Sozialdemokrat kann es auch nur zum Turnlehrer bringen. Sozialdemokratische Staatsarbeiter werden fortgejagt. Die ‚Freiheit der Wissenschaft' an den Hochschulen macht halt vor der Sozialdemokratie. Ein Wirt, der seinen Saal den Sozialdemokraten öffnet, ein Barbier,*

Die SPD-Fraktion im Berliner Reichstag, 1899. Obere Reihe von links: Johann Dietz, August Kühn, Wilhelm Liebknecht, Karl Grillenberger, Paul Singer. Sitzend von links: Georg Schumacher, Friedrich Harm, August Bebel, Heinrich Meister, Karl Franz Frohme.

der in einem sozialdemokratischen Blatt inseriert, wird von den Militärbehörden boykottiert. Ein Bürgermeister, der ein städtisches Gebäude allen Parteien für Versammlungen zur Verfügung stellt, wird diszipliniert. Ein Amtsvorsteher, der eine Wohnung einem Sozialdemokraten vermietet, wird aus dem Amte entfernt. Ein Lehrer, der sich bei der Stichwahl zwischen Sozialdemokraten und Antisemiten der Stimme enthält, wird in Geldstrafe genommen.“[115]

Diese brutale Unterdrückungspolitik beschränkte sich aber nicht auf die Sozialdemokratie; sie erstreckte sich „auf alle oppositionellen und freigesinnten Elemente“. Wie anders, so von Gerlach, sei dagegen Süddeutschland: Noch sei „auch dort die Gleichberechtigung aller Bürger einschließlich der Sozialdemokraten nicht durchgeführt“; aber man befinde sich „wenigstens auf dem besten Wege dazu“.[116]

Ungeachtet aller Repressionen vollzog sich der Aufstieg der Sozialdemokratie in den beiden folgenden Jahrzehnten, sodass die Stadt schon um die Jahrhundertwende als „das Rote Berlin“ bezeichnet wurde.[117] Das schlug sich nicht nur in den Wahlergebnissen nieder, sondern auch in der Organisationsstruktur der Partei wie der ihr nahestehenden Freien Gewerkschaften, die beide einen Professionalisierungsschub erlebten. Zwar wurde die Sozialdemokratie seit dem Auslaufen des Sozialistengesetzes verstärkt durch interne Parteikämpfe erschüttert, in deren Folge sich zwei Parteiflügel herausbildeten: ein reformorientierter Flügel um Eduard Bernstein (1850–1932) und ein radikaler Flügel um Karl Liebknecht (1871–1919), Rosa Luxemburg (1871–1919) und Franz Mehring (1846–1919). Doch konnten beide vorerst vom sogenannten Zentrum um August Bebel eingebunden werden. Indem man die Sozialdemokratie als „eine *revolutionäre*, nicht aber eine *Revolutionen machende* Partei“ definierte,[118] versuchte man, den Spagat zwischen radikaler Programmatik und reformorientierter Praxis zu überbrücken. Gleichzeitig konzentrierte man sich auf Kampagnen, die den Weg zur sozialistischen Gesellschaft durch legale Machtübernahme ebnen sollten. Und dieser Weg führte über die Wahlurne. Bei der Forderung nach einer Demokratisierung des Wahlrechts ging es allerdings weniger um die Einführung des Frauenwahlrechts als um die Abschaffung des preußischen Dreiklassenwahlrechts. Einen Höhepunkt erreichte diese Kampagne im Jahre 1910 mit einer Wahlrechtsdemonstration im Treptower Park. Zuvor, am 6. März 1910, war ein kurzfristig in den Tiergarten verlegter „Wahlrechtsspaziergang“ von der Berliner Polizei gewaltsam aufgelöst worden, wie man in der um Ausgewogenheit bemühten „Berliner Volks-Zeitung“ lesen konnte:

„Aber in diesem Augenblick trat auch die Katastrophe ein; [...] auf die erschütternde Kundgebung folgte die Schreckensherrschaft der preußischen Polizei. Eine halbe Schwadron Berittener kam von der Siegesallee her im Galopp; im Galopp ritt sie die Reichstagsrampe aufwärts; ein wilder Aufschrei der Entrüstung wurde laut; die Menschen stürzten über die Brüstungen der Treppe hinab; die Hinzuströmenden stockten, man setzte sich langsam gegen das Roon-Denkmal zu in Bewegung. Man wollte langsam heimgehen. In diesem Augenblick kam im Galopp eine zweite Abteilung Berittener vom Brandenburger Tore angesprengt und fuhr ohne Sinn und Verstand rücklings in den abströmenden Haufen. [...] mitten über den Rasen hetzten die Attackierenden die Fußgänger, stürmten auf Frauen und Kinder ein, die harmlos auf den Bänken saßen, setzten über die Blumenparketts des Königsplatzes, ritten in Kinderscharen hinein, die, von Lehrerinnen geführt, den Platz überquerten [. . .]. Ich sah, wie Greise umgerissen wurden, wie man auf Frauen einritt, wie man Kinder zur Verzweiflung brachte; ich sah, wie ein Schutzmann vom Pferde sprang und mit dem Säbel auf einen Mann einschlug, der sich in die kleine Pforte zur Siegessäule hineinflüchten wollte.“[119]

Bis zum Ende des Kaiserreichs blieb das für die Landtags- und Gemeindewahlen geltende preußische Dreiklassenwahlrecht erhalten. Auch das Frauenwahlrecht wurde erst 1919 eingeführt. Überhaupt fällt für die wilhelminische Zeit die Bilanz einer Reformpolitik recht bescheiden aus. Schlussendlich muss man festhalten, dass die innere Reformpolitik nicht nur in der ersten Phase von 1890 bis 1900 gescheitert ist. Auch nach der Jahrhundertwende gelang es nicht, den „eisernen Ring der Selbstblockade des wilhelminischen Staatswesens" aufzubrechen.[120] Der Widerstand wuchs denn auch: in Deutschland, in Preußen, vor allem aber in Berlin, wo nun drei von vier Stimmen an die Sozialdemokratie fielen und sich die Zahl der Parteimitglieder zwischen 1906 und 1913 nahezu verdreifachte. In Großberlin zählte die Partei 118 000 Mitglieder.

An den politischen Verhältnissen änderte sich dadurch freilich kaum etwas. Deutschland verharrte in einem strukturellen Reformstau. Erst im Laufe des Ersten Weltkrieges sollte sich im Reichstag eine politische Mehrheit aus Sozialdemokraten, Zentrumspolitikern und Linksliberalen bilden, die eine Überwindung des autoritären Regimes in Angriff nahm. Mit den Oktoberreformen von 1918 wurde nun endlich ein parlamentarisches Regierungssystem etabliert – ein System, das allerdings schon einen Monat später von den revolutionären Ereignissen überrollt wurde, die zur Ausrufung der ersten Deutschen Republik, der ersten deutschen Demokratie, führten.

Karl Liebknecht spricht 1911 im Treptower Park bei einer Demonstration gegen das Dreiklassenwahlrecht.

In Berlin ist das Militär allgegenwärtig. Hier Kaiser Wilhelm auf dem Pferd in der Mitte, Kronprinz Friedrich (links) und Reichkanzler Bismarck bei der Einweihung der Siegessäule am 2. September 1873. Zeitgenössische Lithografie

MILITÄR UND MILITARISMUS

Dass andere Staaten eine Armee besitzen, Preußen aber eine Armee sei, die einen Staat besitzt, ist ein dem Grafen Mirabeau zugeschriebenes und auch heute noch kursierendes Zitat,[1] in dem sich zu kristallisieren scheint, was landläufigen Vorstellungen zufolge die preußisch-deutsche Geschichte von anderen, scheinbar normal verlaufenden Nationalgeschichten unterscheidet: dass es in Preußen seit dem 18. Jahrhundert einen außergewöhnlich starken Militarismus gegeben habe, eine Dominanz militärisch geprägter Wertvorstellungen und Verhaltensweisen in Politik und Gesellschaft; dass dieser sich unter Friedrich II. mit einem Bellizismus verbunden habe, einer Politik, die den Einsatz militärischer Gewalt zur Durchsetzung politischer Ziele nicht nur für legitim, sondern sogar für erstrebenswert hält. Im Laufe des 19. Jahrhunderts habe sich dieser Militarismus unter dem Einfluss des Nationalismus und schließlich des Imperialismus radikalisiert und damit maßgeblich zum Ausbruch des Ersten und zur Entfesselung des Zweiten Weltkriegs beigetragen. Nirgendwo, so scheint es, lässt sich dieser Prozess anhand ausgewählter Ereignisse anschaulicher nachvollziehen als an der Geschichte Berlins. Der Bogen reicht vom „Soldatenkönig" Friedrich Wilhelm I., der Berlin in eine Garnisonsstadt verwandelte, über Friedrich II., der sich im Friedensvertrag von Berlin (1742) die Annexion Schlesiens bestätigen ließ, Otto von Bismarck, der 1862 in Berlin seine vielzitierte „Eisen-und-Blut"-Rede hielt,[2] Wilhelm II., der am 6. August 1914 im *Reichsanzeiger* zu den Waffen rief („Jedes Schwanken, jedes Zögern wäre Verrat am Vaterlande!"[3]), bis zu Joseph Goebbels, der am 18. Februar 1943 seine berüchtigte Sportpalastrede hielt („Wollt ihr den totalen Krieg? Wollt ihr ihn, wenn nötig, totaler und radikaler, als wir ihn uns heute überhaupt erst vorstellen können?"[4]).

Der militaristischen, bellizistischen, nationalistischen und imperialistischen Regierungspolitik entspricht in dieser Erzählung eine Gesellschaft, die wie keine andere von ebendiesen Ideen durchdrungen gewesen sei, deren Handeln und Verhalten angeblich vom Militarismus bestimmt und deren Mentalitäten von Untertanengeist und Obrigkeitsdenken geprägt waren – ein Befund, der die These von einem „deutschen Sonderweg" stützt. Berlin wird aus dieser Perspektive zum Zentrum des deutschen Militarismus und Nationalismus. Und tatsächlich: Schon im späten 17. Jahrhundert war das Militärische aus dem Stadtbild Berlins nicht mehr wegzudenken. Gleichwohl stellt sich die Frage, ob der Militärstaat hier wirklich massiver als andernorts auftrat und welche Folgen die Präsenz des Militärischen für die lokale Gesellschaft hatte, wie viel Untertanengeist die Stadt atmete und ob die in Preußen und Berlin lebenden Menschen einem im europäischen Vergleich besonders aggressiven Militarismus, Nationalismus und Imperialismus huldigten.

Fünfmal von der Pest heimgesucht, zweimal von den kaiserlichen Truppen, dreimal von schwedischen Regimentern gebrandschatzt, ja sogar von den eigenen Truppen ausgebeutet: Berlin hatte den Dreißigjährigen Krieg (1618–1648) keineswegs unbeschadet überstanden. Auf zwei Drittel seiner Einwohnerzahl und seinen mittelalterlichen Kern reduziert, seiner Residenzfunktion verlustig gegangen und wirtschaftlich am Rande des Ruins, war die Stadt am Ende des Krieges „vollends in die Provinzialität abgesunken". Auch vom Umland konnte sie nicht zehren. Denn die Mark Brandenburg zählte „zu den am meisten zerstörten Regionen des Reiches". Hier waren ganze Ortschaften ausgelöscht, ganze „Landstriche verödet und entvölkert".[5] Schon acht Jahre vor dem Westfälischen Frieden (1648) zeichnete denn auch der Rat der Stadt Berlin ein Bild, das kaum dramatischer ausfallen konnte:

> *„Die beiden Residenzien [Berlin und Cölln] seien so nahe zum Ruin gebracht, daß sie zum Spektakel und zum Schimpf gleich andern Städten, Flecken und Dörfern vollends zu Grunde getrieben und zur Wüstenei gemacht werden sollen. Summa, das ganze Land, beide Städte und derselben Einwohner seiend, theils durch Peste, Brand, Raub und andere Erpressungen, so sehr verringert und in solche äußerste Armuth gebracht worden, daß theils aus Verzweifelung zum Wasser, theils zum Strange, theils zum Messer ihnen selbst Hand anzulegen und das Leben zu nehmen geeilet. Die übrigen Alle aber endlich gedrungen werden, wo ihnen von Ew. Churfürstlichen Durchlaucht nicht geholfen wird, mit Weib und Kindern auch ins bittre Elend zu gehen und wie schon von mehreren Etlichen geschehen, die hiesigen Städte zu verlassen."*[6]

Angesichts solch traumatischer Erlebnisse lag es nahe, die Stadt und das Land vor künftigen Kriegen schützen zu wollen. Und so machte sich Friedrich Wilhelm von Brandenburg daran, Berlin zu befestigen – sehr zum Unbehagen der Stadtbevölkerung, die sich nicht nur an den Kosten beteiligen musste, sondern auch „mit Schaufel und Hacke zu den Schanzarbeiten" herangezogen wurde. Zudem erfolgte der Aufbau einer Garnison, sodass die kurfürstliche Residenz nun „das Gepräge einer Soldatenstadt" erhielt.[7] Auch darüber zeigten sich

Mitte des 17. Jahrhunderts entstand diese Gesamtansicht Berlins von Caspar Merian. In der Mitte unter dem Buchstaben A ist das Schloss zu sehen.

die Berliner alles andere als erfreut, wie eine 1661 vorgebrachte Klage der Bürgermeister und Ratsleute von Berlin und Cölln bezeugt:

„Dann 1, ist daß gewiß, daß bey solchen stetz wehrenden Guarnison die Wirthe viele und große molestien [= Belästigungen] haben. Sie müßen die Soldaten offte mit Weib und Kind beherbergen und von ihnen, ihren Weibern und Kindern viele ungemach außstehen, denenselben Betten geben, Holtz, Lichte, eßig, gewürtze und geträncke […] schaffen und daneben sich befahren [= der Gefahr aussetzen], daß ihnen ihre Heuser durch verwahrlosunge angezündet, oder von ihre eigenen Gäste balt bestohlen, balt auch geschlagen, ihre Kinder verführet und Sie durch ihnen von ihrer Nahrunge und hanthierunge abgehalten werden, und waß dergleichen inkommoditäten mehr zuerzehlen sein. 2, Dahinkegen kann der forthel von der Guarnison gegen dies Beschwerunge in keiner Consideration kommen, dan von den gemeinen Knechten kann fast niemand (Zumahl ihnen die Lieverey und Kleidunge von den Regimentern gereichet wird) etwaß haben, weder Krahmer, Schuster noch Schneider, alß nur etwan der Becker, Breuer und Höcker. Aber diese drey machen ia nicht die gantze Stadt. 3, Und ob schon die Officirer etwaß mehrers kauffen oder außgeben möchten, so kömbt doch solches nicht der gantzen Stadt zum besten, was ein particulier [Mann, der über ausreichende Einkünfte aus seinem Vermögen verfügt] oder privatus anwendet oder bekömbt, sondern genießet einer einen Thlr. von der Guarnison, So seind hinkegen wohl 50, ia hundert, die nicht alleine keinen Pfennig von ihnen genießen, sondern zehenfach so viele schaden leiden“.[8]

In der Schlacht bei dem nördlich von Berlin gelegenen Fehrbellin 1675 schlugen die Truppen Kurfürst Friedrich Wilhelms die siegesgewohnten Schweden. Es war das erste selbstständige militärische Auftreten Brandenburgs. Kolorierter Holzstich nach Zeichnung von Oskar Pletsch, 1862

Auch religiöse Vorbehalte gab es gegenüber den Soldaten. In den Augen mancher Bürger waren sie gottlos; manche verdächtigten sie gar der Zauberei, wie dem auf 1657 datierten Bericht eines zeitgenössischen Geschichtsschreibers zu entnehmen ist:

> *„Ich habe mein Leben lang viel Soldaten gesehen, aber niemals ein so gottesvergessenes Volk als die meisten der gemeinen Reiter waren. Man hörte kein Singen und Beten von ihnen, sondern lauter Fluchen und Gotteslästern. Die Meisten waren Zauberer und Teufelsbanner, Stahl- und Eisenfeste, konnten Büchsen besprechen, Kugeln abwenden u. s. w. […]. Rauben, Stehlen, Saufen u. s. w. waren ihre täglichen exercitia.“*[9]

Das Militär im Berliner Alltag des 18. Jahrhunderts

Nichtsdestoweniger setzte der eigentliche Militarismus erst unter Friedrich Wilhelm I., dem Enkel des Großen Kurfürsten, ein. Der sogenannte Soldatenkönig ließ während seiner Regierungszeit (1713–1740) den Löwenanteil der staatlichen Ausgaben der Armee zukommen – mit der Folge, dass sich die Heeresstärke von 40 000 auf 83 000 Mann mehr als verdoppelte und Brandenburg-Preußen schließlich die viertgrößte Armee Europas unterhielt, obwohl es nach Gebietsumfang nur an zehnter und an Bevölkerungszahl sogar nur an dreizehnter Stelle rangierte. Möglich wurde dies nicht zuletzt durch die Errichtung eines neuen Militärsystems. Hatte man bislang ausschließlich auf Zwangsaushebungen und die Anwerbung in- und ausländischer Söldner gesetzt, so erlaubte das 1733 eingeführte und zuvor bereits erprobte Kantonsystem, das das ganze Land in Aushebungsbezirke unterteilte, eine flächendeckende Erfassung und zumindest prinzipiell auch Verpflichtung sämtlicher Männer. Fortan wurden alle männlichen Untertanen ab dem 10. Lebensjahr „enrolliert", d. h. registriert und einem Truppenteil zugeordnet, um bei Bedarf die Tauglichsten unter ihnen rund zehn Jahre später einer zweijährigen Ausbildung und einer zunächst lebenslangen, dann 20-jährigen Dienstzeit unterwerfen zu können (wobei viele Soldaten bis zu zehn Monate ohne Sold freigestellt wurden). Adelige waren davon nicht betroffen, allerdings blieben auch sie nicht vom Militär verschont. Der König setzte alles daran, die Söhne der Adelsfamilien zu Offizieren auszubilden und schickte seine Werber auf die Landgüter, wo diese mitunter mit Zwang den Führungsnachwuchs für die Kadettenanstalt rekrutierten. Dahinter stand der von Friedrich Wilhelm I. schon 1722 angemeldete Anspruch, „das der gantze adell […] von Jugent auf darinnen erzohgen werden und Keinen herren kennen als Gott und den Köhnig von Preussen".[10]

Daneben vertraute man weiterhin auch auf die Anwerbung ausländischer Rekruten, nicht selten mithilfe gewaltsamer Methoden, unter Vortäuschung falscher Tatsachen oder unter Einsatz von Alkohol. Einem zeitgenössischen Bericht zufolge kaufte man so „für ein Billiges Franzosen, Spanier, Zigeuner, Türken und Tatarn auf ihren Werbeplätzen" ein und trieb sie nach Preußen.[11] Gleichzeitig gewährte der preußische Staat seinen eigenen Untertanen recht großzügige Ausnahmeregelungen. So wurden reiche Bürgersöhne, Angehörige bestimmter Handwerksberufe und die Bewohner wirtschaftsstarker Regionen und Städte vom Militärdienst befreit. Auch die Bevölkerung Berlins blieb weithin verschont. Eine Verfügung vom 21. Mai 1733 sah vor, dass die Regimenter hier nur „lose Leute von geringer Extraktion [Herkunft], z. B. Schuster, Schneider und dgl. gemeiner Leute Kinder" enrollieren durften, derweil „Meiner wirklichen Bedienten, auch anderer Bemittelter und dem Publico dienstlicher Leute Kinder und so von ihren Mitteln leben, wie auch Kaufleute, Manufacturiers und Fabrikanten und welche zum Lagerhaus gebraucht werden" davon verschont bleiben sollten.[12]

Georg Wenzeslaus von Knobelsdorff, der eigentlich nicht Architekt, sondern Maler war, porträtierte den „Soldatenkönig" 1737.

Freilich blieben auch die vom Militärdienst Befreiten vom Militärischen nicht unberührt. Das galt in besonderem Ausmaß für die Bewohner Berlins, wo besonders viele Soldaten stationiert waren. So lag der Anteil der Militärpersonen schon im Jahre 1709, unter Friedrich I., bei 9,4 Prozent. In der Regierungszeit Friedrich Wilhelms I. stieg deren Anteil auf 11,7 Prozent (1721) und schließlich auf 23,1 Prozent (1735), um unter Friedrich II. zunächst auf 20,1 Prozent zu sinken

(1747), zwischenzeitlich auf 26,2 Prozent (1755) zu steigen und gegen Ende seiner Regierungszeit wieder 23 Prozent zu erreichen (1784).[13] Rechnet man noch die Familien und die Bediensteten hinzu, so war vermutlich zu jener Zeit jeder zweite Bewohner der Stadt vom Militär abhängig.

Eine solch massive Präsenz der Armee musste in allen Bereichen mannigfaltige Spuren hinterlassen: in der Wirtschaft, wo nun verstärkt für die Bedürfnisse der Armee produziert und gearbeitet wurde; vor allem aber im Stadtbild, da nun zahlreiche Kasernen und Garnisonsgebäude entstanden (wiewohl eine Unterbringung zahlreicher Soldaten in Privatquartieren weiterhin üblich blieb). Auch die Akzisemauer, die Friedrich Wilhelm I. Mitte der 1730er-Jahre anstelle der nutzlos gewordenen und geschleiften Festung errichten ließ, musste die Berliner tagtäglich an den militärischen Charakter ihrer Stadt erinnern, diente sie doch der Unterbindung nicht nur von Schmuggel, sondern auch von Desertion. Ersetzt wurde sie um die Jahrhundertwende durch eine nach außen verschobene, bis zu 4,20 Meter hohe und rund 17 Kilometer lange Steinmauer, in die Schilderhäuschen für Wachen ein-

Preußische Truppen leisten vor König Friedrich Wilhelm I. ihren Eid. Kupferstich von Peter Schenk, 1713

gebaut waren. Seinen sichtbarsten Ausdruck fand der militärische Charakter Berlins auf den Exerzierplätzen, auf denen die preußischen Soldaten gedrillt wurden. Rückblickend auf das Jahr 1756 hat der Schweizer Ulrich Bräker (1735–1798) – wie so viele auch er unter Vortäuschung falscher Tatsachen angeworben – diesen Drill anschaulich beschrieben:

> *„Was hiernächst auch auf dem Exerzierplatz vorgieng, gab uns zu ähnlichen Betrachtungen Anlaß. Auch da war des Fluchens und Karbatschens [Peitschens] von prügelsüchtigen Jünkerlins, und hinwieder des Lamentierens der Geprügelten kein Ende. Wir selber zwar waren immer von den ersten auf der Stelle, und tummelten uns wacker. Aber es that uns nicht minder in der Seele weh, andre um jeder Kleinigkeit willen so unbarmherzig behandelt, und uns selber so, Jahr ein Jahr aus, coujoniert [schikaniert] zu sehn; oft ganzer fünf Stunden lang in unsrer Montur eingeschnürt wie geschraubt stehn, in die Kreutz und Querre pfahlgerad marschieren, und ununterbrochen blitzschnelle Handgriffe machen zu müssen; und das alles auf Geheiß eines Offiziers, der mit einem furiosen Gesicht und aufgehobnem Stock vor uns stuhnd, und alle Augenblick wie unter Kabisköpfe [Kohlköpfe] drein zu hauen drohete. Bey einem solchen Traktament mußte auch der starknervigste Kerl halb lahm, und der geduldigste rasend werden. Und kamen wir dann todmüde ins Quartier, so giengs schon wieder über Hals und Kopf, unsre Wäsche zurecht zu machen, und jedes Fleckgen auszumustern; denn bis auf den blauen Rock war unsre ganze Uniform weiß. Gewehr, Patrontasche, Kuppel, jeder Knopf an der Montur, alles mußte spiegelblank geputzt seyn. Zeigte sich an einem dieser Stücke die geringste Unthat, oder stand ein Haar in der Frisur nicht recht, so war, wenn er auf den Platz kam, die erste Begrüssung eine derbe Tracht Prügel. Das währte so den ganzen May und Juni fort. Selbst den Sonntag hatten wir nicht frey; denn da mußten wir auf das properste Kirchenparade machen. Also blieben uns zu jenen Spaziergängen nur wenige zerstreute Stunden übrig, und wir hatten kurz und gut zu nichts Zeit übrig – als zum Hungerleiden."*[14]

Hinter den Misshandlungen (die mitunter auch von prominenter Seite, etwa durch den Berliner Stadtkommandanten, scharf kritisiert wurden[15]) und hinter dem systematischen Drill (dessen Ursprünge in den Niederlanden um 1600 zu suchen sind) standen durchaus rationale Motive. Man versprach sich davon eine Verbesserung der „Manövrierfähigkeit großer Truppenverbände in schwierigem Gelände" und eine gesteigerte Effektivität durch möglichst pausenloses Beschießen des Gegners.[16]

Auch die berüchtigte Strafpraxis folgte einem Kalkül. Denn insofern zahlreiche Soldaten, allen voran die gegen ihren Willen zum Militär- und Kriegsdienst verpflichteten Söldner, nur eine geringe Loyalität gegenüber Land und Armee verspürten und daher nicht selten die erste Gelegenheit zur Desertion nutzten, setzte man auf die abschreckende und einschüchternde Wirkung ungewöhnlich harter Strafen – die sogar die Vorgesetzten traf, wenn die ihnen unterstellten Soldaten das Weite suchten. Eine solche „erzieherische Absicht" am Werke sah auch der Pädagoge Karl Friedrich von Klöden (1786–1856), der als Sohn eines preußischen Unteroffiziers sechs Jahre seiner Kindheit in einer Berliner Kaserne verbrachte:

> *„Den eigentlichen Kern des Heeres bildeten natürlich die Landeskinder, und sie galten mit Recht als die zuverlässigsten Soldaten, während man bei den übrigen, und also bei mehr als der Hälfte des Heeres, wie in einem Zuchthause, stets damit zu thun hatte, Vergehungen und Desertionen zu verhüten. Unter diesen Umständen waren alle Disciplinareinrichtungen so getroffen, als ob das ganze Heer aus Menschen bestände, welche nur durch barbarische, härteste Strafmittel nothdürftig in Ordnung zu halten seien, und diese Strafen wurden mit Unbarmherzigkeit angewendet, weil man überzeugt war, daß nur die furchtbarste Mannszucht im Stande sei, den Soldaten zu zügeln."*[17]

Auf dieser Radierung werden zwei Militärstrafen gezeigt: vorne das Spießrutenlaufen, oben die „Stäupung", das Auspeitschen des Delinquenten mit Reisigbündeln. Daniel Chodowiecki, um 1770

Noch zu Beginn des 19. Jahrhunderts war eine solche Strafpraxis gang und gäbe. Wie brutal sie bei gefassten Deserteuren ausfiel, ist den Erinnerungen Ulrich Bräkers zu entnehmen, dem noch im Jahr seiner Rekrutierung (1756) die Flucht gelingen sollte:

„Bald alle Wochen hörten wir nämlich neue ängstigende Geschichten von eingebrachten Deserteurs, die, wenn sie noch so viele List gebraucht, sich in Schiffer und andre Handwerksleuthe, oder gar in Weibsbilder verkleidt, in Tonen und Fässer versteckt, u. d. gl. dennoch ertappt wurden. Da mußten wir zusehen, wie man sie durch 200 Mann, achtmal die lange Gasse auf und ab Spißruthen laufen ließ, bis sie athemlos hinsanken – und des folgenden Tags aufs neue dran mußten; die Kleider ihnen vom zerhackten Rücken heruntergerissen, und wieder frisch drauf losgehauen wurde, bis Fetzen geronnenen Bluts ihnen über die Hosen hinabhingen. Dann sahen Schärer und ich einander zitternd und todtblaß an, und flüsterten einander in die Ohren: ‚Die verdammten Barbaren'!" [18]

So menschenverachtend man die Deserteure behandelte, so groß war die Anerkennung, die man treu dienenden Soldaten zollte. Auch die sogenannten Langen Kerls, ein in Potsdam stationiertes Regiment, das ausschließlich aus hochgewachsenen, für die Bedienung von Gewehren mit Langläufen besonders geeigneten

Männern bestand, erfreuten sich besonderer Wertschätzung. Insbesondere bei Friedrich Wilhelm I., der so oft es nur ging „in einem Zimmer mit Ausblick auf einen Exerzierplatz" arbeitete. Seine obsessiv anmutende Freude am Militärischen brachte der Soldatenkönig auch durch seine Kleidung zum Ausdruck. Seit Mitte der 1720er-Jahre sah man ihn immer wieder in der „Uniform eines preußischen Leutnants oder Hauptmanns". So wie sein Sohn und Nachfolger Friedrich II. „einen alten blauen Soldatenrock" trug, „dessen Revers mit Spuren von spanischem Schnupftabak befleckt war".[19]

Friedirch Wilhelm I. inspiziert neu angeworbene „Lange Kerls". Holzstich nach einem historisierenden Gemälde von Arthur Kampf, 1890

Solche Reverenzen an den Militärstand waren an konkrete Erwartungen an ein soldatisches Verhalten geknüpft – ein Verhalten, das in der Folge je nach politischem Standpunkt mit Attributen wie „Preußische Tugenden" oder „Kadavergehorsam" bedacht werden sollte. Der preußische General Friedrich August Ludwig von der Marwitz (1777–1837) hat diese Erwartungshaltung mit Blick auf das Offizierskorps auf den Punkt gebracht:

„Entsagung jedes persönlichen Vorteils, jedes Gewinstes, jeder Bequemlichkeit, – ja, jeder Begehrlichkeit, wenn ihm nur die Ehre blieb! Dagegen jede Aufopferung für diese, für seinen König, für

sein Vaterland, für seine Kameraden, für die Ehre der preußischen Waffen! Im Herzen Pflichtgefühl und Treue, für den eigenen Leib keine Sorge.“[20]

Für die gemeinen Soldaten galt dieser Ehranspruch sicherlich nicht. Aber auch ihnen wurde Gehorsam bis zur Selbstaufgabe abverlangt. Das ist dem viel zitierten (indes nicht zuverlässig bezeugten) Ausruf „Ihr Racker, wollt ihr ewig leben?“ zu entnehmen, den Friedrich II. seinen Soldaten zugerufen haben soll, als diese im Verlauf der Schlacht bei Kolin gegen Österreich am 18. Juni 1757 das Weite suchten.[21]

So befremdlich ein solcher Spruch auch damals schon auf die dienenden Soldaten wirken mochte: Die Militarisierung des Staates war zu jener Zeit beileibe kein Spezifikum preußischer Politik. Das stärkste

Das Militär war in Berlin allgegenwärtig, wie hier bei einer Parade Unter den Linden. Gemälde von Franz Krüger, 1824

Heer in Europa war nicht das preußische, sondern das französische. Überhaupt vollzog sich die Entstehung des modernen Militärwesens andernorts: die Bildung eines stehenden Heeres, das Einüben militärischer Verhaltensweisen durch Exerzieren und Marschieren, die Errichtung militärischer Festungen und Gebäudekomplexe, die Begründung der modernen Militärwissenschaft – all das wurde bereits unter Ludwig XIV. in Frankreich praktiziert und hatte seine Wurzeln mitunter im 16. Jahrhundert, im italienischen Festungsbau oder in der Oranischen Heeresreform.

Gleichwohl musste sich die massive Präsenz des Militärs in einer so kleinen Residenzstadt wie Berlin auf ganz andere Weise im Stadtbild manifestieren als in einer europäischen Metropole wie Paris. Das Militärische war in Berlin allgegenwärtig, was sich nicht nur in

der Allgegenwart von Uniformträgern, sondern auch im sozialen Verhalten bemerkbar machte. So bildete sich unter den hier stationierten Soldaten ein gewisser Korpsgeist heraus, der auch die niederen Ränge erfasste. Gelegentlich lösten die Methoden, mit denen die Soldaten zu willfährigen Instrumenten ihrer Vorgesetzten geformt werden sollten, auch tiefe psychische Störungen aus. Einige wussten sich nicht mehr zu helfen und nahmen sich das Leben. Manche geschundene Kreatur wurde gar zum Mörder. Auch das ist den Ausführungen Friedrichs von Klöden zu entnehmen, der sich auf die Erzählungen seiner Mutter bezog:

> *„Man hat jetzt kaum eine Vorstellung von den Subjecten, welche damals unter den Soldaten steckten, aber auch eben so wenig von der Behandlung, die ihnen zu Theil wurde. Nicht selten vermochten sie bei aller Gewöhnung an die unwürdigste Mißhandlung das Leben nicht mehr zu ertragen und schnitten sich den Hals ab, aber fast alle nicht tief genug. Dann wurde die schmerzhafte Wunde zugenäht und geheilt, und war der Mensch wieder gesund, so mußte er 12mal Spießruthen laufen. Welch eine Lust zu leben dadurch erweckt wurde, kann man sich denken. Manche ergriffen den Ausweg und tödteten ein Kind in der Verzweiflung, um als Mörder ergriffen und hingerichtet zu werden, und dies gehörte nicht zu den ungewöhnlichen Fällen, ja ich selber bin einmal, wie mir einmal meine Mutter erzählt hat, einer solchen Gefahr kaum entgangen.“*[22]

Noch häufiger versuchten sich die Soldaten durch Fahnenflucht dem Militärdienst zu entziehen, vor allem jene, die auf gewaltsame oder betrügerische Weise angeworben worden waren, die aus fremden Ländern kamen und in Brandenburg-Preußen keine Familie zurückließen. Aber auch für die einheimischen Rekruten gab es gute Gründe, sich der harten Ausbildung und dem Leib und Leben bedrohenden Kriegsdienst zu entziehen. Berechnungen zufolge desertierten zwischen 1713 und 1740 über 30 000 Mann aus der preußischen Armee (was freilich auf die einzelnen Jahre heruntergerechnet einer Quote von unter zwei Prozent entsprach).[23] Spätestens zu Beginn des 20. Jahrhunderts und oft bis in die jüngste Vergangenheit war es üblich, ein solches Verhalten moralisch zu diskreditieren und den Deserteur als „Drückeberger“, wenn nicht gar als „Volksverräter“ zu brandmarken – ein Verdikt, das auch auf jene Zeit zurückprojiziert wurde, als der Militärdienst noch nicht als nationale Pflichterfüllung galt.

Tiefe Spuren hinterließ der preußische Militärstaat auch bei vielen Zivilisten. Manch auswärtiger Beobachter Berlins zeichnete denn auch das Bild einer durch und durch militarisierten Gesellschaft. So schrieb der sächsisch-polnische Diplomat, Politiker und Militär Jacob Heinrich Reichsgraf von Flemming (1667–1728) über die Berliner:

> *„Die Soldaten machen den größten Teil der Bewohner der Residenz dieses Königs aus; auch die gewöhnliche Unterhaltung der Gelehrten, Geistlichen und Bürger – und sogar unserer Damen – dreht sich nur um militärische Angelegenheiten; man hört nur reden von Marsch und Gegenmarsch, von Reih und Glied. Die Damen der ersten Gesellschaft machen sich zu Regimentskommandeuren unter den Frauen, und die der nächsten Rangstufe sind zufrieden, Bataillon und Kompagnien zu befehligen. Wenn die Soldaten und Offiziere außer Dienst durch die Straßen gehen, marschieren sie in der gleichen Manier, die sie im geschlossenen Bataillon gewöhnt sind; und sogar die, die nicht aus dem Krieg einen Beruf machen, haben sich samt und sonders daran gewöhnt, wie die Soldaten im Gleich- und Stechschritt zu marschieren. Kurz, Berlin gleicht nicht einer Residenz, sondern einem Heerlager an der Grenze, wo die Stärke der Bewohner in der Garnison besteht und wo der Rest der Ansiedler, Männer wie Weiber, nur dazu da ist, die Soldaten zu bedienen. So kann man die Staatsminister betrachten als hohe Militärbeamte, die Kanzlisten als Musterschreiber, die Damen als Waschfrauen, Marketenderinnen, Schnapsverkäuferinnen, Schankwirtinnen usw. und die Kaufleute als Lieferanten und Fouriere.“*[24]

„Heute wollen wir es noch zusammen versuchen." So ist ein kolorierter Kupferstich betitelt, auf dem gezeigt wird, wie Friedrich II. 1857 vor der Schlacht bei Leuthen einen Deserteur begnadigt. Tatsächlich hatten Deserteure in der Regel drakonische Strafen zu erwarten. Gottfried Arnold Lehmann, um 1800

Auf den ersten Blick fügt sich diese Beobachtung ein in das Gesamtbild, das sich viele Historiker seit den 1980er-Jahren von Preußen gemacht haben. Demnach entwickelte sich das Militär seit 1713 zur entscheidenden Disziplinierungs- und Sozialisationsinstanz der gesamten preußischen Gesellschaft. Diese These, die den Ausgangspunkt des vermeintlichen deutschen Sonderwegs ins frühe 18. Jahrhundert zurückverlegt, ist in den letzten Jahrzehnten immer wieder diskutiert und schließlich revidiert worden. Neuere Forschungen zu Preußen betonen denn auch, dass von einer „von sozialer Militarisierung getränkten Gesellschaft" nicht die Rede sein könne. Dafür sprechen nicht zuletzt die vielen sehr oft erfolgreich unternommenen Versuche, sich dem Militärdienst zu entziehen, und die Grenzen, an die der autoritär zentralistische Militärstaat bei seinem Versuch stieß, die Gesellschaft zu durchdringen. Nichtsdestoweniger zeigt der Blick auf den Berliner Alltag auch, dass Preußen zu jener Zeit eine, wenn auch im Rahmen der europäischen Verhältnisse angesiedelte, „Militärmonarchie" war.[25]

Kriegs- und Friedenssehnsucht (1740–1815)

Bei vielen Urteilen über Preußen, positiven wie negativen, handelte es sich um Rückprojektionen. So wie die Nationalisten des 19. und frühen 20. Jahrhunderts den preußischen Militärstaat des 18. Jahrhunderts zum Vorläufer des deutschen Nationalstaates erklärten, so sahen viele bundesrepublikanische Historiker in ihm eine Ursache für den Zivilisationsbruch zwischen 1933 und 1945. Dabei ging es ihnen weniger um die politischen und sozialen als um die mentalen Spätfolgen im 18. und 19. Jahrhundert einsetzender Prozesse und Strukturen: um die Herausbildung eines vermeintlich typisch deutschen Obrigkeitsdenkens, eines vermeintlich typisch deutschen Untertanengeistes, eines vermeintlich typisch deutschen Bellizismus.

Militarismus und Bellizismus gehen oft, aber nicht zwangsläufig miteinander einher. Das zeigt der Fall des „Soldatenkönigs", dessen Liebe zum Militärischen von keinem anderen preußischen Monarchen übertroffen wurde, der aber alles andere als kriegslüstern war. So belastend und bedrückend das Leben seiner Soldaten unter seiner Herrschaft auch sein mochte: von Kriegseinsätzen blieben sie (mit Ausnahme des Pommernfeldzuges von 1715/16) verschont. Auch wenn für Friedrich Wilhelm I. das Militärische nicht nur reiner Selbstzweck war und er sich davon eine Steigerung seines Ruhms und eine größere Unabhängigkeit beim Verfolgen eigener Interessen versprach, so zeigte er doch keinerlei expansionistische Neigungen. Dass für ihn vielmehr eine auf Kriegsvermeidung ausgerichtete Außenpolitik Programm war, entnimmt man seinem Testament, in dem er seinen Nachfolger aufruft, keinen ungerechten Krieg zu führen.[26]

Dass Friedrich II. ganz anders dachte und handelte, offenbart sein noch im Jahr seines Machtantritts (1740) unter fadenscheinigem Vorwand vorgenommener Überfall auf das zum habsburgischen Reich gehörende Schlesien. Mit diesem Feldzug löste er zugleich den Österreichischen Erbfolgekrieg aus (1740–1748), an dem sich auch viele andere europäische Staaten beteiligten und der seine Fortsetzung im Siebenjährigen Krieg (1756–1763) fand, dessen Schauplätze sich auf vier Kontinente (in Nordamerika, Indien, Afrika und Europa) verteilten – weshalb ihn manche Historiker mittlerweile auch als ersten „Weltkrieg" bezeichnen.[27]

Bis heute scheiden sich die Geister, wie die Persönlichkeit Friedrich II. im Allgemeinen und die Bedeutung seines Schlesienunternehmens im Besonderen zu bewerten seien. Da sind jene Historiker, die diesen Angriffskrieg zu den „sensationellsten Verbrechen der Geschichte der Neuzeit" zählen[28] und auf den „lange nachwirkenden Ungeist, den bösen Geist von Sanssouci", verweisen.[29] Da sind andere, die den Angriffskrieg im europäischen Kontext verorten und für „alles andere als außergewöhnlich" halten.[30] Verstummt sind jene Stimmen, die die Annexion Schlesiens im machiavellistischen Sinne rechtfertigten, weil sie den Ausgangspunkt für Preußens Aufstieg zur europäischen Großmacht bildete; verstummt auch jene, die Friedrich II. zum Retter Deutschlands und Vorkämpfer eines deutschen Nationalstaates verklärten („Es ist nicht auszudenken, was unsere Nation der harten politischen Erziehungsarbeit seines Macht- und Militärstaates verdankt"[31]). Erst recht verbot sich nach dem Hitler-Stalin-Pakt und dem deutschen Überfall auf Polen im Jahre 1939 jeglicher positive Bezug auf die Polenpolitik Friedrichs, der das Land schon 1752 mit einer Artischocke verglichen hatte, die man „Blatt für Blatt" essen müsse: „bald eine Stadt, bald einen anderen Bezirk [...] bis alles geschluckt ist"[32] – eine Empfehlung an seine Nachfolger, der er 1772 selbst nachkam, als er sich an der ersten polnischen Teilung beteiligte.

Wie man auch immer Friedrichs II. Außenpolitik bewerten mag: Ihn in eine Ahnenreihe voluntaristisch agierender Machtpolitiker zu stellen, die über Otto von Bismarck bis zu Adolf Hitler reicht, wird dem historischen Kontext, in dem der Preußenkönig agierte, nicht gerecht. Ein solcher Zugriff verkennt die gänzlich anderen Rahmenbedingungen und den fundamentalen Unterschied zwischen den Außenbeziehungen der europäischen Höfe und Dynastien im 18. Jahrhundert und den internationalen Beziehungen der souveränen Nationalstaaten Europas im späten 19. und 20. Jahrhundert. Der Überfall und die Zerschlagung eines Staates, mit dem sich eine ganze Bevölkerung identifiziert, ist schließlich ein weitaus radikalerer Eingriff als die Annexion, Teilung oder der Austausch von Ländern, die einem einzelnen Fürsten gehören.

Dementsprechend wenig Anteil nahm denn zunächst auch das gemeine Volk an den Siegen und Verlusten der preußischen Armee. Für den Vorfrieden von

NS-Propagandakarte, 1935

Breslau (1740), in dem sich Preußen den größten Teil Schlesiens zusicherte, interessierte sich nur ein Bruchteil der Bevölkerung. Erst mit Beginn des Siebenjährigen Krieges (1756-1763) lösten Siege wie Niederlagen „ein allgemeines Gefühl der Solidarität mit den Zielen und der Person des Monarchen aus", und eine „Woge patriotischer Gefühle" schwappte über die preußischen Gebiete hinweg.[33] Publizisten, Gelehrte und Dichter heizten der Bevölkerung nun mit Schriften, Reden und Gedichten regelrecht ein. So etwa Johann Wilhelm Ludwig Gleim (1719–1803) mit seinen *Preußischen Kriegsliedern in den Feldzügen 1756 und 1757 von einem Grenadier* (1758) oder Ewald Christian von Kleist (1715–1759), der in seinem Epos *Cissides und Paches* (1757) in Anlehnung an Horaz den „süßen Tod fürs Vaterland" („dulce et decorum est pro patria mori") besingt:

„Der Tod fürs Vaterland ist ewiger
Verehrung werth. – Wie gern sterb ich ihn auch
Den edlen Tod, wenn mein Verhängniß ruft!
Ich, der ich dieses sang im Lerm des Kriegs,
Als Räuber aller Welt mein Vaterland
Mit Feur und Schwerdt in eine Wüsteney
Verwandelten; als Friedrich selbst die Fahn
Mit tapfrer Hand ergriff, und Blitz und Tod
Mit ihr, in Feinde trug, und achtete
Der theuern Tage nicht für Volk und Land,
Das in der finstern Nacht des Elends seufzt."[34]

Abbildungen auf Alltagsgegenständen (wie Tabaksdosen), Lithografien und vor allem Predigten taten ihr Übriges, nicht nur Beamte und Akademiker, sondern auch Handwerker und Gewerbetreibende, ja auch weite Teile des illiteraten Volkes mit den friderizianischen Kabinettskriegen vertraut zu machen. In Berlin war es der Hofprediger August Friedrich Wilhelm Sack

(1703–1786), der „die von dem großen Könige Friedrich II. im Jahre 1757 erfochtenen Siege bei Prag, bei Roßbach und bei Leuthen“ in seinen *Drei Dank-Predigten* verherrlichte.[35]

Dass solche martialischen Predigten vor allem in den östlichen Teilen des Landes und auch in Berlin auf fruchtbaren Boden fielen, dafür gab es viele Gründe. Da war zum einen die persönliche Betroffenheit jener Familien, deren eingezogene Söhne ihr Leben auf den Schlachtfeldern aufs Spiel setzten. Zum anderen drohte jetzt auch die Bevölkerung Berlins in das Kriegsgeschehen involviert zu werden. Schon 1745, im Laufe des zweiten schlesischen Krieges, waren die Österreicher der Stadt bedrohlich nahe gekommen, was unter den Einwohnern Panik ausgelöst hatte. So liest man in einem zeitgenössischen Brief:

„Dieser Tag war ein erschrecklicher Tag. Der größte Theil der Einwohner in denen Vorstädten kam, seine Zuflucht in der Stadt zu suchen; die Großen, die Reichen und wohlhabenden Leute eilten, ihre Reichthümer und ihre besten Sachen in Sicherheit

Mit Historiengemälden wie diesem von Wilhelm Camphausen (1864), das preußische Soldaten zeigt, die am Abend der für Preußen siegreichen Schlacht bei Leuthen 1757 einen Choral singen, sollte die militärische Macht Preußens religiös überhöht werden.

> *zu bringen; andre verließen die Stadt; noch andre wollten ihnen nachfolgen, und konnten keine Pferde bekommen. […] Alle Gesichter waren niedergeschlagen, die Bestürzung blickte auf allen Seiten hervor, und innwendig in den Häusern sah man nichts als traurige Gegenstände und hörte nichts als Klagen.“*[36]

In jenem Jahr blieben die Berliner noch einmal von einer Besatzung verschont. Das sollte sich im Laufe des Siebenjährigen Krieges ändern. Zweimal wurde die Stadt nun besetzt: zunächst im Oktober 1757 von ungarischen und kroatischen Truppen unter Führung des kaiserlichen Feldmarschallleutnants Andreas Hadik von Futak (1711–1790), der die Stadt, deren Kommandant „mitsamt seiner Truppen angstschlotternd“ in Richtung Spandau abzog, gegen eine Zahlung von 215 000 Talern von einer Plünderung verschonte (der sogenannte Berliner Husarenstreich); dann im Oktober 1760 von russischen und österreichischen Truppen, die der Stadt einen Millionenbetrag abpressten und sie kurz darauf räumten, wobei es in Vororten wie Charlottenburg

Noch lange nach seinem Tod diente Friedrich II. als patriotische Projektionsfläche. Auf dieser Radierung von 1820 sieht man zwei junge Berliner, die sich freiwillig zur Armee gemeldet haben und die von ihrem Vater mit einer großen Geste auf die an der Wand hängenden Porträts von Friedrich Wilhelm III. und Friedrich II. verabschiedet werden. Der kleine Bruder links ist neidisch, die Mutter und die Schwester rechts hingegen traurig.

nicht nur zu Raubzügen, sondern auch zu Übergriffen auf die Zivilbevölkerung kam.[37]

Schon aus Angst vor weiteren Heimsuchungen mochten die Berliner daher ihre ganze Hoffnung auf einen preußischen Sieg setzen. Vielleicht verdankte sich die intensive Anteilnahme am Kriegsgeschehen mitunter aber auch politischem Kalkül. Der neue Patriotismus, der Bürger und Adelige miteinander verband und sie für ein gemeinsames höheres Interesse, das preußische Vaterland, kämpfen (und sterben) ließ, war geeignet, die bis dahin nahezu unüberwindbaren Schranken der alten Ständegesellschaft zu überwinden – so zumindest die Hoffnung mancher Zeitgenossen. Bei diesem Patriotismus der 1750er-Jahre handelte es sich freilich noch nicht um einen Nationalismus im modernen Sinne, wie er uns zu dieser Zeit schon in Frankreich oder England begegnet. Den (vor allem im Osten des Landes und in Berlin anzutreffenden) Patrioten ging es weniger um Deutschland als um Preußen; weniger um einen geographischen Raum oder die Monarchie als solche als um eine konkrete Persönlichkeit. Im Mittelpunkt stand Friedrich II., „der Große", „der Einzige", wie ihn jetzt viele in Texten,

Bildern und Anekdoten verehrten – eine Verehrung, mit der der Preußenkönig, der sich seit 1763 nach Potsdam zurückgezogen hatte und sich kaum noch in Berlin aufhielt, wenig anfangen konnte.

Bei Weitem nicht alle Berliner huldigten dem Preußenkönig auf solche Weise – erinnert sei nur an Mirabeaus Momentaufnahme unmittelbar nach dessen Tod. Diejenigen wiederum, die in den folgenden Jahren einen besonders intensiven Friedrich-Kult betrieben, taten dies wohl oftmals auch in der Absicht, den großen Preußenkönig gegen seine Nachfolger auszuspielen. Tatsächlich eigneten sich weder Friedrich Wilhelm II. noch Friedrich Wilhelm III. noch Friedrich Wilhelm IV. so sehr als Projektionsfläche patriotischer Phantasien wie Friedrich II. Auch war keiner seiner Nachfolger so kriegsfreudig. Vielmehr verfolgte das Land zwischen 1789 und 1813 in seiner Außenpolitik einen „rasch wechselnden Zickzackkurs", bei dem „ausgeklügelte Doppeldiplomatie, ängstliches Schwanken und Anfälle von Habgier" einander ablösten.[38] Nach einigem Zögern ging man seit 1791 zu einer aggressiven Außenpolitik über, beteiligte sich mit Österreich an Kämpfen gegen Frankreich und an der zweiten und dritten polnischen Teilung (1793 und 1795), machte aber schon 1795 einen Separatfrieden mit Frankreich und verfolgte in den folgenden zehn Jahren eine alles andere als bellizistisch zu nennende Neutralitätspolitik, von der das finanziell erschöpfte Land auch territorial profitierte (unter anderem wurden ihm 1803, im Rahmen des Reichsdeputationshauptschlusses, große Teile Westdeutschlands zugeschlagen). Schon 1798, ein Jahr nach der Regierungsübernahme, hatte sich Friedrich Wilhelm III. intern zu einer auf Frieden ausgerichteten Außenpolitik bekannt:

Friedrich Wilhelm III. war wegen seiner wankelmütigen Politik in der Bevölkerung wenig beliebt. Gemälde von Ernst Gebauer, 1814

„Alle Welt weiß, dass ich den Krieg verabscheue und dass ich nichts Größeres auf Erden kenne als die Bewahrung des Friedens und der Ruhe als einziges System, das sich für das Glück der Menschheit eignet."[39]

In der Entourage des Königs gab es durchaus Unterstützung für dessen Neutralitätspolitik. So ist den 1823 verfassten „Nachrichten über Preußen in seiner großen Katastrophe" des preußischen Generalmajors und Heeresreformers Carl von Clausewitz (1780–1831) zu entnehmen, dass sich um 1805/06 in der preußischen Oberschicht nicht nur antinapoleonische Bellizisten bzw. Befürworter der napoleonischen Reformpolitik befanden, sondern auch Neutralisten,

Die Franzosen machten Eindruck in Berlin. Einzug der französischen Armee am 27. Oktober 1806, vorbei an der Oper und der Hedwigskirche. Zeitgenössischer französischer Kupferstich von Le Beau

die um eine Konfliktminimierung bemüht waren.[40] Als Preußen auf Druck einer Kriegspartei am Hofe 1806 dann doch wieder in den Krieg gegen Napoleon zog, sollte es in Jena und in Auerstedt eine derart verheerende Niederlage erleben, dass das Land an den Rand des Abgrunds geriet und seine Hauptstadt besetzt wurde.

Mit dem Einmarsch der Franzosen änderte sich das Stimmungsbild in der Bevölkerung. Hatte man zuvor eine gewisse Indifferenz beobachtet, so wurden nun viele zu erklärten Parteigängern und Unterstützern Napoleons. Neben unpolitischen Motiven wie der allerorts auftretenden Heldenverehrung des Kaisers spielte dabei auch die napoleonische Reformpolitik eine nicht unbeträchtliche Rolle. Die einschneidenden Eingriffe in Staat und Gesellschaft, die nun vorgenommen wurden, machten auch vor dem Militär nicht halt. So ordnete Napoleon die Aufstellung einer Bürgergarde an. Den alten Eliten war diese ein Dorn im Auge, wie der Revolutionär von 1848 Adolf Streckfuß in seiner populären, 1886 veröffentlichten Stadtgeschichte Berlins beschreibt:

> *„Für die gefangenen preußischen Offiziere, welche nach Berlin kamen, war die Uniformirung der Bürgergarde ein gewaltiger Aerger; die gefangenen Gendarmerie-Offiziere, welche vor dem Kriege so gewaltig bramarbasirt [geprahlt] hatten, um bei Jena feig das Versengeld zu geben, konnten sich gar nicht darüber trösten, daß unter der Bürgergarde Schneider und Schuhmacher Offizierrang bekleideten; sie trieben ihre Unverschämtheit so weit, diese ‚Kameraden' häufig zu verspotten."*

Jetzt aber, so Streckfuß, war die „Zeit der Wiedervergeltung" gekommen. Die Berliner Bürger „überhäuften die früher so sehr gefürchteten Gensdarmerie-Offiziere, wo sie dieselben trafen, mit herbem Spott und sie wurden darin unterstützt durch die Franzosen, welche ihre Verachtung gegen die hochadligen Herrn niemals verhehlten". Streckfuß, der wie die meisten Bürger seiner Epoche dem nationalistischen Zeitgeist huldigte,

sah „eine tiefe sittliche Entwürdigung darin, daß die Bürger von Berlin im Bündniß mit dem Feinde über das Unglück ihrer eigenen Armee höhnten", zeigte aber immerhin ein gewisses Verständnis aufgrund der dahinterliegenden sozialen und politischen Ursachen:

„War es wohl zu verwundern, wenn dies geschah, wenn ein Volk, dem man bisher kein Recht gegönnt hatte, welches nur als eine Steuer zahlende Masse betrachtet, stets mit frechem Uebermuth behandelt worden war, keinen Patriotismus besaß?"[41]

Von einem von nationalistischen Motiven getragenen Revanchismus konnte mithin in der breiten Bevölkerung um 1806 keine Rede sein. Wenn die Begeisterung allmählich der Ernüchterung wich und sich zusehends Unmut über die französische Besatzung verbreitete, dann aufgrund der mit ihr verbundenen Kosten und Lasten, vor allem der Konfiskationen, Kontributionen und Konskriptionen.

Insbesondere im Bildungsbürgertum wurden immer vernehmlicher patriotische und antifranzösische Töne angeschlagen und auch ein erneuter Krieg gegen Napoleon als Option ernsthaft erwogen. Schon im Dezember 1808 hatten viele Berliner dem Freikorpsführer Ferdinand von Schill (1776–1809) bei seinem Einzug in die Stadt zugejubelt. Als er sie mit seinem Regiment im April 1809 wieder verließ, um „ohne königlichen Befehl und ohne Wissen der Behörden und seiner Vorgesetzten […] auf eigene Faust den Kampf gegen Napoleon zu beginnen“, scheinen ihm vor allem die Sympathien der höheren Stände gehört zu haben – wiewohl viele vorhersahen, dass der Aufstandsversuch kläglich scheitern musste.[42] Auch der deutschtümelnde „Turnvater Jahn“, der zu einer Ikone der späteren Nationalbewegung werden sollte und seit dem Frühjahr 1811 seine Schüler im patriotischen Geiste in der Neuköllner Hasenheide trainierte, trug zur Militarisierung

„Turnvater“ Jahn eröffnete am 19. Juni 1811 den ersten Turnplatz in der Hasenheide – ein Sammelpunkt des Widerstands gegen die französische Besetzung. Zeitgenösische Radierung

und zu einem wachsenden Bellizismus bei. Mit dem kläglichen Rückzug der Großen Armee aus Russland, bei dem Hunderttausende, darunter auch viele preußische Soldaten, ihr Leben ließen, schlug die Stimmung in Berlin endgültig um. Vor allem Intellektuelle überboten sich nun in ihrem Hass auf Napoleon und die Franzosen. So ließ der an der neu gegründeten Berliner Universität lehrende Ernst Moritz Arndt (1769–1860), ursprünglich ein Anhänger der Französischen Revolution, in seiner erstmals 1813 erschienenen, vielzitierten Schrift *Ueber Volkshaß und über den Gebrauch einer fremden Sprache* nun seinem Franzosenhass freien Lauf:

> *„Wir sollen die Franzosen nicht allein wegen dessen hassen, was sie uns in den letzten zwanzig Jahren Uebels gethan haben […]; nein, wir sollen sie hassen, weil sie schon über drei Jahrhunderte unsere Freiheit hinterlistig belauert haben […]. Die Franzosen sind unsere mächtigsten und gefährlichsten Nachbarn, und sie werden es bleiben […]. Ich will denn Haß gegen die Franzosen, nicht bloß für diesen Krieg, ich will ihn für lange Zeit, ich will ihn für immer. […] So bleibe denn der Haß als ein heiliger und schützender Wahn im Volke."*[43]

1813 erschien erstmals auch die von Heinrich von Kleist (1777–1811) verfasste Ode, in der mit den Worten „Dämmt den Rhein mit ihren Leichen" zum Volkskampf gegen die Franzosen aufgerufen wurde:

> *Chor: „Zu den Waffen, zu den Waffen!*
> *Was die Hände blindlings raffen!*
> *Mit der Keule, mit dem Stab,*
> *Schlacht, in dein Gefild hinab! […]*
> *Wer in unheilbaren Wunden*
> *Dieser Fremden Hohn empfunden,*
> *Brüder, wer ein deutscher Mann,*
> *Schließe diesem Kampf sich an! […]*
> *Eine Jagdlust, wie wenn Schützen*
> *Auf der Spur dem Wolfe sitzen!*
> *Schlagt ihn tot! Das Weltgericht*
> *Fragt euch nach den Gründen nicht! […]"*[44]

Tatsächlich verfiel ein Teil der Berliner Jugend in einen patriotischen Taumel und meldete sich zur Armee. „Das Gedränge der Freiwilligen, die sich einschreiben lassen, ist heute so groß auf dem Rathhause wie bei Theurung vor einem Bäckerladen", berichtete der Berliner Historiker Barthold Georg Niebuhr (1776–1831). Zwei Wochen später geriet der vormalige Kritiker des Militärs gar ins Schwärmen:

> *„Seitdem Scharnhorst unsre Armee neu organisirt hat, ist sie von aller Steifheit und Schwerfälligkeit befreit, die man ihr sonst vorwarf: in keiner andern ist gewiß der Soldat einzeln so sehr gentleman wie jetzt bei uns: man hat alles unnütze erschwerende weggeworfen […]. Wenn meine Vorlesungen zu Ende sind, d. h. vom Anfang der künftigen Woche an, werde ich suchen an den Vormittagen mit ordentlichen Recruten zu exerciren, und so oft als möglich auch der Scheibe zu schießen."*[45]

Wie verbreitet die Bereitschaft in der allgemeinen deutschen Bevölkerung war, erneut in einen Krieg zu ziehen, darüber gehen heute die Meinungen der Historiker auseinander. Zumindest mit Blick auf die süddeutschen Länder ist von dem fast 200 Jahre aufrechterhaltenen „Mythos vom Befreiungskrieg" kaum etwas übrig geblieben.[46] Auch für Berlin finden sich Zeitzeugen, die von einer Kriegsbegeisterung nichts wissen wollten. Dem Universitätsrektor Theodor von Schmalz (1760–1831) zufolge eilte „Alles […] zu den Waffen […], wie man aus ganz gewöhnlicher Bürgerpflicht zum Löschen einer Feuersbrunst beim Feuerlärm eilt."[47] Gleichwohl scheint im Vergleich zu Süd- und Westdeutschland in Berlin und den östlichen Landesteilen nicht nur die Kriegsbereitschaft, sondern auch die Freude über den Sieg gegen Napoleon relativ hoch und weitverbreitet gewesen zu sein. Dass sich die Freiwilligenbewegung aus allen Schichten speiste, ist ein Hinweis darauf, dass nicht nur die militärische und politische Führung, sondern auch Teile der einfachen Bevölkerung kriegslustiger waren als Friedrich Wilhelm III., der bis zuletzt zögerte, sich einer militärischen Koalition gegen Frankreich anzuschließen. Ungeachtet dessen zeichneten konservative Historiker

Zum Gedenken an die in den Befreiungskriegen Gefallenen war ursprünglich ein „Befreiungsdom" vor dem Potsdamer Tor geplant. Von dieser Idee blieb letztlich nur das zwischen 1818 und 1821 auf dem Kreuzberg erbaute Denkmal übrig. Radierung, um 1830

über 150 Jahre das Bild eines entschlossenen Monarchen, der im Kampf gegen Frankreich die Führungsrolle im Kampf gegen Napoleon übernommen habe, so wie es schon Heinrich Clauren (1771–1854) mit seinem Lied *Der König rief und alle kamen* propagiert hatte.[48] Auch wenn diese Legende immer wieder infrage gestellt wurde („Alle, wirklich alle riefen, bis [auch] der König oder der Kurfürst kamen"[49]), hielten preußisch-deutsch-national gesinnte Historiker wie Gerhard Ritter (1888–1967) noch in den 1950er-Jahren daran fest, dass das preußische Volk 1813 „willig dem Ruf seines Königs folgend, [...] zum blutigen Waffengang" angetreten sei.[50]

Langer Frieden, kurze Kriege (1815–1890)

In dieser fast 200 Jahre andauernden Debatte ging es um mehr als die Frage, wem die Initiativrolle im Krieg gegen Napoleon zukam, dem Volk oder dem König und seinen Beratern. Man stritt vor allem darum, wofür bzw. wogegen die Deutschen 1813 gekämpft hatten: primär gegen die französische Fremdherrschaft oder auch für einen freiheitlich verfassten deutschen Nationalstaat? Das war eine eminent politische Frage, die schon in der Wortwahl zum Ausdruck kam. So sprachen konservative Monarchisten und später auch antidemokratisch gesinnte Nationalisten und Militaristen von „Befreiungskriegen“, während Liberale und Demokraten den Begriff „Freiheitskriege“ bevorzugten. Die Befreiung von der napoleonischen „Fremdherrschaft“ und der Kampf für eine Verfassung in einem modernen Nationalstaat waren diesen zwei Seiten einer Medaille. Unversöhnlicher Franzosenhass musste damit nicht einhergehen. Viele fortschrittlich gesinnten Bürger betrachteten Frankreich vielmehr auch nach 1815 als Ursprungsland der universalen Ideen von Freiheit und Gleichheit und damit als Vorbild. Regelmäßig richtete sich daher der Blick der Berliner nach Paris, wenn es dort zu politischen Unruhen kam. Als im Zuge der Pariser Julirevolution 1830 der sogenannte Bürgerkönig Louis-Philippe den reaktionären Bourbonen Karl X. (König 1824–1830) ablöste und die französische Verfassung liberalisierte, wurde dies in Berlin aufmerksam registriert. Allerorts diskutierten und agitierten die Einwohner der Stadt; vor allem in den Konditoreien, „wo man sich in dichtgedrängten Gruppen die Pariser Nachrichten laut vorlas, war eine mächtige Wirkung zu spüren“.[51] Nicht anders Ende Februar 1848, als in Paris erneut eine Revolution ausbrach: unmittelbar nach Bekanntwerden der Ereignisse strömten die Berliner auf die Straße; drei Wochen später wurden Barrikaden errichtet und die mit deutschem Text unterlegte *Marseillaise* gesungen.

Daneben gab es immer auch antifranzösische Stimmen. Bürger, die sich der Deutschtümelei und einem dumpfen Hass auf den französischen „Erbfeind“ hingaben, wie ihn schon Arndt und Kleist gepredigt hatten. Gelegentlich steigerte sich dieser fremdenfeindliche Nationalismus auch in Kriegshetze: so etwa im Laufe der Rheinkrise von 1840, als der französische Regierungschef Adolphe Thiers (1797–1877) Ansprüche auf die linksrheinischen, größtenteils preußischen Gebiete erhob und damit eine diplomatische Krise auslöste, die den deutschen Frühnationalismus befeuern sollte. In Nikolaus Beckers (1809–1845) Rheinlied, das eine defensiv-kriegerische Haltung einforderte („Sie sollen ihn nicht haben/Den freien deutschen Rhein,/Bis seine Fluth begraben/Des letzten Mann‘s Gebein“[52]), fand dieser gegen Frankreich gerichtete Nationalismus seine inoffizielle Hymne, deren Popularität bis nach Berlin reichte, wo sie nicht nur in Konzertsälen, sondern auch auf Leierkästen gespielt wurde. Auch im Verlauf der deutschen Revolution wurden immer wieder frankophobe Töne angeschlagen. So kursierte im Mai 1848 in der Hauptstadt eine von der konservativen Berliner Zeitschrift *Bürgerwache* in Umlauf gebrachte *Anti-Marseillaise* („Geh‘ hin zu den Franzosen/Und sing ‚Allons enfants‘./Wir bleiben ohne Wanken/Bei unserm alten Wort,/[...] Mit Gott für unsern König,/Fürs deutsche Vaterland“[53]). Allerdings sollten solche Stimmen schnell verhallen. So wie auch die Versuche der Obrigkeit, „die revolutionäre Stimmung als fremdgesteuertes Werk französischer Verschwörer hinzustellen und so den in Teilen des Berliner Bürgertums bereits virulenten Nationalismus gegen Frankreich zu instrumentalisieren“, zum Scheitern verurteilt waren.[54] Für eine antifranzösische Grundstimmung, wie es die These von der sogenannten Erbfeindschaft zwischen Deutschen und Franzosen suggeriert, gibt es denn auch Mitte des 19. Jahrhunderts in Berlin keine Anhaltspunkte.

Auch die antidänischen Töne, die 1848 im Rahmen der Schleswig-Holstein-Frage von Parlamentariern der Paulskirche und Teilen der deutschen Öffentlichkeit angeschlagen wurden, stießen in Berlin eher auf Zurückhaltung. Nachdem der dänische König signalisiert hatte, das nicht zum Deutschen Bund gehörige Schleswig dem dänischen Staat einverleiben zu wollen und es zu ersten feindlichen Handlungen zwischen dänischen Truppen und Bundestruppen unter preußischem Kom-

Eine antifranzösische Fotopostkarte von 1914 greift das 1840 veröffentlichte „Rheinlied" von Nikolaus Becker auf.

mando gekommen war, zog Preußen seine Truppen zurück und begann Waffenstillstandsverhandlungen. Nicht nur gegenüber Dänemark, auch gegenüber Frankreich verzichteten die preußischen Monarchen auf eine allzu aggressive Außenpolitik. Als schwächste Großmacht der europäischen Pentarchie, als Mitglied des Deutschen Bundes und der Heiligen Allianz war Preußens außenpolitischer Handlungsspielraum begrenzt – was nicht zuletzt der Aufrechterhaltung des innerdeutschen Gleichgewichtes und des europäischen Friedens zugutekommen sollte.

Erst mit der Regierungsübernahme durch Otto von Bismarck im September 1862 wurde unter diese Politik ein Schlussstrich gezogen. Ohne sich mit den anderen Staaten des Deutschen Bundes abgesprochen zu haben, richteten Preußen und Österreich im Januar 1864 ein Ultimatum an Dänemark, marschierten kurz darauf in Schleswig ein, besiegten die dänische Armee und stellten sowohl Holstein als auch Schleswig unter ihre Verwaltung. Schon zwei Jahre später sollte dieses Bündnis zerbrechen: 1866 trat Preußen aus dem Deutschen Bund aus, erklärte Österreich, das von den größeren deutschen Staaten unterstützt wurde, den Krieg und annektierte nach seinem Sieg bei Königgrätz unter anderem das Königreich Hannover, das Kurfürstentum Hessen und das Herzogtum Nassau. Schließlich provozierte Bismarck 1870 einen Krieg mit Frankreich, der mithilfe der nord- und süddeutschen Staaten schnell gewonnen werden konnte und die Annexion des Elsass und Lothringens zur Folge hatte.

Im Rückblick sind diese drei Kriege von Generationen borussophiler Historiker zu einem einzigen Ereignis verdichtet worden: den sogenannten Einigungskriegen, deren Ergebnis die Vollendung der deutschen Einheit, die Errichtung des ersten deutschen Nationalstaates, gewesen sei. In der Bundesrepublik haben Vertreter der Sonderwegs-These diese positiv-teleologische Deutung aufgegriffen und ins Negative verkehrt. Infolge der kriegerischen Herstellung der deutschen Einheit habe man eine unheilvolle Verknüpfung von expansionistischem Angriffskrieg und deutschem Nationalstaat hergestellt. Das sei nicht zuletzt dem Kalkül Bismarcks geschuldet gewesen, der auf diese Weise die im Verfassungskonflikt gegen ihn opponierenden Liberalen kompromittiert und gespalten habe und schließlich einen großen Teil des Bürgertums für die Unterstützung des neuen autoritären Machtstaates von 1871 gewonnen habe.

Dass Bismarck ein gewiefter Machttaktiker war und Preußen in den 1860er-Jahren zu einer, wenn nicht *der* kriegstreibenden Kraft in Mitteleuropa machte, hatte sicherlich auch innenpolitische Ursachen. Längst waren es nämlich nicht mehr nur die Monarchen, die über Krieg und Frieden entschieden. Infolge der im 19. Jahrhundert zunehmenden Politisierung und Nationalisierung der Bevölkerung war Außenpolitik nun immer weniger „ein Arkanum der Regierungen und Diplomaten", sondern wurde „Sache der Völker".[55] Seit den 1820er-Jahren begannen viele Deutsche ihren Wunsch nach nationaler Unabhängigkeit und politischer Freiheit auf andere Nationalbewegungen im Süden und Osten Europas zu projizieren. Mitunter versuchten sie auch als Kriegsfreiwillige oder über Presse, Publizistik oder Parlamente Einfluss auf außenpolitische Entscheidungen zu nehmen.

Gleichwohl scheint sich die Kriegsbegeisterung der Deutschen bis Ende der 1860er-Jahre im Großen und Ganzen in Grenzen gehalten zu haben. Das zeigte sich 1864, als sich die von Bürgermeister Seydel angeleitete Berliner Bürgerschaft in der Schleswig-Holstein-Frage nicht auf die Seite der Regierung stellte, sondern den liberalen Herzog von Augustenburg unterstützte, dessen Anspruch auf die beiden Herzogtümer Preußen um je-

Adolph von Menzel fängt in seinem Gemälde von 1871 die Kriegsbegeisterung der Berliner im Sommer 1870 ein. Ganz klein in der Kutsche links ist König Wilhelm I. zu sehen, der zur Armee nach Frankreich aufbricht.

Ganz Berlin ist im Freudentaumel. Empfang der Gardelandwehr am Potsdamer Bahnhof in Berlin, 22. März 1871. Holzstich nach einer Zeichnung von Knut Ekwall

den Preis verhindern wollte. Auch der als „Bruderkrieg" kritisierte Krieg gegen Österreich scheint zumindest in Teilen der Bürgerschaft auf wenig Gegenliebe gestoßen zu sein. Erst 1870/71 positionierte sich die städtische Bevölkerung klar auf preußisch-deutscher Seite, indem sie den Feldzug durch Kriegsanleihen unterstützte und „aufopferungsvollen Dienst in den zahlreichen improvisierten Lazaretten" [leistete], die zumeist auf dem Tempelhofer Feld aufgestellt" worden waren.[56] Noch größer war der Enthusiasmus nach Kriegsende. Während die im fernen Versailles am 18. Januar 1871 vollzogene Kaiserproklamation eher zurückhaltend aufgenommen worden war, wurde die Stadt am 18. Juni 1871 anlässlich der Siegesfeier von einer Woge patriotischer Begeisterung erfasst. Auch wenn unter den Schaulustigen viele Nichtberliner waren und es sicherlich auch unpolitische Gründe gab, bei gutem Wetter in der Nähe von Bier- und Würstchenbuden mitzufeiern, scheint die Freude über den Sieg über Frankreich grenzenlos gewesen zu sein. Das suggerierte selbst die linksliberale *Vossische Zeitung*:

> *„Kein schönerer Junimorgen hat je über Berlin geleuchtet als dieser sechzehnte. […] Von der ersten Morgenfrühe an hatten die Schaubegierigen ihre Plätze eingenommen […]. Auf Mauern, auf Dächern, Dachrinnen, auf fliegenden Gerüsten, auf Möbelwagen und Karren […] waren sie in Scharen etabliert längs der ganzen äußeren Strecke. Kein Dach zu hoch, kein Stuhl zu niedrig, daß er nicht von Menschen besetzt gewesen wäre […]. Selbst auf den schwindelnden Höhen des Brandenburger Tores zeigte sich [...] kein leerer Platz, keine Möglichkeit mehr des Sehens im Sitzen. Weiber und Männer wetteiferten dort in der Kühnheit der Posen, in einem Trotz gegen die Schwindel- und Todesverachtung, die etwas Erstaunliches hatten".*[57]

Auch der seinerzeit populäre deutsch-jüdische Schriftsteller Berthold Auerbach (1812–1882), der bereits im Vormärz politisch aktiv gewesen war und dafür im Jahre 1837 zwei Monate in Festungshaft hatte verbringen müssen, stimmte in einem auf den 17. Juni 1871 datierten Brief in den Chor der Patrioten ein:

> *„Ich habe Weltgeschichte von Angesicht zu Angesicht gesehen. Das Dasein hat eine Füllung, der nichts mehr gleichkommen kann. Auf einem großen Umwege fuhr ich mit den Meinen nach der Mittelstraße, von wo aus wir in das Freundeshaus unter den Linden kamen. Ich kann dir den Triumphzug nicht schildern. Das nur muß ich dir sagen, als die 81 französischen Tricoloren und goldenen Adler vorübergetragen wurden und ein Jubelschrei ohne Gleichen erdröhnte, da durchschauerte es mich unsagbar: es ist vollbracht, der sinnenverwirrende blutlechzende Dämon der Gloire ist niedergeworfen, hoffentlich für alle Zeit. […] Wir Deutschen haben hoffentlich das Glück und die Kraft, daß uns*

Anlässlich der Heimkehr der siegreichen Truppen nach Berlin am 16. Juni 1871 ist im Berliner Lustgarten ein Altar für einen Feldgottesdienst aufgebaut. Zu beiden Seiten des Altars stehen Kanonen.

dieser Sieg ohne Gleichen nicht anders macht, nur unser redliches Bemühen, unser Dichten und Trachten für alles Gute und Schöne soll ungeängstigt vom bösen Nachbarn sich frei ausleben. Wie stramm und fest ziehen die Sieger dahin, zu Fuß, zu Roß, ein Jeder muß doch fühlen, daß er eine neue Welt mitgeschaffen. Der Kaiser kommt! hieß es. Ihm vorauf ritten Bismarck, Moltke und Roon. Der Kaiser ritt allein, Niemand neben ihm. Der wunderbare Greis muß eine überlebensgroße Menschenkraft haben, diese äußeren Strapazen und innern Bewegungen so zu überdauern, und ich glaube, daß nur eine elementarisch einfache, unzergrübelte Natur so aushalten kann. Es duldete mich nicht mehr im Hause. Ich ging auf die Straße, ins Gedränge, überall eine Gehobenheit, ein Strahlen von Glück und daneben in Gruppen Hunderte von herzlichen Bewillkommungen und darüber der hellste, so lang entbehrte volle Sonnenschein.“[58]

Vermutlich feierte man 1871 nicht so sehr den Krieg als den Sieg und vor allem den Frieden. Einen Frieden, der einen kleindeutschen Staat unter preußischer Führung, den ersten deutschen National- und Verfassungsstaat zur Folge hatte. Dieses Ergebnis rechtfertigte die drei verhältnismäßig kurzen und wenig verlustreichen Kriege nicht nur im Urteil vieler Zeitgenossen und erst recht der Nachgeborenen; es prägte auch die Erwartungen, die man an einen künftigen Krieg stellte – ein fataler Irrtum, wie sich unmittelbar nach Ausbruch des Ersten Weltkrieges zeigen sollte.

Nicht nur das Verhältnis zum Krieg änderte sich im Laufe des 19. Jahrhunderts, auch das Verhältnis zum Militär. Das hing erstens mit den Militärreformen zusammen, die nach der verheerenden Niederlage in Jena und Auerstedt (1806) eingeleitet wurden. Nicht nur wurden die barbarischen Körperstrafen abgeschafft; auch das adlige Privileg bei der Besetzung von Offiziersstellen wurde beseitigt (wiewohl die Infanterie und die Kavallerie de facto eine Domäne des Adels blieben). Gleichzeitig wurde die allgemeine Wehrplicht eingeführt und eine Bürgerbewaffnung (in Form von Landwehr und Landsturm) eingeführt. Das machte den Militärdienst erträglicher und trug dazu bei, den sozialen Status des Soldaten aufzuwerten. Hinzu kamen, zweitens, die vom Militärdienst ausgehenden emanzipatorischen Impulse.

Zur Enthüllung der Siegessäule auf dem Königsplatz, dem heutigen Platz der Republik, sind am 2. September 1873 zahlreiche Truppen angetreten.

Denn wer bereit war, sein Leben für den Staat zu riskieren, der erhob nicht selten auch Anspruch auf politische Partizipation. Drittens erkannte man spätestens seit der mithilfe des Militärs niedergeschlagenen Revolution von 1848/49, dass nur derjenige über politische Macht verfügte, der die Kontrolle über die Armee ausübte. Dementsprechend ging es auch bei dem Verfassungskonflikt der 1860er-Jahre nicht nur um eine Heeresreform, sondern letztlich um die Systemfrage, um die Beibehaltung der konstitutionellen oder die Einführung einer parlamentarischen Monarchie.

Insofern sich das Militär im Laufe des 19. Jahrhunderts zum zentralen Austragungsort aller grundlegenden Konflikte entwickelt hatte, spielte es eine immer größere Rolle in nahezu allen Bereichen von Politik und Gesellschaft. Das spiegelte sich auch im Berliner Alltag wider: an der Zahl der hier abgehaltenen militärischen Feierlichkeiten und Paraden, dem Zulauf zu militärischen Vereinen, der Vielzahl militärischer Bilder und Symbole oder dem besonderen Respekt gegenüber Bürgern in Uniform, die „selbst an freien Tagen, voller Stolz getragen“ wurde.[59] Freilich war ein Militärkult auch in anderen europäischen Großstädten durchaus präsent. Überhaupt hatte sich Berlin im Laufe des 19. Jahrhunderts zu einer „normalen“ Großstadt entwickelt, in der das zivile Element das Militärische bei Weitem in den Schatten stellte. Als Berlin 1871 Reichshauptstadt wurde, war das politische und soziale Leben der Stadt längst „weit über die alten Strukturen der Residenz mit ihren vorherrschenden bürokratischen und militärischen Traditionen hinausgewachsen“.[60]

Nicht selten stießen nun die von oben verordneten Deutungsangebote von „Preußens Gloria“ auf Ablehnung oder Spott. Das zeigen die Reaktionen auf die Siegessäule, ein Monument, das zunächst am Königsplatz (heute Platz der Republik) stand und erst 1938/39 auf den Großen Stern im Tiergarten versetzt wurde. Gedenken sollte das am 2. September 1873 mit großem Pomp eingeweihte Denkmal der drei Einigungskriege. Doch schon schnell machte der Berliner Volksmund aus der „Siegessäule“ einen „Siegesspargel“ und taufte die von ihr getragene Bronzeskulptur Viktoria in „Goldelse“ um, das „einzige Mädchen in Berlin, das kein Verhältnis hat“, wie Luc Gersal (1886–1939) kolportierte. Wenn ein Fremder nach Berlin komme, so der französische Journalist, sei es „die erste Sorge seiner Freunde, ihn nach der Siegessäule zu führen.“ Die sanfte Heiterkeit, die eine Betrachtung der sittsam gekleideten Borussia hervorrufe, lasse einen „Berlin in einem viel freundlicheren Lichte erscheinen.“[61]

Militarismus und Pazifismus in der wilhelminischen Gesellschaft (1890–1914)

Weniger vorteilhaft fiel das Urteil des französischen Dichters Anatole France (1844–1924) aus, der dem wilhelminischen Berlin mehrere Besuche abstattete. Als „Geißel von Berlin“ charakterisierte er die sich hier aufhaltenden Offiziere: „Ohne sie wäre das Leben dort erträglich [...]. Man sieht nur sie, man hört nur sie. Sie sind überall obenan, sie erlauben sich alles.“[62] Das war gewiss übertrieben. Gleichwohl bestätigen auch andere Zeitzeugen, dass sich das militaristische Klima in den 1890er-Jahren deutlich verschärft hatte. So etwa ein von 1904 bis 1907 an der Berliner Universität lehrender Gynäkologe:

> *„Das also war Berlin! [...] Offiziere ritten wie Puppen die Mittelpromenade entlang. Hochmütig blitzten ihre Eingläser. Mindestens jeder fünfte Mann zwischen Schloß und Brandenburger Tor schien Uniform zu tragen. [...] Die Offiziere grüßten einander mit zackigen Bewegungen. Geriet ein Unteroffizier oder gar ein einfacher Soldat, vielleicht mit dienstlichem Auftrag, in dieses geheiligte Zentrum der obersten Gesellschaft, dann hatte er ein gar beschwerliches Fortkommen. Die Linden wurden für ihn zum Exerzierplatz; seine linke Hand zuckte an die Hosennaht, die rechte salutierend an die Mütze, sobald ein Vorgesetzter sichtbar wurde. Nahte aber ein ‚hohes Tier‘, mußte der ranglose Uniformist zur Seite springen, Frontstellung einnehmen und im ‚Stillgestanden‘*

Hindenburg als Leutnant und Adjudant im 3. Garderegiment zu Fuß, 1866

> *mit beiden Händen an den Hosennähten seinen Kopf dem ‚Lametta'-Träger so lange nachdrehen, bis dieser weit genug entfernt war. Augen geradeaus! Zack-Zack mit den Füßen, und der Bedauernswerte durfte endlich seinen Weg fortsetzen.*"[63]

Nicht nur auf der Straße, auch am Hofe und in der bürgerlichen Gesellschaft dominierte das militärische Element. Zahlreiche, vor allem „kleinere Leute" organisierten sich in den Kriegervereinen. Auch in den „sogenannten führenden Kreisen drängte sich militaristischer und engstirniger Beamtengeist [...] der Geselligkeit auf", wie der Kunsthistoriker Werner Weisbach (1873–1953) zu berichten wusste.[64] Rückblickend gelangte der in Berlin lehrende Historiker und spätere „Vernunftrepublikaner" Friedrich Meinecke (1862–1954) zu einem ähnlichen Urteil:

> *„Der preußische Leutnant ging als junger Gott, der bürgerliche Reserveleutnant wenigstens als Halbgott durch die Welt. Zum Reserveoffizier musste man es bringen, um in der großbürgerlichen Welt und vor allem in der Staatsverwaltung voll zu gelten. [...] Man muß diesen Typus im Laufe eines langen Lebens und unzähligen Exemplaren vor Augen gehabt haben, man muß ihn selbst in sich erlebt, mit ihm gerungen, sich langsam von ihm befreit haben, um seine Macht über die Gemüter zu verstehen.*"[65]

Die Verherrlichung des Militärischen wurde flankiert durch eine Geschichtspolitik, die die politische Bedeutung von Krieg und Armee schon den Kindern im Schulunterricht einhämmerte und die preußischen Siege durch Feiern und Feste (wie den Sedanstag) regelmäßig beschwor. Auch im Stadtbild erinnerten nun immer häufiger Straßennamen und Denkmäler an die militärischen Leistungen der preußischen Monarchie. Dass all dies nicht ohne Wirkung blieb und sich im historischen Urteil, in der alltäglichen Sprache (Kommandoton) wie im Verhalten (Strammstehen, Arroganz der Offiziere gegenüber Zivilisten) niederschlug, mag kaum verwundern. Freilich stellt sich die Frage, ob dieser Militärkult typisch preußisch oder gar berlinerisch war.

Bis in die 1990er-Jahre haben Historiker diesen alltäglich praktizierten Sozialmilitarismus als zentralen Bestandteil eines „deutschen Sonderweges" ausgemacht und ihn als eine „Strategie innergesellschaftlicher Machtsicherung" beschrieben, „mit deren Hilfe die Eliten des Kaiserreichs vorhandene soziale Spannungen durch Ablenkung nach außen zu neutralisieren gesucht hätten." Ein „quantitativer wie qualitativer Mangel an Bürgerlichkeit habe es erst ermöglicht, dass innenpolitisch wirksam über die Sozialagentur des Militärs flächendeckend Untertanengeist und Kadavergehorsam produziert und damit der Nährboden nationalsozialistischer Gewaltpolitik bereitet werden konnte."[66] Jüngere Historiker haben hinter dieser These eines einzigartigen Militarismus in Preußen mehr als ein Fragezeichen angebracht und auf die zahlreichen Parallelen zu Frankreich und England verwiesen. Darüber hinaus gilt es zu beachten, dass es im Kaiserreich verschiedene Militarismen gab: einen aristokratisch-konservativen Militarismus, einen liberal-bürgerlichen Militarismus und einen Militarismus der kleinen Leute, der emanzipatorische und egalitäre Züge tragen konnte. Denn nicht nur wirkte das Militärische auf das zivile Leben ein; auch vom zivilen Leben gingen Impulse auf das Militärische aus. Außerdem unterschlägt eine auf Obrigkeitsdenken und Untertanenmentalität fixierte Sicht auf die städtische Gesellschaft um 1900 das vielfältige, von Eigensinn bestimmte Verhalten so vieler Berliner, Preußen und Deutscher – von dem nicht zuletzt die zahlreichen Majestätsbeleidigungen und Proteste gegen die Kulturkampfmaßnahmen und Sozialistengesetze zeugen.

Daneben manifestierte sich eine antimilitaristische Haltung oft auch auf recht harmlose Weise, etwa im Berliner Volksmund, der die 1895 in Auftrag gegebene und 1901 vollendete Siegesallee im Tiergarten in „Puppenallee" umtaufte. Auch die Reaktion der städtischen Bevölkerung auf den Coup Friedrich Wilhelm Voigts zeugt von dem gar nicht so autoritätshörigen Verhalten vieler Berliner. Gerade erst aus einer 15-jährigen Haft entlassen, hatte sich der Stadtstreicher und Schuster im Oktober 1906 in die Uniform eines Hauptmanns geworfen (die er zuvor in verschiedenen Trödelläden zusammengekauft hatte), um im Namen des Königs mehrere zufällig seinen Weg kreuzende Soldaten zu verpflichten, ihn ins Rathaus von Köpenick zu begleiten, wo er den Stadtsekretär und Bürgermeister verhaften ließ und die Stadtkasse plünderte – sehr zur Belustigung der Berliner Bevölkerung. Wie eine Parabel erscheint diese Geschichte, die Licht warf auf ein soziales Umfeld, das „von kriecherischem Respekt vor militärscher Autorität geprägt war", aber auch auf eine Gesellschaft, die sich mit ihrer unverhohlen zur Schau gestellten Sympathie für einen Gauner über den weitverbreiteten Militarismus und Autoritarismus lustig machte.[67] Dass sich die künstlerischen Verarbeitungen dieses Vorfalls, vor allem durch Carl Zuckmayers (1896–1977) Theaterstück und dessen Verfilmung, jahrzehntelang so großer Popularität erfreuten, ist ein weiteres Indiz dafür, wie populär zumindest in Teilen

der deutschen Bevölkerung eine „Verhohnepiepelung" des Militärischen war.

Zudem gab es im wilhelminischen Berlin auch einen dezidiert politischen Pazifismus. Immer deutlicher polarisierte sich die städtische Gesellschaft seit der Jahrhundertwende in allen Fragen, die um imperialen Expansionismus und Krieg als Mittel der Politik kreisten. Da waren zum einen jene Berliner, die ultranationalistischen Organisationen (wie dem Alldeutschen Verband, dem Flottenverein oder der Deutschen Kolonialgesellschaft) angehörten oder mit deren Zielen sympathisierten. Nicht wenige von ihnen vertraten radikal-rassistische, antisemitische, imperia-

Ob sich so der Patriotismus der Berliner befördern ließ? Blick in die Siegesallee. Kolorierte Fotopostkarte, 1905

Ein Polizist führt mit gezogenem Säbel einen Demonstranten bei einer Demonstration gegen das Dreiklassenwahlrecht ab, 1911.

listische, expansionistische Positionen und wünschten sich einen Krieg gegen den Hauptrivalen England. Viele durchaus namhafte Berliner Wissenschaftler und Industrielle rechneten sich zu diesen Kreisen; aber auch Angehörige der Mittel- und Unterschichten träumten von einer Welt, die am „deutschen Wesen genesen“ sollte, befürworteten eine rücksichtlose Kolonialpolitik und fantasierten vom Lebensraum in Afrika und Osteuropa. Da waren aber zum anderen auch die entschiedenen Kritiker einer solchen Politik, auf die man in Berlin vor allem in den Kreisen der organisierten Arbeiterschaft, der sozialdemokratischen Partei und ihrer Vereine traf. Einem Bericht im *Vorwärts* vom 8. Februar 1900 lässt sich entnehmen, dass beide Gruppen mitunter aufeinandertrafen, etwa bei von der Berliner Sozialdemokratie einberufenen öffentlichen Versammlungen:

> *„Die Versammlungen waren sämtlich gut besucht, einige Lokale waren überfüllt; das Proletariat war in Massen herbeigeströmt, um Protest einzulegen gegen die jetzt so beliebte uferlose Weltpolitik. Ist es doch das arbeitende Volk, das in allerster Linie die Kosten jener abenteuerlichen Flottenpläne aufzubringen hat […]. In Kellers Saal referierte Genosse Bebel vor einer aus etwa 4 000 Personen bestehenden Volksmenge. Da das Lokal polizeilich gesperrt war, fanden viele keinen Einlaß mehr. In 2¼ stündigem Vortrage begründete der Referent, gestützt auf ein reichhaltiges Thatsachenmaterial, unsren flottengegnerischen Standpunkt. Durch lebhaften Beifall gab die Versammlung ihr Einverständnis mit den Ausführungen Bebels. Hierauf übernahm es Professor Adolph Wagner, die Flottenpolitik mit den bekannten Argumenten zu verteidigen. Insbesondere bemühte er sich, den Arbeitern in echt professoraler Weise einzureden, daß die uferlosen Flottenpläne für die deutschen Arbeiter ein ebenso nützliches wie billiges Unternehmen seien […]. Die Beweisführung des flottenschwärmerischen Professors fand bei den Versammelten natürlich allgemeinen Widerspruch.“*[68]

Noch mehr Menschen vermochte die Sozialdemokratie zwölf Jahre später zu mobilisieren. Wie in keiner anderen deutschen Stadt kam es in Berlin zu Massenveranstaltungen, auf denen gegen einen heraufziehenden Krieg protestiert wurde. So etwa im Herbst 1912, als über 250 000 Menschen im Treptower Park „gegen Krieg, Teuerung und Drei-Klassen-Wahlrecht“ demonstrierten,[69] oder am 17. November 1912, als an einem „Antikriegsmeeting in sechs überfüllten Großlokalen“ auch ausländische Sozialisten wie Jean Jaurès (1859–1914) teilnahmen.[70]

Dem Programm und auch ihrer Rhetorik nach handelte es sich bei der damaligen Sozialdemokratie um eine internationalistisch und pazifistisch orientierte Partei. Dem Ultranationalismus und Imperialismus, wie er in Teilen des wilhelminischen Bürgertums grassierte, konnten weder die Parteiführer noch die einfachen Mitglieder (von wenigen Ausnahmen abgesehen) etwas abgewinnen. Dementsprechend groß war der Andrang, wenn die Partei zu Demonstrationen für Frieden und Völkerverständigung aufrief. Noch am 28. Juli 1914 fand in Berlin eine Antikriegskundgebung statt. Gleichzeitig zog aber auch „allabendlich eine von chauvinistischer Hysterie erfüllte Menschenmenge durch die Straßen der Berliner Innenstadt" und forderte, „nun endlich loszuschlagen auf die Feinde Deutschlands".[71] Kurz darauf schlug die Stimmung vollends um. Nachdem Wilhelm II. am 4. August 1914 einen „allgemeinen Burgfrieden" verkündet hatte („Ich kenne keine Parteien mehr, Ich kenne nur Deutsche!"[72]), die sozialdemokratische Reichstagsfraktion ihre Zustimmung zur Bewilligung der Kriegskredite gegeben hatte und die ersten Siegesmeldungen eintrafen, kannte die Euphorie keine Grenzen mehr. Berlin, so erinnerte sich der später sehr erfolgreiche Schauspieler Alexander Granach (1890–1945), „war besoffen von Kriegsbegeisterung."[73] Auch die berühmte dänische Schauspielerin Asta Nielsen (1881–1972) fand sich einer Massenhysterie ausgesetzt:

„Berlins Straßen glichen einem aufgewühlten Menschenmeer. Truppen marschierten in endlosen Kolonnen mit klingendem Spiel und mit Blumen an den Bajonetten an die Front. Frauen klammerten sich schluchzend den Soldaten an die Arme und schleppten sich auf dem Todesmarsch mit, soweit sie konnten. ‚Deutschland über alles!' scholl es aus allen Kehlen. ‚Gott strafe England!' hörte man heisere Männerstim-

Ein Leutnant verliest am 31. Juli 1914 vor dem Berliner Zeughaus die Verlautbarung über den „Zustand drohender Kriegsgefahr".

men brüllen. […] Die Stadt wurde zu einem brodelnden Hexenkessel. Steine flogen in die Fenster der englischen Gesandtschaft, und die Glassplitter klirrten auf die tobende, schreiende Volksmenge herunter. Berittene Polizei trieb die Massen die Linden hinab. Man schrie, weil die anderen schrien, man trampelte, um nicht niedergetrampelt zu werden."[74]

Was auch immer für diesen plötzlichen Stimmungsumschwung verantwortlich sein mochte: ein schon lange

Jubelnd ziehen kriegsbegeisterte junge Männer 1914 über den Pariser Platz.

auch in der sozialdemokratisch gesinnten Arbeiterschaft Berlins schwelender Nationalismus, ein „Nachholbedarf patriotischer Pflichterfüllung“,[75] gepaart mit dem Wunsch, sich des Stigmas „vaterlandloser Gesellen“ zu entledigen, oder die Angst vor einem Angriff des zaristischen Russlands – jede Bekundung für den Krieg war ein außerparlamentarisches Votum für die Kriegspolitik der politischen Machthaber. Das galt umso mehr für jede Kundgebung, die in der Hauptstadt, also direkt vor den Augen der Regierung, erfolgte, in einer Stadt, deren Bürger noch zwei Jahre zuvor mit der Sozialdemokratie zu 75 Prozent eine oppositionelle Partei gewählt hatten.

Zwei Jahre später hatte der Enthusiasmus nachgelassen. Das aber sollten viele von denen, die 1914 begeistert in den Krieg gezogen waren, nicht mehr erleben.

Baracken von Obdachlosen in Berlin. Holzstich nach einer Zeichnung von Georg Koch, 1872

ARME UND AUSSENSEITER

Wer die Gesellschaft der Frühen Neuzeit systematisch zu beschreiben und in ihrer Vielgestaltigkeit zu erfassen versucht, der stößt an gewisse Grenzen. Eine Unterteilung in drei oder vier Stände (Klerus, Adel, Bürger und Bauern) wird der sozialen Hierarchie jener Zeit jedenfalls nicht gerecht, wie schon ein Blick auf die Rechtsstellung der Menschen zeigt. So erwies sich die gesellschaftliche Ordnung noch im 18. Jahrhundert als ein Kaleidoskop höchst unterschiedlicher Rechtsräume. Keineswegs waren alle Menschen vor dem Gesetz gleich. Auch nach der Amerikanischen und der Französischen Revolution blieb der von manchen Aufklärern vehement vertretene Gedanke der Rechtsgleichheit eine Utopie. So fristeten in den USA und in Frankreich zahlreiche Menschen ein Leben als Bürger zweiter Klasse, allen voran die in den Südstaaten und den französischen Kolonien lebenden Sklaven; und auch die Frauen kamen erst im Laufe des 20. Jahrhunderts in den Genuss all jener Rechte, die Männern längst zugestanden worden waren. In den deutschen Ländern waren nicht einmal die Männer gleichgestellt. Vielmehr konnte sich hier die ständische Gesellschaftsordnung bis ins 19. Jahrhundert hinein behaupten. Ungeachtet der wenigen, immer wieder vorgenommenen Nobilitierungen und auch der sozialen Abstiege verstand sich die Gesellschaft des „langen 18. Jahrhunderts“ als eine statische Gesellschaft, die jedem von seiner Geburt bis zu seinem Tod einen festen Ort innerhalb der hierarchischen Ordnung zuwies.

Allerdings differierte diese Ordnung von Land zu Land, ja von Stadt zu Stadt. Im Berlin der 1780er-Jahre kannte man insgesamt sechs Bevölkerungsklassen, die sich über ihren Rechtsstatus definierten: die Angehörigen des Militärstandes, die sogenannten Eximierten (jene privilegierten Bürger, die nicht der Gerichtsbarkeit des Magistrats und der Stadt, sondern des königlichen Kammergerichts unterstanden), die Bürgerschaft deutscher Nation sowie die Angehörigen der französischen Kolonie, der böhmischen Kolonie und die Juden. Überlagert wurde diese Einteilung von einer sozialen Schichtung, die auf der ungleichen Verteilung ökonomischen Kapitals beruhte. Jenseits der Garnison fächerte sich die städtische Gesellschaft um 1800 in vier Gruppen: 1. die aristokratische, an den Hof gebundene Elite, 2. die Bürgerschaft, bestehend aus Bürgern und Männern mit eigenem Hauswesen, 3. eine breite Schicht von Unselbstständigen (Gesellen, Arbeitern und Angehörigen des Dienst- und Hauspersonals) sowie 4. eine breite Unterschicht mit Tagelöhnern, Prostituierten, erwerbsunfähigen oder arbeitslosen Armen. Der Großteil, rund drei Viertel sowohl der selbstständigen Gewerbetreibenden als auch der in der Fabrikation Beschäftigten, verdiente seinen Lebensunterhalt mit der Herstellung und Verarbeitung von Textilien. Andere Gewerbezweige spielten dagegen nur eine untergeordnete Rolle. Gleichzeitig verlagerte sich die Produktion allmählich vom heimischen Arbeitsplatz in die Fabrik, wo von Anfang an auch Frauen und Kinder arbeiteten.[1]

Armut und Protest

Städtische Armut hatte es schon immer gegeben. Dementsprechend begegnen uns sowohl im 17. Jahrhundert, nicht zuletzt infolge des Dreißigjährigen Krieges, als auch im frühen 18. Jahrhundert immer wieder Klagen über grassierende Armut. So heißt es in einer Eingabe der Stadtverordneten an den Magistrat aus dem Jahre 1737:

Eine Berliner Straßenhändlerin preist Spielzeughähne an. Kupferstich, um 1785

„Daß die Armut und Dürftigkeit in unserer Stadt so groß sei, als es leider wirklich ist und noch kommen wird, mag wohl von vielen nicht geglaubet werden; es ist uns aber mehr als zuviel bekannt, und hat die Armut inner ein paar Jahren so sehr zugenommen, daß man kein Mittel zur Zeit siehet, wie solches möchte gewendet werden".[2]

Unter der Regentschaft Friedrichs II. sollte sich die Lage noch verschlechtern. Schon 1741, ein Vierteljahr nach dem Überfall auf Schlesien, berichtete ein Prediger über die große Not in Teilen der städtischen Gesellschaft:

„Auf unserer Friedrichsstadt ist ungemeine Armuth: denn da die Woll-Arbeit fast lieget, so versetzen viele 100 ihre Kleider nach und nach, und zehren davon bis sie ganz nackend sind, daß sie weder in die Kirche noch sonst wohin gehen können. Beym Mangel der Betten und Kleider werden sie nun leichte krank. In der Krankheit leben denn viele von puren Wasser, so lange es möglich, und kommen endlich jämmerlich um. […] ich kann aber nicht helfen, und wie sie sagen, können sie auch vom Rathhaus nichts bekommen. Ja ich habe Kinder gefunden, welche aus Hunger ihren eignen Mist S. V. [salva venia/mit Verlaub] gefressen: weis aber nicht mehr wie sie heißen. Sie sind gestorben."[3]

Nicht nur Missernten, harte Winter und Kriege trugen dazu bei, das allgemeine Elend zu verschärfen, sondern auch das Wachstum der Stadt. Je mehr Menschen Berlin im 18. Jahrhundert anzog, desto prekärer wurde die Situation nicht nur der Arbeitslosen und Arbeitsunfähigen, sondern auch der arbeitenden Bevölkerung. Während sich die Lebenshaltungskosten zwischen 1750 und 1800 mehr als verdoppelten, stiegen die Löhne der Handwerker bestenfalls leicht an, derweil die der Manufakturarbeiter sogar fielen. Ein Fazit zur sozialen Lage der breiten Unterschicht Berlins kann denn auch kaum deprimierender ausfallen: „Verringerung des Reallohnes, elende Wohnverhältnisse bei hohen Mieten, unzureichende Ernährung, zermürbende und gesundheitsschädigende Arbeitsbedingungen führten zu einem enormen Anwachsen von Bettelei und Prostitution."[4] Dementsprechend gab es immer wieder Proteste. So etwa im November 1775, als die Berliner Seidenwirkergesellen ihre Arbeit niederlegten – ein Streik, auf den die Obrigkeit sofort mit den „kräftigsten Maßregeln" reagierte, in dem es „die Rädelsführer zum Verhaft" brachte.[5] Oder im Juli 1801, als die Berliner Schneidergesellen für mehr Lohn streikten und dafür in einem kurzen Prozess zu „bis zu zwanzig Peitschenhieben in Gegenwart der Altgesellen und Altmeister [...] und zu dreimonatiger Festungshaft" verurteilt wurden.[6]

Auch in den 1820er- und 1830er-Jahren herrschte in Teilen der Stadt bittere Armut. Zwar blieben Preußen und Berlin dank der neuen auf dem Wiener Kongress beschlossenen Sicherheitsarchitektur für fast fünfzig Jahre von neuen Kriegen und damit verbundenen Belastun-

Eine arme Witwe stiehlt mit ihren Kindern Reisig, Holzstich von Haase nach einer Zeichnung von Fr. Grenier, 1850

„Die Königin als Wohltäterin bei armen Leuten". Postum erfolgte eine Idealisierung Königin Luises als mildtätige Herrscherin. Chromotypie nach Woldemar Friedrich, 1896

gen verschont. Auch kam es infolge der Liberalisierung von Gewerbe und Handel und der allmählich einsetzenden Industrialisierung zu einem gewissen Aufschwung in manchen Wirtschaftssektoren. Damit einher ging ein tief greifender Wandel von der ständischen zur bürgerlichen Gesellschaft. Infolge der Agrarreformen und durch Einführung der Gewerbefreiheit (1810) gewannen die Männer deutlich mehr Entwicklungsmöglichkeiten. Gleichzeitig aber zeitigte der sich ankündigende Strukturwandel auch nachteilige Folgen. Soziale Sicherungsmechanismen, wie sie in den Zünften bestanden hatten, entfielen; neue Formen der Armut entstanden. Ganze Handwerkszweige der Stadt gerieten nun ins Hintertreffen; vielen Handwerkern drohte infolge industrieller Konkurrenz und massenhafter Zuwanderung vom Land die Arbeitslosigkeit. Zu Beginn der 1840er-Jahre erreichte diese Übergangskrise ein solches Ausmaß, dass erste Zeitgenossen, allen voran Bettina von Arnim und Ernst Dronke, darauf aufmerksam wurden. In seinem 1846 veröffentlichten Buch über Berlin entwarf dieser ein bedrückendes Gesamtbild von der Lage der städtischen Handwerker und Fabrikarbeiter:

„Sind diese Leute schon schlimm daran, so liegen dagegen diejenigen in den kläglichsten Verhältnissen, welche sich auf Zufall hin den ersten besten Beschäftigungen abwechselnd in die Arme werfen müssen. Es sind dies meist Familien, wo der Mann krank oder gestorben ist, und entweder schwache Großeltern oder zahlreiche unmündige Kinder mit zu ernähren bleiben. Die Kinder werden, sobald sie im mindesten die Kraft dazu haben, in die Fabriken geschickt. Hier bleiben sie von Morgens 5 bis Abends 9 Uhr und verdienen […] 3 Silbergroschen täglich. Nicht nur daß sie physisch bei der anstrengenden Arbeit verkommen, wie solches der bei ihnen einheimische

Lungenhusten, die gebückte Körperhaltung und die krummen Beine beweisen; auch moralisch werden sie durch dies Leben in jeder Weise abgestumpft und vernichtet. In den Bleiweißfabriken unter andern werden sie durch das Einathmen der giftigen Dünste total ruinirt, denn selbst ein kräftiger Mann kann den Aufenthalt in denselben kaum einige Jahre ertragen. Und doch senden die Mütter ihre Kinder hierher, obwohl sie wissen, daß die Kinder einem sichern Tode entgegengehen. Vielleicht grade weil sie es wissen. Die Kinder sind ihnen zur Last und das Elend raubt ihnen jedes menschliche Gefühl; zu dem hat ja die wohlanständige Gesellschaft diese Fabriken gegründet und es kann in den Augen derselben wohl kein Verbrechen sein, wenn man Kinder dorthin schickt. Es kömmt aber nicht so selten

Suppenverteilung an Arme Kinder in einer Hotelküche. Holzstich nach einer Zeichnung von Ernst Hosang, 1895

vor, daß sich Eltern ihrer Kindern durch offenes Verbrechen ‚entledigen'; sie haben ihnen keine Nahrung zu geben, sie nähren sich oft selbst nur durch Abnagen der Knochen, welche sie vor den Wassersteinen der Küchen finden, was sollen sie mit den Kindern machen? Auch gehören hierher alle vorzugsweise so genannte Kindermorde: wenn junge Mütter ihr Neugebornes umbringen, weil sie nicht wissen, wie sie es ernähren sollen. Die berliner Zeitungen bringen nicht selten die Nachricht, daß man in Kloaken solche unbekannte Gebeinchen gefunden hat."[7]

Auch der von 1843 bis 1848 in Berlin lebende Schriftsteller Friedrich Sass berichtete eindrücklich über die elenden Lebens- und Arbeitsbedingungen der Berliner Unterschichten. Die soziale Diversifizierung der städtischen Gesellschaft brachte er auf einen kurzen Nenner: „Oben der Glanz einer Residenz und des Reichthumes, in breiter Unterlage die Schichten einer nothdürftigen Existenz und des Proletariates."[8]

Nicht nur blieb die Lage im Lohn- und Beschäftigungssektor angespannt; infolge von Missernten kam es auch noch zu Teuerungen. Nachdem es schon in den Jahren zuvor immer wieder Proteste gegeben hatte, erreichte die Unzufriedenheit unter den Unterschichtsangehörigen im Frühling 1848 einen neuen Höhepunkt. Dem Versuch des Magistrats und der Regierung, mit einem Notstandsprogramm (das Arbeitsbeschaffungsmaßnahmen, eine Verkürzung der Arbeitszeit auf zehn Stunden täglich und eine Erhöhung der Tageslöhne vorsah) gegenzusteuern, war kein sonderlicher Erfolg beschieden. So groß war das Unruhepotential, dass sich immer weitere Teile nicht nur des Bürgertums, sondern auch der Handwerker- und Arbeiterschaft von den „proletarischen Schichten der ‚Ungelernten'" distanzierten und die Bürgerwehr als Ordnungsfaktor unterstützten – ein Vorgang, der zum Scheitern der Revolution mit beitragen sollte.[9]

So blieb die soziale Frage auch in den folgenden Jahrzehnten eines der beherrschenden Themen auf der politischen Agenda. Gleichzeitig veränderte sich die Struktur der städtischen Gesellschaft merklich. Denn dank der

Eckensteher Nante, ein Berliner Original, das von Adolf Glaßbrenner verewigt wurde, ist ein Dienstmann, der mit einer Konzessionsnummer am Arm als offizieller Registrierung auf Arbeit wartete. Illustration von Theodor Hosemann, 1845

Berlin nun voll ergreifenden Industrialisierung und der damit einhergehenden Urbanisierung – zwischen 1849 und 1871 sollte sich die Einwohnerzahl ja verdoppeln – kamen nun immer mehr Menschen vor allem aus ländlichen Gebieten in die Stadt, um hier ihr Glück zu suchen: darunter viele junge Frauen, die sich als Dienstmädchen oder Arbeiterinnen verdingten, sowie junge Männer, die auf einen Job in einem der expandierenden Industriebetriebe hofften. Ungeachtet der gewaltigen Maßnahmen, die ergriffen wurden, um neuen Wohnraum zu schaffen, die Infrastruktur auszubauen und die hygienischen Verhältnisse zu verbessern, blieben die Lebensbedingungen der dadurch beträchtlich anwachsenden Unterschichten mehr als heikel. Schlimmer noch als diejenigen, die in den Hinterhöfen der Mietskasernen hausten und oft aufgrund der unaufhörlich steigenden Mieten vor die Tür gesetzt wurden und in billigere Unterkünfte umziehen mussten, waren jene dran, die in Asylen und Baracken unterzukommen gezwungen waren. So groß war das Elend, dass man selbst in der national-liberal ausgerichteten *Berliner Börsen-Zeitung* die Augen davor nicht verschließen konnte:

„Die Bewohner des großen dreistöckigen Vorder- und Hinterhauses Schillerstraße Nr. 22 wurden Sonntag früh mit dem Besuche des Exekutors und einer Anzahl handfester Leute beehrt. Das Haus war seit dem 1. Oktober in andere Hände übergegangen. Die Kündigung war rechtzeitig geschehen, die Bewohner waren aber nicht ausgezogen, da sie keine Wohnung aufzutreiben vermochten. Man fing nun an, sämtliche Fenster und Türen auszuheben. Dies veranlaßte einen Teil der Bewohner, nach einem nahe gelegenen Rohbaue überzusiedeln. Der daselbst angestellte Vizewirt vermietete die Stuben zu drei bis fünf Taler monatlich mit dem Hinzufügen, daß Fenster und Türen selbst zu beschaffen wären. Acht Familien waren nicht so glücklich, ein Unterkommen zu

finden. Diese biwakieren an dem Zaune der Erbsenwurstfabrik. Der Dienstmann Nolte, der ebenfalls schon vor einiger Zeit exmittiert wurde, schläft mit seiner Familie seit vierzehn Tagen auf freiem Felde. Bettstellen mit Strohsäcken sind vorhanden, in den zu gleicher Zeit mehrere Personen liegen, dem Anblicke des Publikums freigegeben. Ein Kind des Nolte ist bereits, durch die Nachtluft schwer erkrankt, nach der Charité befördert und dort an den Augen operiert worden. Eine Frau, die vor einigen Tagen ihren Mann verloren, kauert zwischen einigen Kasten an der Erde mit ihren drei hungernden Kindern."[10]

Armut und Elend verschwanden auch in den folgenden Jahrzehnten nicht aus dem Stadtbild. Und das obwohl sich Berlin mit seinem Umland neben Hamburg in Bezug auf das Volkseigentum seit 1871 zur „mit Abstand […] wohlhabendsten Region im Reich" entwickelte.[11] Doch auch wenn bis 1914 die Einkünfte stiegen und die Lebenshaltungskosten sanken, blieb die Lage prekär, nicht nur für die Ärmsten der Armen, sondern auch die vielen Tausend Familien der Fabrikarbeiterschaft, die stets knapp bei Kasse auf engstem Raum eingepfercht hausten. In seinem 1913 veröffentlichten Buch über *Die Architektur der Großstadt* hat der Kunstkritiker Karl Scheffler (1869–1951) diese Situation und deren Folgen eindringlich beschrieben:

„Armer Poet", Gemälde von Carl Spitzweg, 1839

„Diese engen, luftlosen und gedrängten Massenquartiere, die in gewissen Stadtteilen wie eine Menge aneinandergeklebter und übereinandergebauter Heckzellen erscheinen, sind alle zwar sorgsam mit Wasserleitung, Kanalisation und Gas versehen. Aber das ist nur der Fall, weil die Wohnungen ohne diese Einrichtungen […] einfach unbewohnbar wären […]. Es gibt […] Mietshäuser, die von weit mehr als 150 Personen bewohnt werden. […] Dem Großstädter bleibt keine Wahl; er muß als Mieter in diese Massenquartiere hinein und muß dafür eine für seine Verhältnisse unnatürlich hohe Miete zahlen. […] Da der Arbeiter diese Mietsummen natürlich von seinem Lohn nicht aufbringen kann, so ist die Folge das Schlafburschenwesen, die Hergabe der Wohnung als Absteigequartier für Prostituierte usw., das heißt: der zu einer unnatürlichen Enge zwingende Mietpreis ruiniert mindestens einem Drittel der Großstadtbevölkerung mehr oder weniger Gesundheit, Moral und Lebensglück“.[12]

Immerhin gab es mit der Sozialdemokratischen Partei und den ihr nahestehenden Freien Gewerkschaften eine politische Kraft, die sich die Verbesserung der proletarischen Arbeits- und Lebensbedingungen zur Hauptaufgabe gemacht hatte. Sie bildeten den Mittelpunkt eines Milieus, von dem der einzelne nicht nur Halt und Solidarität erwarten konnte, sondern das ihm auch vielfältige Möglichkeiten der Freizeitgestaltung bot. Die Berliner Arbeiterviertel mochten „auf Außenstehende trostlos wirken, sie bargen aber durchaus soziale Biotope voller Kraft und Leben. Neben Hunderten von Kneipen gab es Kegelbahnen, Eislaufbahnen und improvisierte Volksfeste, die oft auf Baustellen gefeiert wurden.“[13] Hinzu kamen die vielen sozialdemokratischen Sport- und Gesangsvereine, die Konsumgenossenschaften und Kulturangebote, die den einzelnen „von der Wiege bis zur Bahre“ begleiteten, ein besonderes Selbstbewusstsein schufen und den Glauben an eine bessere Zukunft am Leben erhielten. Berlin vor Ausbruch des Weltkriegs war eine reiche Stadt, eine prächtige Stadt geworden. Und auch wenn nur ein kleinerer Teil der Bevölkerung an diesem Reichtum teilhatte, blieb bei vielen Armen im Vertrauen auf einen Sieg des Sozialismus die Hoffnung auf bessere Zeiten und ein menschenwürdiges Leben bestehen.

Ein Hort der religiösen Toleranz?

Dass in seinem Lande ein jeder nach seiner Façon selig werden müsse, ist ein immer wieder zitierter Satz Friedrichs II., der bis heute zur Mythenbildung um Preußen

als einem Hort der religiösen Toleranz beiträgt. Tatsächlich muten Friedrichs Aussagen zur Religion im Allgemeinen („Müsen alle Tolleriret werden“[14]) und zum Islam im Besonderen („und wen Türken und Heiden kähmen und wolten das Land Pöpliren, so wollen wier sie Mosqueen und Kirchen bauen“[15]) eigentümlich modern an – auch wenn der damalige Begriff von Toleranz (Duldung Andersgläubiger) kaum etwas mit seiner heutzutage üblichen Verwendung (im Sinne einer Akzeptanz Andersgläubiger als gleichberechtigte Mitbürger) zu tun hat. Nichtsdestoweniger unterscheidet sich die seit der Frühen Neuzeit in Preußen und hier vor allem in Berlin praktizierte Offenheit gegenüber Glaubensflüchtlingen und Andersgläubigen auf eklatante Weise von der Religionspolitik vieler anderer Städte und Territorien. Die in Frankreich, Salzburg und Böhmen verfolgten Protestanten fanden in Preußen ebenso Aufnahme wie zahlreiche Juden – eine

Historisierende Darstellung von König Friedrich Wilhelm I., der 1732 bei Zehlendorf Salzburger Emigranten begegnet. Schon für den „Soldatenkönig“ war die „Peuplierung“ des Landes von großer Bedeutung. Gemälde von Fritz Neuhaus, 1882

Einwanderungspolitik, die auf nicht unmaßgebliche Weise zum wirtschaftlichen Wohlstand und zur kulturellen Bereicherung Preußens und Berlins führen sollte.

Für diese Toleranz gab es sowohl religiöse als auch politische und ökonomische Ursachen. Schon sehr früh hatten die preußischen Landesherren erkannt, dass im Interesse des gesellschaftlichen Friedens eine gewisse Zurückhaltung im Umgang mit Andersgläubigen geboten war. Schließlich gehörten die Hohenzollern seit der am Weihnachtstag 1613 erfolgten Konversion des Kurfürsten Johann Sigismund (reg. 1608–1619) zum Calvinismus im lutherisch geprägten Brandenburg selbst einer religiösen Minderheit an, zumal einer Minderheit, deren Tolerierung erst im Westfälischen Frieden von 1648 zugesichert wurde. Alle gegen das Luthertum ergriffenen Maßnahmen stießen in der Bevölkerung von Anfang an auf Widerstand. In Berlin und Cölln kam es zunächst sogar zu Tumulten, sodass sich der Landesherr und seine calvinistischen Berater schließlich gezwungen sahen, „ihre Hoffnungen auf eine zweite Brandenburgische Reformation zu begraben“ und einem interkonfessionellen Frieden das Wort zu reden.[16] Freilich ergriffen der Kurfürst wie auch seine Nachfolger, die allesamt an einem Ausbau ihrer Machtstellung wie an der Verbreitung ihres Glaubens interessiert waren, verschiedene Maßnahmen, um die Stellung des Calvinismus im Land zumindest zu stärken. Und dazu zählte auch die Einwanderungspolitik. Denn bei den nach 1685 aufgenommenen Hugenotten (die infolge der Aufhebung des Ediktes von Nantes ihrer religiösen und bürgerlichen Rechte in Frankreich beraubt worden waren) handelte es sich um calvinistische Christen, so wie auch die meisten aus der Kurpfalz und den schweizerischen Kantonen aufgenommenen Protestanten reformierten Glaubens waren. Weniger duldsam zeigte man sich dagegen gegenüber den Katholiken. So nahm das am 20. Oktober 1685 vom Großen Kurfürsten Friedrich Wilhelm erlassene Edikt von Potsdam Katholiken explizit von der Toleranz aus. Toleranz war und blieb ein einseitiges und widerrufbares Zugeständnis der Herrschenden an ausgewählte Gruppen und wurde nicht als ein für alle Bürger geltendes Prinzip verstanden, aus dem sich Ansprüche auf Gleichbehandlung aller ableiten ließen.

Hugenotten, Böhmen und andere Protestanten

Der forcierten Einwanderungspolitik lagen nicht zuletzt auch wirtschaftliche Motive zugrunde. Der Dreißigjährige Krieg hatte ein verwüstetes und entvölkertes Land hinterlassen. Allein in Berlin war die Einwohnerzahl um ein Drittel gesunken. Da bedurfte es starker politischer Impulse, um den Niedergang des Landes und seiner Hauptstadt abzuwenden. Was lag näher, als eine Gruppe mittelloser, aber zum Teil gut ausgebildeter und arbeitswilliger Flüchtlinge ins Land zu lassen?

Mit den französischen Hugenotten kamen Tausende Flüchtlinge nach Brandenburg-Preußen, von denen sich gut 40 Prozent in der Hauptstadt niederließen. Werber lasen die *Refugiés* bereits „in Köln, Amsterdam und Frankfurt am Main auf, statteten sie mit Pässen aus und sorgten für eine Reisegelegenheit in den Osten."[17] Rückblickend handelt es sich bei diesem Umgang mit der Flüchtlingsfrage um eine Erfolgsgeschichte, die noch heute im kollektiven Gedächtnis Berlins abgespeichert ist. So kann kein Zweifel daran bestehen, dass die *Refugiés* die in sie gesetzten Erwartungen voll erfüllten: „Sie erbrachten wichtige Leistungen für den Aufbau von Manufakturen und neuen Gewerbezweigen und waren mit Erfolg auch in anderen Bereichen tätig – als Prinzenerzieher, als Offiziere der preußischen Armee und als Wissenschaftler." Ohne die Flüchtlinge „wären weder die Leistungen der ‚Academie der Wissenschaften' noch das rege Geistesleben der Berliner Aufklärung denkbar gewesen."[18] Tatsächlich etablierten die Hugenotten viele neue, in der Stadt bislang nicht vertretene Gewerbe vor allem im Bereich der Luxuswaren, Textilien und Eisenwerkstätten, die vielfach für das

Der Große Kurfürst empfängt nach Brandenburg gekommene Hugenotten, 1685. Holzstich nach Historiengemälde von Hugo Vogel, 1885

Der Französische Dom am Gendarmenmarkt. Gemälde von Eduard Gärtner, 1857

Militär produzierten und „den Grundstock zur Entwicklung der Berliner Feinmechanik legten".[19]

Trotz des gewaltigen Aufschwungs, den die wirtschaftliche und kulturelle Entwicklung Berlins dank der Flüchtlinge nahm, stieß die Zuwanderung oftmals auf den Widerstand der Alteingesessenen und war mit zahlreichen Spannungen und der Herausbildung fremdenfeindlicher Ressentiments verbunden. Zahlreiche deutsche Handwerker betrachteten die Franzosen als Konkurrenten und neideten ihnen ihre Privilegien (wie die Befreiung vom Militärdienst, eine zeitweilige Steuerfreiheit und freies Meisterrecht), die 1709 von Friedrich I. noch einmal mit dem Naturalisationsedikt bestätigt wurden. Dass die deutschsprachige Bevölkerung und die französischen Migranten nur schwer zueinander fanden, lag auch an der lange Zeit zu beobachtenden Selbstisolierung der *Refugiés*, die zunächst auf eine Rückkehr nach Frankreich gehofft hatten: sie wohnten in eigenen Vierteln, insbesondere in Moabit und in der Friedrichstadt, sprachen weiterhin Französisch, hielten die Reihen der *Colonie française* „mit ihrer eigenen Kirchenverwaltung, Gerichtsbarkeit und Kaufmannschaft geschlossen und heirateten weitgehend unter sich".[20] Mit der für die Glaubensflüchtlinge zwischen 1701 und 1705 fertiggestellten Friedrichstadtkirche und dem zwischen 1780 und 1785 erfolgten Anbau eines Kuppelturms (Französischer Dom) demonstrierten Friedrich I. und Friedrich II., dass sie den Hugenotten den gleichen Stellenwert beimaßen wie den Reformierten und den Lutheranern, für die vis-à-vis im selben Zeitraum der Deutsche Dom, ein an die evangelische Simultankirche angebauter Kuppelbau, geschaffen wurde.

Es dauerte mehr als einhundert Jahre, bis sich die französischen Flüchtlinge vollständig in die Berliner Gesellschaft integriert hatten und die *Colonie* mit all ihren Sonderrechten aufgelöst wurde. Das ist den Erinnerungen von Friedrich August Ludwig von der Marwitz zu entnehmen:

„Da seit dieser Ansiedelung [1685] schon hundert Jahre verstrichen waren, so waren die französischen adeligen Familien schon mit allen einheimischen verschwägert. In dem Beamten-, Gelehrten- und Kauf-

mannsstande war dies zwar weniger der Fall, weil die Sprache hier noch ein Hindernis des Bekanntwerdens war. Da aber die französischen Kaufleute und Fabrikanten die geschicktesten und in vielen Fächern die einzigen waren, so war mit diesen der meiste Verkehr, und in allen Kaufläden wurde französisch gesprochen; auch verursachte die äußere feinere Bildung, daß die Erzieherinnen beinahe ausschließlich aus den Refugiés genommen wurden. Im Durchschnitt waren damals die älteren Leute die Enkel der Eingewanderten. Diese sprachen zwar schon sämtlich deutsch, aber schlecht und mit sehr merklichem Akzent. Wenn sie sich deutlich ausdrücken wollten, mußten sie französisch sprechen. Die ganz alten Leute (etwa noch Söhne der wirklichen Refugiés) konnten gar kein Deutsch. […] In den seitdem verflossenen fünfzig Jahren hat sich alles verändert. Die vierte und fünfte Generation ist herangewachsen. In allen Ständen hat eine gänzliche Vermischung mit den Deutschen stattgefunden; sehr viele führen jetzt noch französische Namen und können kein Wort französisch mehr. Ihre Kirchen stehen leer.“[21]

Immer häufiger wurden im 19. Jahrhundert nun auch französische Namen germanisiert oder auf Deutsch ausgesprochen (verwiesen sei nur auf Theodor Fontane [1819–1898], dessen Eltern hugenottischer Herkunft waren). Ungeachtet dieser schließlich vollständig erfolgten Assimilierung blieb ein gewisses Sonderbewusstsein erhalten. Noch zu Beginn der 1980er-Jahre verwies der in eine Berliner Hugenottenfamilie geborene Germanist Pierre-Paul Sagave (1913–2006) darauf, dass „noch heute hugenottischer Geist in Berlin“ lebe.[22]

Etwas rascher vollzog sich die Eingliederung der aus Nordostböhmen stammenden Lutheraner und Reformierten, die zwischen 1732 und 1771 als Glaubensflüchtlinge in Berlin eintrafen. Auch sie genossen einige Privilegien und siedelten zunächst in eigenen Vierteln (in der südlichen Friedrichstadt, in Rixdorf und Schöneberg), wo sie als Bauern und Weber ihren Lebensunterhalt verdienten. Obwohl sich diese Ethnie vergleichsweise schnell mit der ansässigen Bevölkerung vermischte, hielten viele von ihnen bis ins 19. Jahrhundert an ihrem religiösen Kultus und ihrer Muttersprache, dem Tschechischen, fest.

Mit zwischenzeitlich 1340 Mitgliedern (1743) handelte es sich bei den Böhmen um eine recht große Gemeinschaft.[23] Zählt man noch die anderen Protestanten hinzu, die ihre Heimat ebenfalls aus religiösen Gründen hatten verlassen müssen, die Pfälzer (die Müggelheim begründeten), die Schweizer und Salzburger (von denen viele nach Ostpreußen weiterzogen), dann wird deutlich, wie außergewöhnlich hoch der Anteil an Flüchtlingen und Menschen mit „Migrationshintergrund“ im Berlin des 17., 18. und 19. Jahrhunderts war. Eine vergleichbar hohe Zahl an Fremden sollte die Stadt erst um 1945 wieder aufnehmen, als Hunderttausende der insgesamt 12 bis 14 Millionen Flüchtlinge und Vertriebenen ihre neue Heimstatt im kriegszerstörten Berlin suchten.

Die Berliner Juden zwischen Emanzipation und Ausgrenzung

Integration vollzieht sich in der Regel nicht von heute auf morgen, sondern ist ein Prozess von langer Dauer. Bisweilen erlebt dieser Prozess auch Rückschläge. Im Fall der preußischen, deutschen und europäischen Juden kam es mit der Shoah sogar zu einer bis dahin nicht vorstellbaren Katastrophe. Für die Zeitgenossen nicht vorstellbar auch deshalb, weil die preußischen Juden bis 1933 auf eine nahezu einmalige Erfolgsgeschichte zurückblicken konnten. Vor allem die Geschichte der Berliner Juden im 18. und 19. Jahrhundert kann als eine Geschichte der Emanzipation, der Integration und des sozialen Aufstiegs erzählt werden.

Dieser Aufstieg begann am 21. Mai 1671 mit einem Edikt des Großen Kurfürsten, in dem das in der Mark seit 1572 offiziell geltende Siedlungsverbot für Juden durchbrochen wurde. Im Gegensatz zu der großzügigen Aufnahme protestantischer Flüchtlinge blieb die Zahl der Juden, die man ins Land zu lassen gewillt war, allerdings äußerst gering. Und sie umfasste zunächst nur wohlhabende Familien und damit eine äußerst kleine Gruppe unter

Innenansicht der „Priviligirten Juden Synagoge in der Königlichen Residentz Berlin welche erbaut worden Anno 1714", Kupferstich von A. B. Goblin nach einer Zeichnung von Anna Maria Werner, 1714

den meist sehr armen Juden im Reich. 1688 lebten in Berlin gerade einmal 40 Familien. Da der preußische Staat nicht schlecht an den Schutzbriefen für Juden verdiente, öffnete er in der Folge die Tore der Stadt auch für ärmere Juden, die sich als Trödler und Hausierer verdingten. Um 1700 lebten immerhin schon 177 jüdische Familien in Berlin (von denen allerdings nur 70 einen Schutzbrief hielten, die anderen waren nur geduldet). 100 Jahre später zählte man schon 3300 Juden. Damit stellten sie einen Anteil von 1,9 Prozent an der Gesamtbevölkerung der Stadt – was im Vergleich zu Wien (0,3 Prozent) viel war, verglichen mit anderen Städten des Reiches wie Hamburg/Altona (6 Prozent), Frankfurt am Main (7,5 Prozent), Prag (10,6 Prozent) oder Fürth (15 Prozent) aber relativ niedrig erscheint. In dem 1793 von Preußen annektierten Posen betrug der Anteil der Juden um 1800 sogar 23 Prozent.[24] In den folgenden Jahrzehnten sollte sich hinsichtlich des Anteils der Juden an der Berliner Bevölkerung zunächst wenig ändern: zwischen 1817 und 1843 schwankte er zwischen 1,8 und 2,4 Prozent. Erst in der zweiten Hälfte des 19. Jahrhunderts stieg er merklich und pendelte sich bei 4,3 Prozent (1871 bzw. 1910) ein. Angesichts des durchschnittlichen Anteils von rund einem Prozent verfügte der Berliner Raum damit neben Frankfurt am Main (6,3 Prozent im Jahr 1910) über einen der größten jüdischen Bevölkerungsanteile in Deutschland.[25]

Erst seit 1871, seit Gründung des Deutschen Kaiserreiches, waren die Juden allen anderen deutschen Bürgern gleichgestellt. Im Vergleich zu anderen religiösen Minderheiten gestaltete sich ihr Emanzipationsprozess nicht nur langwieriger, er war zwischenzeitlich auch von Rückschlägen begleitet gewesen. Von Beginn an standen sich die zunächst sehr wenigen jüdischen Berliner weitaus schlechter als die hier lebenden Hugenotten: Privilegien hatten sie kaum, im Gegenteil wurden ihnen hohe Abgaben auferlegt. Auch die Mitgliedschaft in Zünften und den meisten Gewerben war ihnen verschlossen, sodass der Tätigkeitsbereich der neuen Zuwanderer „nahezu völlig auf den Bereich des Geld-, Pfand- und Kredithandels begrenzt" blieb. Allerdings war die Lage selbst der wohlhabendsten Juden prekär, wie der Fall der sogenannten Liebmännin Esther Schulhoff (1649–1714) zeigt. So ließ Friedrich Wilhelm I. gleich nach seinem Regierungsantritt die jüdische Witwe des 1702 verstorbenen Hofjuweliers und Kreditgebers Jost Liebmann (1640–1702), die für den Hof Münzen prägen ließ und ihn mit Luxuswaren belieferte, verhaften. Zwar wurde die Liebmännin rehabilitiert. Dennoch musste sie auf ihre Außenstände beim Hofe verzichten und nach Frankfurt an der Oder fliehen.[26]

Auch im weiteren Verlauf des 18. Jahrhunderts, als sich die Zahl der in Preußen und vor allem in Berlin lebenden Juden merklich erhöhte, blieben diese eine diskriminierte Minderheit. Wohl wurden unter Friedrich Wilhelm I. 1714 zunächst einige Beschränkungen gelockert oder aufgehoben. Doch schon 16 Jahre später kamen mit dem *Generalprivilegium für alle Juden der Monarchie* neue Verbote und Einschränkungen hinzu: Bestimmte Handwerke blieben ihnen verschlossen, der Hauserwerb wurde verboten und der Handel begrenzt. Unter Friedrich II. wurde dieser Kurs mit dem *Revidierten General-Privilegium und Reglement für die Judenschaft* (1750) noch verschärft. Auch wenn Berlin im letzten Drittel des 18. Jahrhunderts „die einzige deutsche Residenzstadt [war], in der die jüdischen Bewohner nicht in einem Ghetto leben mussten,"[27] waren sie weiterhin eine gegenüber Angehörigen christlicher

Der jüdische Hoffaktor Veitel Heine Ephraim wurde durch seine Geldgeschäfte im Siebenjährigen Krieg so reich, dass er sich ein prächtiges Stadtpalais am Mühlendamm errichten ließ. Das heutige Ephraim-Palais ist ein Nachbau aus den 1980er-Jahren.

Religionsgemeinschaften benachteiligte Gruppe, für die vielfältige, zum Teil höchst diskriminierende Regeln und Sonderabgaben galten. Etwa war ihnen die Einreise nur durch eines der Stadttore (das Rosenthal-Tor) erlaubt; und ihnen oblag eine besondere Steuer (Leibzoll), die sonst nur auf Vieh erhoben wurde. Allerdings galten nicht alle Gesetze gleichermaßen für alle Juden. So unterschied das *Revidierte General-Privilegium* insgesamt sechs Klassen mit jeweils unterschiedlichen Auflagen und Privilegien.

Im kollektiven Gedächtnis der Stadt haben sich nicht die Namen der zahllosen armen Juden gehalten, der Gebrauchtwarenhändler, der Hausierer und Bettler oder der illegal aus Polen Zugewanderten, die die Stadt im 18. Jahrhundert bevölkerten. Es sind vielmehr die Ausnahmegestalten, von denen noch heute das Bild vom „jüdischen Berlin" zehrt: die wenigen wohlhabenden und privilegierten Bankiers, Kaufleute und Industriellen wie Daniel Itzig (1723–1799) oder Veitel Heine Ephraim (1703–1775), mit denen Friedrich II., der gegenüber den von ihm verachteten Juden einen „zynischen Sinn fürs Zweckmäßige" hatte,[28] zusammenarbeitete, um die Staatseinnahmen zu erhöhen und den Siebenjährigen Krieg zu finanzieren; die Hochgebildeten wie der Philosoph Moses Mendelssohn (1729–1786), der als Vierzehnjähriger mit seinem Lehrer, dem Rabbi David Fränkel (1707–1762), 1743 nach Berlin zog und dort Wegbereiter der jüdischen Aufklärung (Haskala) wurde; die Salonnièren wie Henriette Herz und Rahel Varnhagen von Ense, geb. Levin, die eine neue Form der Geselligkeit entwickelten, in der zumindest dem Anspruch nach überkommene ständische und religiöse Barrieren sowie Unterschiede zwischen Männern und Frauen eingeebnet wurden.

In den Häusern von Mendelssohn und Herz verkehrte auch Christian Wilhelm Dohm (1751–1820), der mit seiner 1781 veröffentlichten Schrift *Über die bürgerliche Verbesserung der Juden* eine grundsätzliche Emanzipation einforderte. Umgesetzt wurden seine Forderungen zuerst allerdings nicht in Preußen, sondern im napoleonischen Modellstaat Westphalen, für das er 1807 als Staatsrat und von 1808 bis 1810 als königlicher Gesandter wirkte. Immerhin rang sich die preußische Regierung dank Hardenbergs Intervention dazu durch, diesem Beispiel zu folgen und mit dem *Edikt betreffend die bürgerlichen Verhältnisse der Juden in dem preußischen Staate* vom 11. März 1812 eine, wenn auch nicht vollständige, Emanzipation der Juden in die Wege zu leiten.

Allerdings sollte es im Zuge der 1815 einsetzenden Restauration auch hier zu herben Rückschlägen kommen, was sich vor allem bei der Besetzung staatlicher Ämter bemerkbar machte. Die Juden wurden nun einer „regelrechten Ausschlußgesetzgebung" unterworfen, die erst 1848 aufgehoben wurde.[29] So blieben die preußischen Juden denn auch weit bis ins 19. Jahrhundert Bürger zweiter Klasse. Erst 1869 wurden sie ihren christlichen Mitbürgern gleichgestellt. So heißt es in dem Gesetz betreffend die Gleichberechtigung der Konfessionen in bürgerlicher und staatsbürgerlicher Beziehung:

> *„Alle noch bestehenden, aus der Verschiedenheit des religiösen Bekenntnisses hergeleiteten Beschränkungen der bürgerlichen und staatsbürgerlichen Rechte werden hierdurch aufgehoben. Insbesondere soll die Befähigung zur Theilnahme an der Gemeinde- und Landesvertretung und zur Bekleidung öffentlicher Ämter vom religiösen Bekenntniß unabhängig sein."*[30]

Ungeachtet dessen bestand in den folgenden Jahrzehnten eine nicht zu übersehende Diskrepanz zwischen Rechtsanspruch und Rechtswirklichkeit. Trotz ihrer formalen Gleichstellung in allen Bereichen der Gesellschaft blieben die preußischen und deutschen Juden – wie auch die preußischen Katholiken – im höheren Staatsdienst, im Militär, an den Hochschulen und in der Verwaltung unterrepräsentiert.

Schon im 18. Jahrhundert resultierten die in allen Kreisen der Berliner Gesellschaft zu beobachtenden Ressentiments gegen Juden weniger aus religiösen als vielmehr aus wirtschaftlichen und kulturellen Motiven. So sahen die Berliner Handwerker und Händler in den Juden vor allem eine unliebsame Konkurrenz:

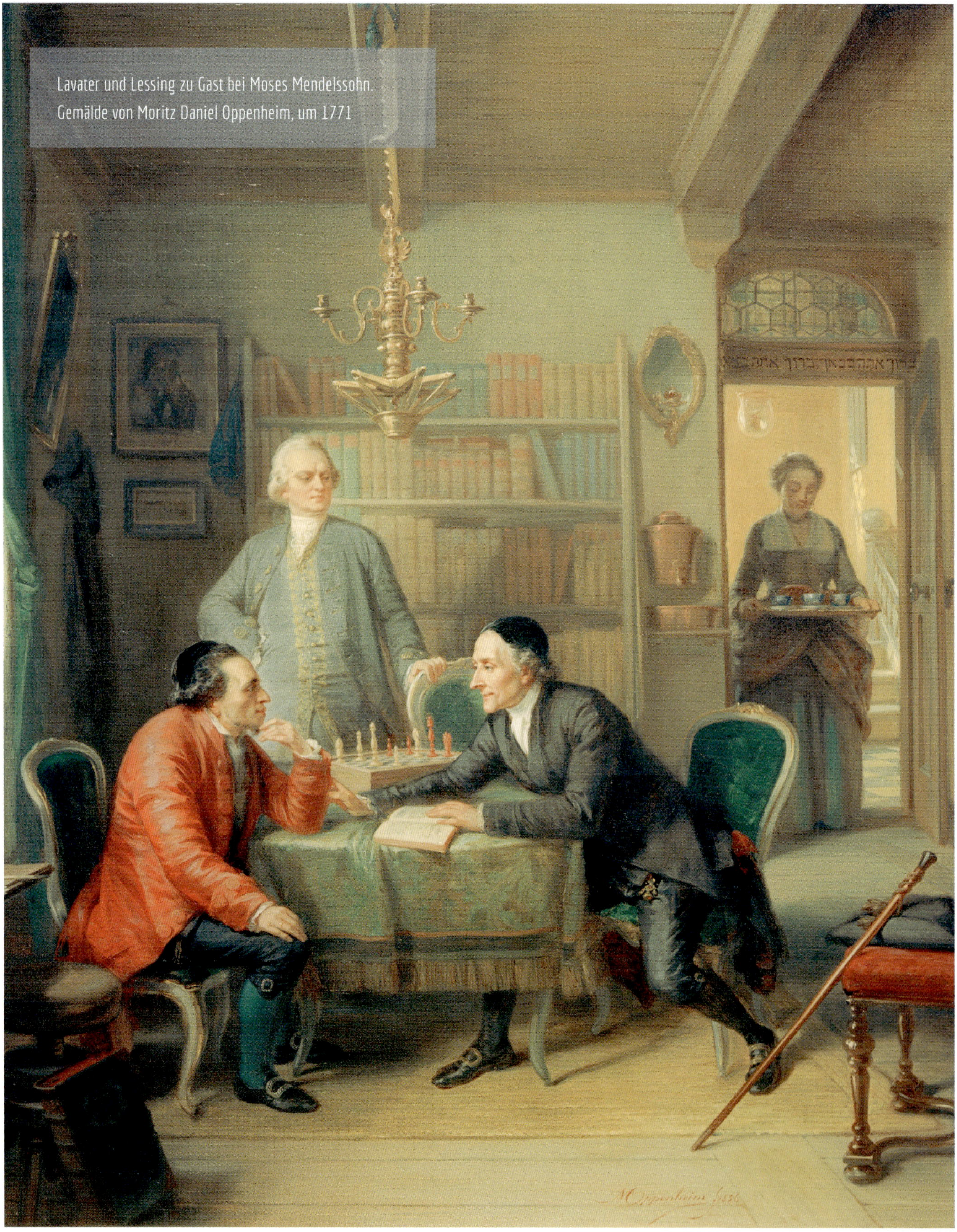

Lavater und Lessing zu Gast bei Moses Mendelssohn.
Gemälde von Moritz Daniel Oppenheim, um 1771

der „überkommene zünftlerische Handel traf hier auf den freien, durch keine Schranken des Herkommens gebremsten Wettbewerb.“[31] Auch die preußischen Könige äußerten sich immer wieder herablassend und ablehnend gegenüber Juden. So bezeichnete Friedrich Wilhelm I., der sich nicht scheute, der zwischen 1712 und 1714 erbauten Synagoge in der Heidereuthergasse einen Besuch abzustatten, Juden ohne Schutzbriefe als „heuschrechen einnes landes“, die die Christen ruinierten und deshalb aus dem Lande zu jagen seien. Gleichzeitig empfahl er seinem Nachfolger, von den einheimischen Juden so viel Geld wie möglich einzutreiben und rechtfertigte ein solches Verhalten unter Berufung auf das Christentum:

> *„Ihr müßet sie drücken den sie Jesus Kristij verrether sein und sie nicht trauen den der redelichste Jude ein ertzbedriger und schelm ist seidt Persuadieret.“*[32]

Auch Friedrich II., dessen außenpolitische Erfolge sich in nicht unerheblichem Maße jüdischer Unterstützung verdankten, „hegte gegenüber den Juden zeitlebens eine tiefe Aversion“, entwickelte Pläne über Zwangsumsiedlungen und „sprach einem erheblichen Teil der eingesessenen Judenschaft überhaupt die Niederlassungsberechtigung ab“.[33] Aber auch unter den zeitgenössischen Aufklärern teilten viele die antijüdischen Stereotype der übrigen Bevölkerung, hatten „besonders wenig Sympathie für die rituelle Strenge der jüdischen Religionsgesetze und verurteilten die jiddische Sprache als ungebildetes Kauderwelsch.“[34] Die von ihnen geforderte Emanzipation war für viele von ihnen mit einem vollständigen Aufgehen der Juden in der christlichen Kultur verbunden. Nur wenige akzeptierten die Juden so wie sie waren – etwa der zwischenzeitlich in Berlin lebende Schriftsteller Gotthold Ephraim Lessing, der mit Moses Mendelssohn befreundet war und in seinem 1783 in Berlin uraufgeführten Drama *Nathan der Weise* keinen hierarchischen Unterschied zwischen den drei großen monotheistischen Buchreligionen, dem Judentum, dem Christentum und dem Islam, machen wollte.

Es sollte fast ein Jahrhundert dauern, bis sich der preußisch-deutsche Staat diese Sicht zu eigen machte und allen männlichen Bürgern dieselben Rechte zugestand. Teile der preußischen Gesellschaft taten sich auch danach noch mit der Emanzipation der Juden schwer. Obwohl oder gerade weil die deutschen Juden sich erfolgreich in die Mehrheitsgesellschaft integrierten, stießen sie bei vielen auf umso größere Ablehnung. Wenige Jahre nachdem die Berliner Juden ihr neues Selbstbewusstsein durch den Bau der Neuen Synagoge in der Oranienburger Straße zum Ausdruck gebracht hatten, entstand ein Antisemitismus, der einer Lawine gleich immer weitere Vorurteile an sich band und schließlich „die Juden“ für sämtliche angeblichen oder vorgeblichen Missstände in der Welt verantwortlich machen wollte und eine „Lösung“ der sogenannten Judenfrage forderte. Dieser Antisemitismus, der von den Nationalsozialisten aufgegriffen wurde und in die Shoah mündete, speiste sich auch aus mittelalterlichen und frühneuzeitlichen Quellen der Judenfeindschaft, gewann seine eigentliche Dynamik aber erst im Laufe des 19. Jahrhunderts mit der Herausbildung der modernen Industriegesellschaft. Es waren zunächst vor allem jene Schichten, die „als ehemals privilegierte des alten Wirtschaftssystems sich jeder Neuordnung widersetzten und dabei die Juden zu Nutznießern oder aber zu Initiatoren des neuen Systems stilisierten“ und sie mit „dem“ Kapitalismus identifizierten.[35]

Tatsächlich gab es im „langen 19. Jahrhundert“ unter den Berliner Juden viele wirtschaftlich außergewöhnlich erfolgreiche Bürger, darunter Bankiers, Großkaufleute und Industrielle (vor allem im Bereich der Textilindustrie). Ungeachtet dessen waren die Berliner Juden in allen Schichten vertreten. Es gab lediglich signifikante, historisch-soziologisch zu erklärende Unterschiede in der Verteilung auf die Gesamtgesellschaft, wobei die Juden in den Mittelschichten und hier vor allem im Bildungsbürgertum deutlich überrepräsentiert waren – ein Phänomen, das gerade bei Krisen auf dem Arbeitsmarkt beim akademischen Nachwuchs Neid und Missgunst auslöste. Dementsprechend war im Kaiserreich der Antisemitismus nicht nur unter Theologiestudenten, sondern auch unter Studenten vor allem

Ernst Moritz Arndt war einer der fanatischsten Judenhasser seiner Zeit. Daguerreotypie, 1848

der philosophischen und juristischen Fakultäten weitverbreitet. Um den Kreis potenzieller Konkurrenten zu verkleinern, befürworteten viele von ihnen nicht nur die Einführung einer begrenzenden Quote für jüdische Kommilitonen, sondern sogar deren Entfernung. Wie ausgeprägt gerade unter Berliner Studenten dieser gesellschaftliche Antisemitismus war, zeigt deren Reaktion auf die Antisemiten-Petition von 1880/81, die eine Revision der Judenemanzipation und eine Einschränkung der jüdischen Einwanderung aus Osteuropa forderte. Reichsweit unterzeichneten gerade einmal 0,6 Prozent der männlichen Bevölkerung, darunter immerhin 19 Prozent aller deutschen Universitätsstudenten diese an den Reichskanzler gerichtete Petition – in Berlin dagegen 41 Prozent aller immatrikulierten Studenten![36]

Sehr oft verband sich dieser sozioökonomisch motivierte Judenhass mit einem nationalistischen Denken, das in der multireligiösen Gesellschaft eine Gefahr für den Fortbestand des jungen deutschen Nationalstaats sah. Schon 1810 hatte der zu diesem Zeitpunkt in Berlin lebende Ernst Moritz Arndt gefordert, dass die europäischen Juden, die Deutschland „mit ihrem Schmutz und ihrer Pest zu überschwemmen" drohten, „unter keinem Vorwande und mit keiner Ausnahme" in Deutschland aufgenommen werden dürften, und dies mit Verweis auf eine angeblich kulturelle Unvereinbarkeit begründet:

„Die Juden als Juden passen nicht in diese Welt und in diese Staaten hinein, und darum will ich nicht, daß sie auf eine ungebührliche Weise in Teutschland vermehrt werden. Ich will es aber auch deswegen nicht, weil sie ein durchaus fremdes Volk sind und weil ich den germanischen Stamm so sehr als möglich von fremdartigen Bestandtheilen rein zu erhalten wünsche. […] Alle unsere Staaten sind mehr oder weniger auf dem Christenthum und seinen Lehren gegründet, und in unsern Sitten, Ordnungen und Gesetzen, ja auch in unsern kleinsten Einrichtungen und Weisen ist der dunklere oder hellere Widerschein dieses Christenthums. […] Die Juden mit ihrer schroffen und alles Andere feindselig ausschliessenden Art stehen völlig ausserhalb dem Christenthum, ja sie haben eine viel entferntere Berührung mit demselben, als man bei dem ersten Blick glauben

sollte. Fast allen unseren Einrichtungen, Ordnungen und Gesetzen fremd, sind sie durchaus unfähig, mehrere Pflichten zu erfüllen, deren jeder christliche Mitbürger schuldig ist; sie sind also unfähig, in einem christlichen Staate volle Bürger zu seyn: denn wie mag alle Bürgerrechte haben, wer nicht alle Bürgerpflichten erfüllen kann? Die den Juden also mit allen übrigen Bürgern gleiche Rechte beilegen, mögen bedenken, ob sie etwas Kluges und Nützliches thun. Eben das mögen diejenigen bedenken, welche die Einfuhr und das Einwandern jüdischer Menschen aus fremden Ländern erlauben, weil sie nicht bloß ein fremdes, sondern auch ein mit dem Staate nie innig zusammenwachsendes und mit Grundsätzen desselben unverträgliches Volk einlassen."

Der Althistoriker Theodor Mommsen galt als Inbegriff eines liberalen Berliner Bürgers. Kolorierte Fotografie, 1890

Dass es, wie Arndt meinte, kaum ein größeres Unheil gebe „als Staaten im Staate und als Völkchen im Volke, die für sich noch etwas Besonderes oder wohl gar etwas Besseres bedeuten wollen, als das Volk, welches sie in sich aufgenommen hat", [37] war eine Idee, die bis ins 20. Jahrhundert (nicht nur) im deutschen Nationalismus weitverbreitet war. Artikuliert wurde sie vor allem im Berliner Antisemitismusstreit, einer zwischen 1879 und 1881 ausgetragenen Debatte, die durch einen Artikel des an der Berliner Universität lehrenden Historikers Heinrich von Treitschke in den *Preußischen Jahrbüchern* ausgelöst wurde, in dem dieser sich abfällig über viele heimische Juden als „deutsch redende Orientalen" ausließ und jüdische Einwanderer als „eine Schaar strebsamer hosenverkaufender Jünglinge" bezeichnete, „deren Kinder und Kindeskinder dereinst Deutschlands Börsen und Zeitungen beherrschen" sollten.[38]

Zumindest unter den Professoren der Berliner Universität rief Treitschkes Artikel so viele Kritiker (namentlich seinen Kollegen, den Althistoriker Theodor Mommsen [1817–1903],) auf den Plan, dass er weitgehend in Isolation geriet. Überhaupt erwies sich die Mehrheit der städtischen Gesellschaft jener Zeit als unempfänglich für antisemitische Hetze: Weder im eher freisinnig geprägten Bürgertum noch in der meist sozialdemokratisch orientierten Arbeiterschaft stieß Treitschkes Polemik auf große Resonanz. Gleichwohl wäre es verfehlt, diesen Vorfall zu bagatellisieren: nicht nur, weil der Historiker mit seinem aus dem

Zusammenhang gerissenen Zitat „die Juden sind unser Unglück!" zum Stichwortgeber der späteren nationalsozialistischen Judenhetze wurde, sondern vor allem wegen des von ihm begangenen Tabubruchs. Denn mit seinen Ausführungen trug einer der renommiertesten Vertreter der akademischen Elite Deutschlands dazu bei, eine bislang hauptsächlich in kleinbürgerlichen und mittelständischen Kreisen kursierende Ideologie ins Bildungsbürgertum zu tragen. Damit stärkte er einen sozioökonomisch und religiös motivierten Antisemitismus, der sich von Berlin ausgehend seit Ende der 1870er-Jahre erstmals auch politisch organisierte. Treibende Kraft dieser Bewegung war der evangelische Pfarrer Adolf Stoecker (1835–1909), der 1874 auf Empfehlung Wilhelms I. als Hof- und Domprediger nach Berlin gekommen war. In seinen mehrfach aufgelegten Erinnerungen hat Stoecker auf demagogische Weise zu begründen versucht, warum ihn die Reichshauptstadt zum Judenhasser machte:

> *„Berlin fand ich in den Händen des kirchenfeindlichen Fortschritts und der gottfeindlichen Sozialdemokratie; das Judentum herrschte in beiden Parteien. Die Reichshauptstadt war in Gefahr, entchristlicht und entdeutscht zu werden. Als öffentliche Macht war das Christentum tot; ebenso die Königstreue und Vaterlandsliebe. […] Es schien, als wäre der große Krieg geführt, damit das Judentum Herr von Berlin sei. […] Es war wie vor dem Weltuntergang; die Ungerechtigkeit hatte überhand genommen, die Liebe war erkaltet."*[39]

1878 gründete Stoecker die Christlich-Soziale Arbeiterpartei, mit der er bei den im selben Jahr abgehaltenen Reichstagswahlen in Berlin gerade einmal 1421 Stimmen erzielte. Deutlich mehr Erfolg hatte Stoecker, als er sein Programm mit antijüdischen Parolen anreicherte und sich als selbstständige Gruppe der Deutschkonservativen Partei anschloss. Stoecker engagierte sich auch in der sogenannten Berliner Bewegung, einem Bündnis antijüdischer, antiliberaler und antisozialistischer Gruppen und Personen, die bei den Reichstagswahlen in Berlin für die konservative Liste kandidierten. Auch wenn diese in den 1880er- und 1890er-Jahren gegen die Liberalen bzw. die Sozialdemokraten keine Chancen hatte, schafften sie es doch, zwischen 15 und 30 Prozent der Stimmen für sich zu gewinnen.[40]

Die meisten Antisemiten störten sich an dem gesellschaftlichen und wirtschaftlichen Aufstieg der deutschen Juden und nahmen Anstoß an der kulturellen Andersartigkeit einer Glaubensgemeinschaft, die nicht in einer deutsch-protestantischen Leitkultur aufging. Das unterschied sie von den biologisch-rassistisch denkenden Antisemiten, für die die jüdische Religionszughörigkeit nur noch eine untergeordnete Rolle spielte und die auch areligiöse Juden und Konvertiten, ja sogar deren Nachkommen als Juden definierten, die es aus dem deutschen „Volkskörper" auszuschließen gelte. Dass ein Großteil der deutschen Juden sich assimiliert hatte, dass zahlreiche Berliner Juden sich taufen ließen, intensive Kontakte zu ihren christlichen Mitbürgern unterhielten und sogenannte Mischehen eingingen, war für sie ohne Bedeutung.

> *„Es ist die höchste Zeit, daß der Rassenstolz wieder in uns Deutschen erwacht. Wir sind die Herren, wir sind auf der Burg, unser ist das Land, wir sind das Wirtsvolk, wir haben das Recht zu sagen: Wir haben nur allzuviel und allzulange Gastfreundschaft gewährt, ihr habt das Gastrecht gemißbraucht. Nun ist's genug: Wir kündigen euch die Gastfreundschaft. Hinaus mit Euch […]. Wir müssen die Warenhäuser boykottieren, wir müssen endlich einmal Ernst damit machen, unter keinen Umständen beim Juden zu kaufen, ja, wir müssen sogar soviel nationale Kraft besitzen, daß wir denjenigen, den wir dabei erwischen, daß er beim Juden gekauft hat, lynchen. […] Wir dürfen unter keinen Umständen Kunden des Judenhändlers werden, weder des jüdischen Warenhauses, noch des jüdischen Arztes oder Rechtsanwaltes, noch der – jüdischen Zeitung. […] Hasse den Juden, bedränge den Juden, ruhe nicht eher, bis der Jude aus dem Lande ist."*[41]

Adolf Stoecker spricht auf einer Versammlung, 1878.
Zeitgenössischer Holzstich

Andere wie der Berliner Privatgelehrte Eugen Dühring (1833–1921) gingen noch einen Schritt weiter. In seiner 1881 erschienenen Kampfschrift *Die Judenfrage als Racen-, Sitten- und Culturfrage* forderte Dühring über die Entrechtung, Enteignung und Deportation hinaus die „Ausscheidung der Judenrace aus dem modernen Völkerleben". Damit war noch vor der Jahrhundertwende das gesamte antisemitische Programm, das seit 1933 sukzessive umgesetzt wurde, ausformuliert.[42]
Das war freilich um die Jahrhundertwende noch nicht abzusehen. Denn zum einen handelte es sich bei den Antisemiten nur um eine, wenn auch lautstarke Minderheit; zum anderen gab es viele verschiedene Antisemitismen. Was deren Anhänger vereinte, war ihre Neigung, die Juden für alles verantwortlich zu machen, was ihnen nicht passte: den Kapitalismus und die Wirtschaftskrisen, den Liberalismus und den Marxismus, die Globalisierung und den Internationalismus. Vor allem aber verband sie der Hass auf das Fremde – wie auch immer man das definieren mochte. Darin waren die Unzufriedenen, die Wütenden und die Übelmeinenden jener Jahrzehnte sich einig.

Katholiken in der Diaspora

Als Fremde galten sehr lange nicht nur die Juden, sondern auch die Katholiken, die im Laufe des 18. und 19. Jahrhunderts nach Berlin gekommen waren: katholische Soldaten, die für die preußische Armee rekrutiert wurden, katho-

lische Arbeiter aus Lüttich, die für die Gewehrfabriken in Potsdam und Spandau angeworben wurden, deutsch- und polnischsprachige Katholiken aus Schlesien, Posen und Westpreußen, die es nach der Annexion ihrer Gebiete in die neue Hauptstadt zog; Katholiken aus West- und Süddeutschland, die in der aufstrebenden Stadt studieren oder arbeiten wollten. Hatte es sich noch zu Beginn des 19. Jahrhunderts um eine recht kleine Minderheit gehandelt, so stellten die Katholiken um die Jahrhundertwende rund zehn Prozent der Gesamtbevölkerung. Damit hatte sich Berlin zur größten Diasporastadt Norddeutschlands entwickelt – wobei freilich bestenfalls die Hälfte der hier ansässigen Katholiken den eigenen Glauben noch aktiv praktizierte, ungeachtet der seit Mitte des 19. Jahrhunderts erfolgenden Gründung neuer katholischer Gemeinden.[43]

Die Ausübung ihres Glaubens wurde den in Berlin lebenden Katholiken erst vergleichsweise spät zugestanden. Hatte sich der Große Kurfürst noch im Jahre 1667 rühmen können, dass die Kur Brandenburg gottlob „von Pabstlichen groben greulen vndt Abgötterey gentzlich befreiet“ sei und seinen Nachfolger ermahnt, darauf achtzugeben, „damitt Sich die Romische Cattolische nicht wieder heimblich einschleichen“,[44] rang sich sein Enkel Friedrich Wilhelm I. durch, eine katholische Kapelle einzurichten und einen Ka-

Die St.-Matthias-Kirche am Schöneberger Winterfeldplatz wurde 1895 geweiht. Die Gemeinde umfasste damals bereits mehr als 10 000 Mitglieder. Fotopostkarte, um 1909

Die hinter dem Opernhaus gelegene katholische Hedwigskirche ist dem Pantheon in Rom nachempfunden. Guckkastenblatt, um 1750

plan anzustellen: „weill viell Kattolische Burger und leutte viell da sein. bey die Regimenter sein auch viel Kattolische". Grundsätzlich aber empfand er wenig Sympathie für den Katholizismus, insbesondere nicht für die Jesuiten:

„Jesuwitter müßet Ihr in eure lender nicht dulden. Sein deuffels die dar KaPable [fähig seien] zu viellen Böhses und schedtl: gegen euch und gegen landt und leuthe also müßet Ihr sie nicht dulden unter was Pretex [Vorwand] sie sich auch wolten einnistellen in euer lender."[45]

Auch sein Sohn, Friedrich II., der grundsätzlich alle Religionen für „mehr oder weniger absurd hielt", misstraute neben den Juden vor allem den Katholiken und betrachtete die Jesuiten als die „gefährlichste Gattung unter allen Mönchen". Nichtsdestoweniger bemühte er sich im Interesse des gesellschaftlichen Friedens, sämtliche Konfessionen gleich zu behandeln:

„Es ist unmöglich, daß ein Mensch mit gesundem Verstand […] nicht den Irrtum [aller Religionen] sieht; aber diese Vorurteile, diese Irrtümer, diese Wunder sind für die breite Masse gemacht, und man muß auf die Öffentlichkeit Rücksicht zu nehmen wissen, um sie nicht in ihrem Kult zu verletzen, welche Religion es auch sei."

Unmissverständlich verfügte Friedrich II., dass neben den Lutheranern und Reformierten alle christlichen Sekten – und dazu zählte nach seinem Verständnis auch der Katholizismus – zu dulden seien: „Man schließt dem ersten den Mund, der einen Zivilkrieg entfachen will."[46] So weit ging Friedrichs Toleranzpolitik, dass er sich durchrang, den Katholiken eine Kirche zur Verfügung zu stellen. Die 1773 eingeweihte Hedwigskirche war vor allem für die katholischen Zuwanderer aus dem annektierten Schlesien gedacht. Dass dieser an zentraler Stelle, am Forum Fri-

Nr. 35. Berlin, Freitag, 30. August 1872. **5. Jahrgang.**

Berliner Wespen.

Man abonnirt für **15 Sgr.** vierteljährlich bei allen **Postanstalten, Buchhandlungen, Zeitungsspediteuren** und in der **Expedition,** Krausenstraße 41 am Dönhofsplatz.

Einzelnummern **à 2¼ Sgr.**

Man abonnirt für **15 Sgr.** vierteljährlich bei allen **Postanstalten, Buchhandlungen, Zeitungsspediteuren** und in der **Expedition,** Krausenstraße 41 am Dönhofsplatz.

Einzelnummern **à 2¼ Sgr.**

Illustrirtes humoristisches Wochenblatt.

Verantwortlicher Redacteur: Julius Stettenheim. — Illustrirt von G. Heil.

Mit Feuer und Schwert

werden nur die Baracker vertrieben, die schwarzen Racker und Loyola's Pennbrüder mit Glacéhandschuhen.

Bei der Weißen.

Walter. Kellner, ick warte nu schon seit der Jeburt Wrangels auf eine Weiße. Warum kommen Sie denn nich?

Jeschke. Weil Sie jrade davon sprechen, — der König Ludwig kommt ja ooch nich.

Schwabbe. Können Sie denn von nichts reden, als von den Wanderkaisern? Seit vierzehn Tagen kommen wir von Allem auf die drei Imperatoren. Das Panoptikum, die Lucca, der amerikanische Circus, die Börsensteuer, die Baracken, — kaum spricht man davon, wupp, fallen Sie ab und springen zum Cäsaren-Rendezvous.

Walter. Wem das nich jefällt, der kann ja nach der Pflugschen Maschinenbauanstalt jehen, da is er janz alleene.

Jeschke. Warum kommt denn der König Ludwig nich?

Lehmann. Er will nich Decoration sind.

Kowalski. Unsinn, er hält doch am Ende die Dreikaiserversammlung nich vor 'ne Komödie?

Lehmann. Wer weeß ooch. Keen Mensch kann sagen, was die drei Kaiser vorhaben. Allens is Vermuthung. Bloß um mal in den Thierjarten reinzuriechen, kommen sie doch nich nach Berlin.

Schwabbe. Meine Herren, treiben Sie keinen Spott mit so ernsten Dingen, wie es ein Kaiserstelldichein ist. Blättern Sie in den alten Jahrgängen der Vossischen Zeitung, und Sie werden finden, daß großen Kriegen stets die Versicherungen treuer Freundschaft vorangingen. Alle

dericianum errichtete Rundbau das römische Pantheon imitierte, verweist noch heute darauf, dass Friedrich II. hier ursprünglich einen Ort hatte schaffen wollen, an dem alle möglichen Religionsgemeinschaften ihrem Kultus nachgehen sollten. Immerhin und ungewöhnlich genug finanzierte hier ein nichtkatholischer Monarch den Bau einer katholischen Kirche. Nach Aufhebung des Jesuitenordens durch Papst Clemens XIV. im Jahre 1773 gewährte er sogar einigen Jesuiten Zuflucht in Preußen, um mit ihrer Hilfe den Unterricht an katholischen Schulen und das Abhalten katholischer Gottesdienste aufrechterhalten zu können. Und doch konnte all das nicht über seine antikatholischen Ressentiments hinwegtäuschen.

Von solchen Ressentiments waren auch Friedrichs Nachfolger nicht frei. So kam es im Laufe des 19. Jahrhunderts immer wieder zu Konflikten mit der katholischen Kirche und Bevölkerung, vor allem im Rahmen von Ämterbesetzungen und bei sogenannten Mischehen. Solche Konflikte erschütterten in Preußen vor allem jene Regionen, die wie Schlesien, Posen und Westpreußen, später auch das Rheinland und Westfalen über einen sehr großen katholischen Bevölkerungsanteil verfügten. In Berlin, wo die Katholiken eine Minderheit blieben, kam es hingegen kaum zu nennenswerten Protesten vonseiten der katholischen Bevölkerung gegen ihre Ungleichbehandlung. Selbst während des in den 1870er- und 1880er-Jahren geführten preußischen Kulturkampfes, der in einer „tiefschwarzen" Stadt wie Münster zumindest im übertragenen Sinne „bis aufs Messer" geführt wurde,[47] unterblieb eine nennenswerte Mobilisierung der Berliner Katholiken.

Umso heftiger war die Gewalt, die hier von nicht-katholischer Seite aus gegen Angehörige der katholischen Kirche verübt wurde. Davon zeugt der sogenannte Moabiter Klostersturm aus dem Jahre 1869, ein Ereignis, das den Auftakt zum preußischen Kulturkampf bildete. Schon zuvor war infolge von Berichten über die Misshandlung einer Nonne in Krakau die antikatholische Stimmung in Berlin angeheizt worden. Schauergeschichten über katholische Folterer machten die Runde und versetzten zahlreiche Bürger, die schon seit Längerem eine Katholisierung der Stadt befürchteten, in Alarmstimmung. Am 16. August 1869 eskalierte die Lage dann: verschiedenen Schätzungen zufolge zogen 3000 bis 10 000 mit Knüppeln, Pfählen und Pflastersteinen bewaffnete Bürger zu einem von Dominikanern geführten Waisenhaus mit Kapelle, das irrtümlich für eine neue Klosterniederlassung gehalten wurde. Sie bewarfen das Haus mit Exkrementen und Steinen und demolierten Zaun, Hof und Gebäude. Die Mönche und die Waisenkinder konnten sich gerade noch vor dem Lynchmob in Sicherheit bringen, wurden aber auch Monate danach noch angefeindet. Obwohl die Dominikaner ihre Ordenskleider in der Öffentlichkeit ablegten, wurden sie weiterhin als Mönche identifiziert und bedroht, wie einer der Patres erinnerte:

> *„Zuweilen hörte man: Du wirst auch bald an der Laterne baumeln; zuweilen wurden uns Steine nachgeworfen. Protestantische Mädchen, die aus der Schule kamen, blieben vor uns stehen und spuckten vor uns aus."*[48]

Als konfessionelle Minderheit waren Katholiken bei Weitem nicht einem solchen Hass ausgesetzt, wie er Juden entgegenschlug. Gleichwohl blieben auch sie vor Diskriminierung nicht verschont, insbesondere dann nicht, wenn ihre Muttersprache Polnisch war. Dementsprechend suchte auch diese Minderheit Schutz in der eigenen konfessionellen und ethnischen Gruppe. So verteilten sich die Berliner Katholiken um 1905 zwar über alle Viertel der Stadt; gehäuft aber wohnten sie in Vierteln und Straßenzügen, die sich in unmittelbarer Nachbarschaft zu katholischen Kirchen befanden oder in der Nähe von Fabriken lagen, in denen besonders viele Schlesier und Polen arbeiteten.[49]

Je mehr Berlin wuchs, desto vielfältiger wurde die Gesellschaft auch in soziokultureller Hinsicht. Freilich vollzog sich die Integration der Hinzugezogenen, der Katholiken und Juden, der Polen und Süddeutschen nicht von heute auf morgen. Gelegentlich brauchte es Jahrzehnte, bis aus Fremden Eigene wurden.

„Mit Feuer und Schwert werden nur die Baracker vertrieben, die schwarzen Racker und Loyola's Pennbrüder mit Glacéhandschuhen." Das Blatt „Berliner Wespen" behauptete 1872, dass Katholiken zu gut behandelt werden.

Alexander von Humboldt hat den Wissenschaftsstandort Berlin im frühen 19. Jahrhundert geprägt. Hier zeigt ihn ein historisierender Holzstich von 1870 mit Karl Varnhagen von Ense (l.) in seinem Berliner Arbeitszimmer.

WISSENSCHAFTEN, KUNST UND KULTUR

Mit dem rasant erfolgenden Aufstieg Preußens und Berlins im Laufe des 19. Jahrhunderts wuchsen auch die Sorgen: dass ein weit über seine alten Grenzen hinausgewachsenes Preußen in Deutschland aufzugehen und seine Identität zu verlieren drohe; dass die zur Hauptstadt gewordene Residenzstadt Berlin ihren idyllischen Charakter einbüße und sich zu einem Großstadt-Moloch entwickle. „Das königlich preußische findet im kaiserlichen Reichsberlin keinen Platz mehr. Spreeathen ist tot und Spreechicago wächst heran", so brachte Walther Rathenau diese Befürchtung 1899 auf den Punkt[1] – zu einem Zeitpunkt, als Berlin sich anschickte, zur führenden Metropole nicht nur Deutschlands, sondern ganz Europas zu werden, zu einer Weltstadt nicht nur in ökonomischer, sondern auch in wissenschaftlicher und kultureller Hinsicht.

„Spree-Athen", dieser Begriff geht zurück auf Erdmann Wircker, der 1706 in seiner Festschrift *Märckische Neun Musen* den ersten preußischen König für seine Kultur- und Wissenschaftspolitik rühmte:

> *„Daß ganz Europa nicht von einem Fürsten hört! /*
> *Der so der Künste Kern als König Friedrich liebet.*
> *Die Fürsten wollen selbst in deine Schule gehen /*
> *Drumb hastu auch für Sie ein Spree-Athen gebauet,*
> *Wo Prinzen in der Zahl gelehrter Musen stehn /*
> *Da wird die Weisheit erst in rechter Pracht geschauet."*[2]

Damit hatte Wircker der Stadt Berlin einen Beinamen gegeben, der bis in unsere Gegenwart mit nostalgischem, gelegentlich auch ironischem Beiklang verwandt wird; ein Beiname, der sich nicht nur auf das von klassizistischer Architektur geprägte Stadtbild bezieht, sondern auch auf den Stellenwert, der hier den Wissenschaften, der Philosophie und den Künsten beigemessen wurde. Warum ist ein solcher Titel anderen deutschen Städten verwehrt geblieben? Hat sich Berlin im 18. und 19. Jahrhundert tatsächlich mehr als jede andere deutsche Stadt den Denkern und Dichtern, den Wissenschaftlern und Künstlern zugewandt? Welchen Anteil hatten daran der Hof bzw. der Staat, welchen die Gesellschaft? Welche ästhetischen und (gesellschafts-)politischen Positionen vertraten die Künstler? Beschränkten sie sich auf eine epigonenhafte Fortführung überkommener Formen, oder fanden sie zu neuen Ausdrucksformen? Ging es ihnen primär um eine Bestätigung der Machtverhältnisse oder kritisierten sie die politischen und sozialen Verhältnisse ihrer Zeit? Wie innovativ und kritisch waren die in Berlin lehrenden Wissenschaftler? Forderten sie den preußischen Machtstaat heraus, oder dienten sie sich ihm an? Und welche Grenzen setzte der Staat den kritischen Geistern? Wie war es bestellt um die politische Zensur?

Höfische und bürgerliche Kultur im 18. Jahrhundert

Als Stadt der Wissenschaften und Künste tritt Berlin relativ spät in Erscheinung. Universitätsstadt wird Berlin erst im Jahre 1809, mit der Gründung der Alma Mater Berolinensis, die ein Jahr später ihren Betrieb aufnimmt. Zu diesem Zeitpunkt konnten andere Städte des Landes wie die Brandenburgische Universität in Frankfurt an der Oder (1506), die Albertus-Universität Königsberg (1544) oder die Friedrichs-Universität in Halle an der Saale (1694) bereits auf eine lange Tra-

Allegorie auf die Gründung der Preußischen Akademie der Künste und der mechanischen Wissenschaften. Zeichnung von Matthäus Terwesten, 1696

dition zurückblicken – ganz zu schweigen von jenen europäischen Universitäten in Bologna, Paris oder Oxford, deren Gründung weit ins Mittelalter zurückreicht. Immerhin verzeichnete das Berliner Schulwesen seit Ende des 17. Jahrhunderts einen kontinuierlichen Aufschwung. Neben den höheren, meist reformiert geprägten Lehranstalten (zu denen auch eine französische Schule zählte) gab es zahlreiche Bürger- und auch Armenschulen. Ungeachtet aller Defizite im Elementarschulwesen hatte die sich so schon im 18. Jahrhundert herausbildende Schuldichte zur Folge, dass wohl „kaum ein Berliner ohne jede Schulbildung blieb".[3] Zudem gab es bereits seit Ende des 17. Jahrhunderts erste Initiativen, Berlin zu einem Zentrum der Künste und Wissenschaften zu formen.

Schon 1696 war in Berlin die Academie der Mahler-, Bildhauer- und Architectur-Kunst gegründet worden, auf der neben Künstlern auch Chirurgen, Uhrmacher oder Tischler ausgebildet wurden. Zumindest der Selbstwahrnehmung nach handelte es sich bei dieser Schule (der Vorläuferin der heutigen Akademie der Künste) um eine europaweit anerkannte Institution, wie einer Mitte des 18. Jahrhunderts erschienenen Beschreibung zu entnehmen ist, derzufolge die Schüler

> *„ihre zu erlernende Professiones mit erwünschten Succeß [Erfolg] angetreten haben, so, daß Berlin izo vor den meisten Städten Teutschlandes sich rühmen kan, die geschicktesten Ouvriers [Handwerker und Künstler] zu haben, deren Arbeit von allen umliegenden Städten und Landen hochgeachtet, gesuchet und nach Würden bezahlet wird. […] Die Zahl der Academisten hat sich jederzeit von Jahr zu Jahr sehr gehäufet, und der Ruf von dieser Academie ist so weit, und in die entlegenste Königreiche und Länder gedrungen, daß viel hundert, nach Anzeige der Academischen Matricul, aus Pohlen, Ungern, Dännemark, Schweden, Holland, Braband, Franckreich, Schweiz und andern Orten die Künste zu erlernen sich hieselbst eingefunden, und von den Academischen Unterweisungen profitiret haben."*[4]

Auch die Wissenschaften wurden seit der zweiten Hälfte des 17. Jahrhunderts gefördert. Zwar scheiterte der erste, von dem schwedischen Diplomaten Bengt Skytte (1614–1683) unternommene Versuch, Berlin zum Wissenschaftsstandort zu machen. Dafür war Gottfried Wilhelm Leibniz (1646–1716), einem der bedeutendsten Gelehrten seiner Zeit, mehr Erfolg beschieden. Nach einem mehrjährigen Aufenthalt in Paris nutzte der Universalgelehrte seine Beziehungen zum brandenburgischen Hof, um die Gründung einer Akademie voranzutreiben, die 1700 als Kurfürstlich-Brandenburgische Societät der Wissenschaften gestiftet und 1711 als Königlich Preußische Sozietät der Wissenschaften eingeweiht wurde und die anders als in London und Paris sowohl die Geistes- als auch die Naturwissenschaften unter einem Dach zusammenfasste. Allerdings zog es Leibniz, der die Präsidentschaft übernommen hatte, doch über die geringe finanzielle Ausstattung enttäuscht war, noch im selben Jahr nach Wien. Mit der österreichischen Hauptstadt, *dem* kulturellen Zentrum Deutschlands im 18. Jahrhundert, konnte sich Berlin zu dieser Zeit nicht messen. Immerhin stand die Berliner Akademie in einem guten Ruf. Das bestätigte rückblickend auch Jakob Friedrich von Bielfeld (1717–1770), seit 1744 selbst Ehrenmitglied:

> *„Der Herr von Leibniz schritte […] zu der Wahl geschickter Leute, welche diese königliche Gesellschaft ausmachen sollten, und fügte derselben die berühmtesten Gelehrten in Europa unter dem Titel auswärtiger Mitglieder noch bey. Die neue Gesellschaft trat ihre Laufbahn in denen Wissenschaften als ein muntrer Kämpfer von selbst an, und machte sich auf selbiger durch ihren guten Fortgang gar bald berühmt. Sie gab Nachrichten unter dem Titel: Miscellanea Berolinensia im Druck heraus, welche den Beyfall des ganzen gelehrten Europa erhielten. Solange Friedrich I. und Leibniz lebten, erschienen diese Nachrichten ordentlich, und der Eifer der Mitglieder war unermüdet."*[5]

Gottfried Wilhelm Leibniz beeindruckt Sophie Charlotte (l. sitzend), die Frau Friedrichs I., mit seinen Kenntnissen. Holzstich nach einer historisierenden Zeichnung von Theobald Freiherr von Oer, 1855

Tatsächlich bedeutete der Tod Friedrichs I. 1713 einen tiefen Einschnitt. Denn seinem Sohn und Nachfolger Friedrich Wilhelm I. war nicht nur jeder Luxus verhasst; auch für Künste und Geisteswissenschaften hatte er kaum etwas übrig. Nicht nur ließ er den berühmten, an der Universität Halle lehrenden Philosophen Christian Wolff (1679–1754) „binnen 48 Stunden aus dem Lande jagen"[6] und strich den Haushalt der Königlichen Bibliothek auf ein Minimum zusammen; auch bei der Berliner Akademie und selbst bei den Bezügen ihres Präsidenten setzte er den Rotstift an. Noch einmal Bielfeld:

> *„Fast alle Einkünfte des Staats wurden auf das Kriegswesen verwendet, und die Einkünfte der Gesellschaft stunden in großer Gefahr, von diesem Strome mit fortgerissen und in dem nämlichen Abgrund mit verschlungen zu werden. […] Verschiedne ordentliche Mitglieder ließen bey ihrer Arbeit den Muth sinken, die Abhandlungen erschienen sehr langsam und unordentlich, und die Bemühungen der Musen waren dem Gespötte ausgesetzt."*[7]

Lediglich den Naturwissenschaften und vor allem der Medizin konnte der „Soldatenkönig" etwas abgewinnen. Schließlich bedurfte es guter Chirurgen und Wundärzte für seine Armee. Und so förderte er den Ausbau des 1710 vor dem Spandauer Tor gegründeten Pesthauses zu einem Krankenhaus mit Übungsschule, der Maison de Charité, die mit der Akademie und 1810 mit der Berliner Universität verbunden wurde. So wurde „durch das Zusammenwirken von Theorie und Praxis die Grundlage für eine sehr erfolgreiche medizinische Forschung in der preußischen Hauptstadt" gelegt – woran noch heute der Name Charité erinnert.[8]

In den folgenden Jahrzehnten waren es vor allem die Naturwissenschaften, die den Schwerpunkt der Berliner Akademie bildeten. Erst unter Friedrich II., der die Institution 1744 reorganisierte, wurden auch die Geisteswissenschaften wieder gefördert und vor allem der Philosophie ein hoher Stellenwert beigemessen – und das mehr als an jedem anderen Hof Europas. Die Mitgliederliste der Akademie, die nicht zuletzt durch die von ihr gestellten Preisaufgaben europaweit von sich reden machte, liest sich denn auch wie ein *Who's who* der deutschen und der französischen Aufklärung: neben dem Vordenker der modernen Gewaltenteilung, Charles de Secondat, Baron de Montesquieu (1689–1755), stößt man darin auf die Herausgeber der *Enyclopédie*, Jean le Rond d'Alembert (1717–1783) und Denis Diderot (1713–1784), auf Lessing, Christoph Martin Wieland (1733–1813) und Immanuel Kant (1724–1804). Zwischenzeitlich hofierte der König sogar kritische Denker wie den aus Frankreich und Holland geflüchteten Materialisten Julien Offray de La Mettrie (1709–1751). Vor allem aber gelang es dem König, Voltaire für die Akademie zu gewinnen und für einige Jahre, von 1750 bis 1753, sogar an den Hof zu ziehen. Schon als Kronprinz hatte Friedrich (der ja Französisch besser als Deutsch beherrschte) mit diesem einen intensiven Briefwechsel unterhalten und sich selbst als philosophierender Schriftsteller versucht – immer auch mit der Absicht, sich selbst als *Roi philosophe* zu inszenieren. Und tatsächlich wird er bis heute noch von vielen als „Philosoph auf dem Thron" verehrt – ein Mythos, von dem Potsdam und Berlin als Zentren der europäischen Aufklärung bis in die Gegenwart zehren.

Friedrich II. weniger wohlgesonnene Zeitgenossen mögen dagegenhalten, dass dieser einen Essay Voltaires verbrennen und diesen sogar einmal verhaften ließ, dass Friedrich seit seiner Machtübernahme permanent gegen die in seinem *Anti-Machiavel* (1740) aufgestellten Maximen verstieß und die von ihm hofierten Denker auf zynische Weise in ihre Grenzen wies („räsonirt, soviel ihr wollt und worüber ihr wollt; aber gehorcht!"[9]), dass mit Johann Wolfgang Goethe (1749–1832) einer der größten Dichter um 1800 wenig Gefallen an Berlin fand, dass die Akademie auf das Französische als Verkehrssprache setzte und am Hofe wie im Theater am Gendarmenmarkt die französische Dichtung dominierte, derweil das „offizielle Berlin [...] der deutschen Literatur kaum Beachtung" schenkte.[10] Für Friedrich zählte nur die französische Literatur, das machte er in seiner 1781 ins Deutsche übersetzten Schrift *Ueber die deutsche Litteratur, die Mängel, die man ihr vorwerfen kann; die Ursachen derselben und die Mittel sie zu verbessern* unmissverständlich klar.

Freilich, um zu einem ausgewogenen Urteil über das friderizianische Berlin als Stadt der Wissenschaften und der Künste zu gelangen, sollte man sich nicht nur von normativen Vorgaben leiten lassen, sondern auch eine historisch-vergleichende Perspektive einnehmen. Erst so tritt die gewaltige kulturelle Entwicklung, die die Stadt unter Friedrich II. nahm, vor Augen. Es war schließlich alles andere als selbstverständlich, dass sich ein Monarch im 18. Jahrhundert mit so vielen berühmten und derart kritischen Geistern umgab, ja sogar einem radikalen Deisten wie Johann Christian Edelmann Asyl gewährte (wenn auch unter der Bedingung, von weiteren Veröffentlichungen abzusehen).[11] Mit Friedrich II. hatte Preußen einen überdurchschnittlich gebildeten König, der die wichtigsten philosophischen Traktate seiner Zeit kannte und Berlin durch den Ausbau der Akademie zu einer bedeutenden Position innerhalb des europäischen Gelehrtennetzwerks verhalf, aber auch einen musisch veranlagten Monarchen, der nicht nur leidenschaftlich musizierte, sondern auch komponierte und Unter den Linden ein Opernhaus errichten ließ. Auch wenn das literarische und musikalische Leben der Stadt kaum mit anderen deutschen Kulturzentren Deutschlands, allen voran Wien, mithalten konnte, hatte sich die Stadt unter Friedrich II. zu einem intellektuell wie künstlerisch attraktiven Ort entwickelt.

Das verdankte Berlin allerdings nicht nur der fürstlichen Kunst- und Wissenschaftspolitik, sondern auch den bürgerlichen Aufklärern, die „die preußische Residenzstadt aus ihrer geistigen Provinzialität herausführten und zu einer kulturellen Hauptstadt werden ließen."[12] In der zweiten Hälfte des 18. Jahrhunderts waren es vor allem drei Persönlichkeiten, die das geistige Klima der Stadt nachhaltig prägten: der Dichter Gotthold Ephraim Lessing, dessen Drama *Nathan der Weise* noch heute zur Weltliteratur zählt, der Philosoph

Friedrich II. und Voltaire im Bibliothekszimmer von Schloss Sanssouci.
Historisierender Holzstich nach einer Zeichnung von
Philipp Grotjohann, um 1900

Hochkultur im Wohnzimmer: Quartettabend bei Bettina von Arnim, geb. Brentano. Aquarell von Carl Johann Arnold, 1854/56

Moses Mendelssohn, der der Haskalah, der jüdischen Aufklärung, den Weg bereitete, und der Verleger Friedrich Nicolai (1733–1811), der weniger durch seine eigenen Veröffentlichungen als durch den Aufbau und die Pflege eines kulturellen Netzwerkes der Aufklärung in Berlin zum Durchbruch verhalf. Denn Aufklärung erschöpfte sich nicht nur im Abfassen und Lesen gelehrter oder poetischer Texte. Aufklärung vollzog sich auch durch Austausch: durch intensive Korrespondenz, vor allem aber durch eine neue Praxis der Konversation, die dem Ideal eines „kritischen, respektvollen und offenen Dialogs zwischen freien und autonomen Gesprächspartnern" verpflichtet war.[13] Dieser Austausch erfolgte an vielerlei Orten: in Vereinen, Gesellschaften, Freimauerlogen und Buchhandlungen, vor allem aber in den privaten Salons der bildungsbürgerlichen Elite, die seit den 1780er-Jahren aus dem gesellschaftlichen Leben der Stadt nicht mehr wegzudenken waren.

Hier entstand ein Raum, in dem die Herkunft der Teilnehmer zumindest idealiter keine Rolle spielen sollte, ein Raum, in dem sich Adelige und Bürger, Christen und Juden, Männer und Frauen auf Augenhöhe begegnen und austauschen und die starren Regeln der hierarchischen Ständegesellschaft außer Kraft setzen sollten. Dass mit Henriette Herz und Rahel Levin ausgerechnet zwei bürgerliche Frauen jüdischer Herkunft zu den bedeutendsten Salonnièren ihrer Zeit avancierten, deutete diesen Anspruch auf Gleichheit aller Menschen ebenfalls an. In dem von Herz zwischen 1780 und 1803 geführten Salon verkehrten Naturforscher wie Alexander von Humboldt (1769–1859), Staatsmänner wie sein Bruder Wilhelm von Humboldt (1767–1835) und Metternichs späterer Berater Friedrich von Gentz (1764–1832), Künstler wie Schadow, Gelehrte, Dichter und Intellektuelle wie Schleiermacher, Friedrich Schlegel (1772–1829), Jean Paul (1763–1825) und Ludwig Börne (1786–1837). Auch Rahel Levin (seit 1814 Varnhagen von Ense) hielt sich hier auf, bevor sie 1791 ihren ersten eigenen, bis 1806 bestehenden Salon eröffnete, in dem neben den beiden Humboldts, Jean Paul und Schlegel auch Ludwig Tieck (1773–1853) und Prinz Louis Ferdinand von Preußen (1772–1806) gern gesehene Gäste waren. Allein diese soziale, politische und kulturelle Vielfalt war eine Form praktizierter Gesellschaftspolitik. In einer Gesellschaft, in der es keine Rechtsgleichheit zwischen den Angehörigen verschiedener Stände, Glaubensgemeinschaften und beider Geschlechter gab, bildeten die Salons einen Gegenraum tendenziell gleichberechtigter Menschen, einen Mikrokosmos, in dem zumindest dem Anspruch nach über alle Dinge des öffentlichen Lebens geredet werden sollte: nicht nur über Wissenschaft und Literatur, sondern auch über Politik, Religion und Gesellschaft.

Dass die Salons in dieser Hinsicht nur die Spitze des Eisberges bildeten, dass nicht nur gelehrte Bildungsbürger miteinander sprachen, sondern über alle Standesgrenzen hinweg philosophiert und politisiert wurde, entnimmt man dem fiktiven Reisebericht des aufgeklärten Theologen Friedrich Gedike (1754–1803), in dem dieser ein äußerst vorteilhaftes Bild vom geistigen Klima Berlins zeichnete:

> *„Ueber das Spekuliren und Räsonniren des gemeinen und mittlern Standes hier würden Sie Sich sehr wundern. Es giebt ungemein gescheute Leute unter Bürgern, Handwerkern, Soldaten, die scharf und richtig nachdenken, und sich sehr treffend ausdrükken. Es ist eine Lust, mit diesen Leuten zu sprechen, nicht bloß über ihr Gewerbe, sondern auch über Moral, Religion und Politik."*[14]

Allerdings waren dieser bürgerlichen Aufklärung enge Grenzen gesetzt – vielleicht sogar engere Grenzen als in anderen europäischen Hauptstädten. Das hat zumindest kein geringerer als Lessing behauptet. Nachdem ihm eine Anstellung als Direktor der Königlichen Bibliothek verwehrt geblieben war, verließ der Dichter die Stadt und siedelte 1767 nach Hamburg und 1770 dann nach Wolfenbüttel über. Ein Jahr zuvor rechnete er in einem Brief an Nicolai mit der unter Friedrich II. auferlegten Einschränkung der Meinungsfreiheit ab:

> *„Sagen Sie mir von Ihrer Berlinischen Freiheit zu denken und zu schreiben ja nichts. Sie reduziert sich einzig und allein auf die Freiheit, gegen die Religion soviel Sottisen zu Markte zu bringen, als*

Lessings „Briefe, die Neueste Litteratur betreffend" erschienen im Verlag von Friedrich Nicolai, dem bedeutendsten Berliner Verleger seiner Zeit.

> *man will [...] Lassen Sie es aber doch einmal einen in Berlin versuchen, über andere Dinge so frei zu schreiben, als Sonnenfels in Wien geschrieben hat; lassen Sie es ihn versuchen, dem vornehmen Hofpöbel so die Wahrheit zu sagen, als dieser sie ihm gesagt hat; lassen Sie einen in Berlin auftreten, der für die Rechte der Untertanen, der gegen Aussaugung und Despotismus seine Stimme erheben wollte, wie es itzt sogar in Frankreich und Dänemark geschieht: und Sie werden bald die Erfahrung haben, welches Land bis auf den heutigen Tag das sklavischste Land von Europa ist."*[15]

Wie wäre wohl Lessings Urteil über Friedrichs Nachfolger ausgefallen? Zwei Jahre nach seinem Regierungsantritt verlangte Friedrich Wilhelm II. nach einer Verschärfung der Zensur:

> *„Da Ich auch vernehme, daß die Preßfreiheit in Berlin in Preßfrechheit ausartet, und die Bücher-Censur völlig eingeschlafen ist [...], so habt ihr gegen den Buchdrucker und Buchhändler sofort fiscum zu exzitieren, und Mir übrigens Vorschlag zu thun, wie die Bücher-Censur auf einen bessern Fuß eingerichtet werden kann. Ich will Meinen Unterthanen alle erlaubte Freiheiten gern accordiren; aber Ich will auch Ordnung im Lande haben, welche durch die Zügellosigkeit der jetzt sogenannten Aufklärer, die sich über alles wegsetzen, gar sehr gelitten hatt."*[16]

Kurz darauf, im Dezember 1788, trat denn auch ein von Staats- und Justizminister Johann Christoph von Woellner (1732–1800) initiiertes und Carl Gottlieb Svarez (1746–1798) verfasstes Zensuredikt in Kraft, das im Laufe der Französischen Revolution noch verschärft und in modifizierter Form bis 1848 Bestand haben sollte und weitreichende Folgen für die in Preußen und Berlin publizierenden Dichter und Denker hatte. Viele Historiker haben denn auch nicht mit vernichtenden Urteilen über die Ära Woellner gespart: von einem „Radikalenerlass"[17] und einer „ersten modernen Gesinnungsdiktatur" ist mitunter die Rede.[18] Allerdings gilt es auch hier zwischen Anspruch und Wirklichkeit zu unterscheiden: denn trotz aller Zensureingriffe, Verbote und Ausweisungen nichtpreußischer ‚Revolutionsfreunde' „bleibt festzuhalten, daß unter preußischer Zensur zwischen 1789 und 1806 in der ‚Haupt- und Residenzstadt' Berlin vier Journale erscheinen konnten, in denen die Französische Revolution als historische Notwendigkeit und Sieg der Vernunft über aristokratische Anmaßung und königliche Mißwirtschaft gefeiert wurde."[19] So erscheint das Zensuredikt denn auch weder strenger noch milder gewesen zu sein als in anderen deutschen Staaten.[20] Und auch im Vergleich mit dem revolutionären und napoleonischen Frankreich zeigt sich, wie normal solche Zensurmaßnahmen in den 1790er-Jahren waren.

Zu diesem Zeitpunkt hatte sich in Berlin längst ein Wandel des Zeitgeistes vollzogen. Nicht nur Friedrich Wilhelm II. und viele seiner Vertrauten hingen spiritistisch-mystischen Gedanken nach, „auch große Teile der Stadtbevölkerung nahmen Zuflucht zu übersinnlichen Vorstellungen", sodass Propheten und Wunderheiler einigen Zulauf verbuchen konnten.[21] Und doch war die Aufklärung aus dem kulturellen Stadtbild keineswegs verschwunden. Gerade in der Verwaltungsspitze existierte „ein Netz aus Beamten […], die die Schule der Berliner Aufklärung durchlaufen hatten und bereit waren, ihre Auffassung von einer aufgeklärten politischen Ordnung gegen die autoritären Verordnungen" Woellners und Friedrich Wilhelms II. zu verteidigen.[22] Gleichzeitig wurde mit der aufkommenden Romantik eine neue Epoche eingeleitet, deren Protagonisten sich nur scheinbar vom politischen Geschehen der Gegenwart abwandten. So manifestierte sich beispielsweise in der auf den ersten Blick weltfremd wirkenden Idealisierung des deutschen Mittelalters ein hochpolitischer Wunsch nach nationaler Identitätsstiftung.

Wissenschaften, Künste und Geselligkeit im 19. Jahrhundert

Dass Berlin wie keine andere deutsche Stadt sowohl von den rationalistischen als auch den romantischen Strömungen in kultureller wie wissenschaftlicher Hinsicht zu profitieren vermochte, verdankte sich nicht zuletzt der napoleonischen Besatzung. Zum einen entwickelten sich die Buchhandlungen und die noch immer bestehenden bzw. wiederbelebten Salons seit 1806 zu einem Ort explizit politischer Konversation frühnationalistisch gesinnter Dichter und Gelehrter. Zum anderen machte die Auflösung der renommierten

Der Spiritismus kam im 18. Jahrhundert in Adelskreisen in Mode. Hier lässt sich eine Gesellschaft in Dresden mit einer „Geisterbeschwörung" beeindrucken. Holzstich nach Zeichnung von Woldemar Friedrich, 1876

und größten preußischen Universität in Halle an der Saale (das nun dem Königreich Westphalen einverleibt wurde) eine Neugründung notwendig. Was lag näher, als der Hauptstadt Preußens endlich eine eigene Universität zu geben?

Dass sich bei der 1809 genehmigten Universitätsgründung Wilhelm von Humboldt, damals Leiter der im Innenministerium angesiedelten Sektion Kultur und Unterricht, mit seiner Bildungsreform durchsetzen konnte, war ein Glücksfall für den Wissenschaftsstandort Berlin. Denn Humboldts Hochschulkonzept sah nicht nur

Denkmal Wilhelm von Humboldts vor dem Hauptgebäude der Universität Unter den Linden

eine enge Verbindung von Lehre und Forschung, sondern auch weitgehende Lehr- und Lernfreiheit vor. Das machte die neue Universität, die ihren Lehrbetrieb im Oktober 1810 aufnahm, im ersten Drittel des 19. Jahrhunderts für namhafte Naturwissenschaftler, vor allem aber für renommierte Geisteswissenschaftler attraktiv: etwa die Philosophen Johann Gottlieb Fichte (1762–1814), Georg Wilhelm Friedrich Hegel (1770–1831) und Friedrich Wilhelm Schelling (1775–1854), den Begründer der Historischen Rechtsschule Friedrich Carl von Savigny (1779–1861), den Theologen Friedrich Schleiermacher und den Begründer der modernen Geschichtswissenschaft Leopold von Ranke (1795–1886).

Ungeachtet aller Provisorien – manche Professoren sahen sich gezwungen, die Lehrveranstaltungen in ihren Privatwohnungen abzuhalten – galt die Reformuniversität seit ihrer Gründung „als die lebendigste und wichtigste in Deutschland".[23] Schon zwanzig Jahre später war sie nach Wien auch die größte im deutschsprachigen Raum. 1732 Studenten hatten sich im Jahre 1832 immatrikuliert. Zudem wurde an den Akademien und zahlreichen höheren Bildungsanstalten geforscht oder gelehrt. Auch die höheren Lehranstalten, deren Besuch dem Nachwuchs der oberen Schichten vorbehalten war, erfuhren einen Aufschwung, derweil das Elementarschulwesen bis in die zweite Hälfte des 19. Jahrhunderts vernachlässigt wurde. Die hier unterrichteten Kinder (die vielfach ja bereits in jungen Jahren zur Fabrikarbeit gezwungen wurden) brachten „es kaum zum fließenden Lesen", die Grundrechenarten wurden nur „mit Mühe erlernt; an das Rechtschreiben war nicht zu denken". Und „die meisten Eltern hielten den Unterricht der Mädchen für unnötig, Stricken und Nähen galt als Hauptsache."[24]

Bildung für alle: Daniel Chodowieckis Titelkupfer zu F. H. Zeigenhagens „Lehre vom richtigen Verhältnis in Gottes Schöpfung" (1791) zeigt eine Akademie, in der rechts gekrönte Häupter, in den Bankreihen aber breite Bevölkerungskreise, auch Frauen, vertreten sind.

Bildung war und blieb ein Privileg für die Söhne aus gehobenen Ständen. Erst 1908 wurde in Preußen das Frauenstudium offiziell erlaubt. Immerhin bot sich ihnen im frühen 19. Jahrhundert die Möglichkeit, an Privatvorlesungen teilzunehmen, wie sie von Alexander von Humboldt, einem der renommiertesten Naturforscher seiner Zeit, u. a. in der Singakademie abgehalten wurden – auch wenn sie dafür den Spott männlicher Zeitgenossen („Der Saal faßte nicht die Zuhörer, und die Zuhörerinnen faßten nicht den Vortrag"[25]) erdulden mussten. Die Komponistin Fanny Mendelssohn (1805–1847), der im Gegensatz zu ihrem berühmten jüngeren Bruder Felix Mendelssohn Bartholdy (1809–1847) aufgrund ihres Geschlechtes eine Karriere verwehrt blieb, brachte dies in einem Brief an einen Freund der Familie auf den Punkt:

„Dass Alexander von Humboldt ein Kollegium an der Universität liest (physikalische Geographie), ist Ihnen vielleicht bekannt, wissen Sie aber auch,

dass er auf Höchstes Begehren einen zweiten Kursus im Saal der Singakademie begonnen hat, an dem Alles Theil nimmt, was nur einigermassen auf Bildung und – Mode Anspruch macht, vom König und ganzen Hof, durch alle Minister, Generale, Offiziere, Künstler, Gelehrte, Schriftsteller, schöne und hässliche Geister, Streber, Studenten und Damen bis zu dero unwürdigen Correspondentin herab? Das Gedränge ist fürchterlich, das Publikum imposant und das Kollegium unendlich interessant. Die Herren mögen spotten soviel sie wollen, es ist herrlich, dass in unseren Tagen uns die Mittel geboten werden, auch einmal ein gescheutes Wort zu hören, wir geniessen dies Glück und müssen uns

Elsa Neumann wurde 1899 als erste Frau an der Berliner Universität promoviert. Auf diesem kolorierten Holzstich nach einer Zeichnung von Ewald Thiel erhält sie ihre Promotionsurkunde. Neumann musste für den Besuch von Lehrveranstaltungen und die Promotion selbst Ausnahmegenehmigungen beantragen.

über das Spötteln zu trösten suchen. Um uns nun vollends Ihrem Spotte Preis zu geben, muss ich Ihnen bekennen, dass wir noch eine zweite Vorlesung hören und zwar eine von einem Ausländer gehaltene über Experimentalphysik. Auch dieser Kursus wird grösstentheils von Damen besucht."[26]

Dass die Wissenschaften nicht nur in Berlin, sondern in ganz Preußen eine solche Zuwendung erfuhren, verdankte sich nicht zuletzt dem Wirken des reformorientierten Politikers Karl vom Stein zum Altenstein (1770–1840), der bis 1838 das preußische Kultusministerium leitete. Auch danach – das ist den Erinnerungen von Friedrich Engels zu entnehmen – blieb die Universität „das Allerbedeutendste in Berlin, das, wodurch die preußische Hauptstadt sich so sehr vor allen anderen auszeichnet". Es sei „der Ruhm der Berliner Universität, daß keine so sehr wie sie in der Gedankenbewegung der Zeit" stehe und sich so zur „Arena der geistigen Kämpfe gemacht" habe:

„*Wie viele andere Universitäten, Bonn, Jena, Gießen, Greifswald ja selbst Leipzig, Breslau und Heidelberg haben sich diesen Kämpfen entzogen und sind in jene gelehrte Apathie versunken, die von jeher das Unglück der deutschen Wissenschaft war! Berlin dagegen zählt Vertreter aller Richtungen unter seinen akademischen Lehrern und macht dadurch eine lebendige Polemik möglich, die dem Studierenden eine leichte, klare Übersicht über die Tendenzen der Gegenwart verschafft.*"[27]

Allerdings litt auch die Berliner Universität unter den Repressionen, die im Zuge der Karlsbader Beschlüsse von 1819 gegenüber allen Universitäten des Deutschen Bundes verhängt worden waren: den vielfältigen Zensurmaßnahmen, der Überwachung und Verfolgung liberal und national gesinnter Professoren und Studenten. Selbst ein so harmloses Unterfangen wie die Gründung eines studentischen Lesevereins sah sich vielfältigen Schikanen ausgesetzt. So berichtet Rahel Varnhagen von Enses Ehemann Karl August in seinem Tagebuch, dass die Behörde einen solchen Kreis untersagt habe, „weil sie auch solche Zeitungen halten wollten, die zwar nicht verboten, aber mißfällig" seien.[28] Besorgt betrachtete Varnhagen im Dezember 1843 die weitere Entwicklung:

Das Universitätsgebäude in Berlin, das ehemalige Palais des Prinzen Heinrich. Zeitgenössische kolorierte Lithografie von Wilhelm Loeillot

„*Der Minister des Innern, verbunden mit dem des Kultus, führt einen wahren Krieg gegen die*

Studenten, die ihrerseits die Sache lustig nehmen. Wenn sie in ihren Kneipen – sie kommen zu zwei- bis dreihundert zusammen – sich von Polizeispähern belauscht wissen, so lassen sie den Polizeipräsidenten von Puttkammer hoch leben, die gesammte Polizei, die Pedelle [Universitätshausmeister], unter dem größten Gelächter! Dieser Studentenkrieg hat aber eine sehr ernste Seite; er zeigt die ganze Erbärmlichkeit der obersten Behörden, die sich kleinlichst in jede Jugendäußerung einmischen mit Unverstand und Rohheit; er kann auch noch andre Folgen haben! Zum erstenmale hört' ich gestern die bisher nie gedachte Möglichkeit erwähnen, daß die Studenten, der elenden Scheerereien müde, einmal von Berlin abzögen und die Universität in Verruf erklärten! Das wäre ein Schlag, von dem sie tief erschüttert würde, der in der ganzen Welt widerhallte, und der den König leicht veranlassen könnte, die Minister auf der Stelle wegzujagen, unter denen ein solches Aergerniß hervorbräche!"[29]

Selbst wenn die Akademie mitunter Gelehrte aufnahm, die wie die Brüder Jakob und Wilhelm Grimm aufgrund ihrer Gesinnung andernorts verfolgt worden waren, wurde weiterhin auch in Berlin so manchem Dozenten die Vorlesungserlaubnis entzogen. Und keineswegs ließ dieser von reaktionären Vertretern der Obrigkeit ausgeübte Druck nach der Revolution von 1848/49 nach. Unter dem 1850 zum Kultusminister ernannten Karl Otto von Raumer (1805–1859) erreichten die Repressionen vielmehr einen neuen Höhepunkt – mit der Folge, dass sich Varnhagens Befürchtung bewahrheitete und die Zahl der Professoren wie der Studenten stark zurückging, sodass Berlin seinen „Ruf als eine der ersten Universitäten Europas“ verlor.[30] Erst seit Beginn der 1860er-Jahre machten vereinzelte Professoren wieder als Kritiker der illiberalen Politik von sich reden.

Es dauerte noch zwei Jahrzehnte, bis die Berliner Universität erneut eine Spitzenstellung in Forschung und Lehre einnahm. Begeistert schreibt der dänische Philosoph Georg Brandes, der zwischen 1877 und 1882 in Berlin lebte, in seinen Erinnerungen:

„Niemand ahnt, was in einer Stadt wie Berlin an Wissen und Kenntnis, an Einsicht und Tüchtigkeit, an Talent und Genialität angehäuft ist. […] In keiner europäischen Stadt wird kühner, vorurteilsfreier, umfassender gedacht als in Berlin von den hellsten und sachkundigsten Köpfen. Ein guter Maßstab ist das offizielle Leben. An der Berliner Universität werden Vorlesungen gehalten, die an der Sorbonne oder am Collège de France undenkbar wären; von London wollen wir gar nicht erst reden. Und in der Schar der jungen Wissen-

Rudolf Virchow, hier bei einer Pathologie-Vorlesung an der Berliner Universität, war einer der herausragendsten Gelehrten seiner Zeit.

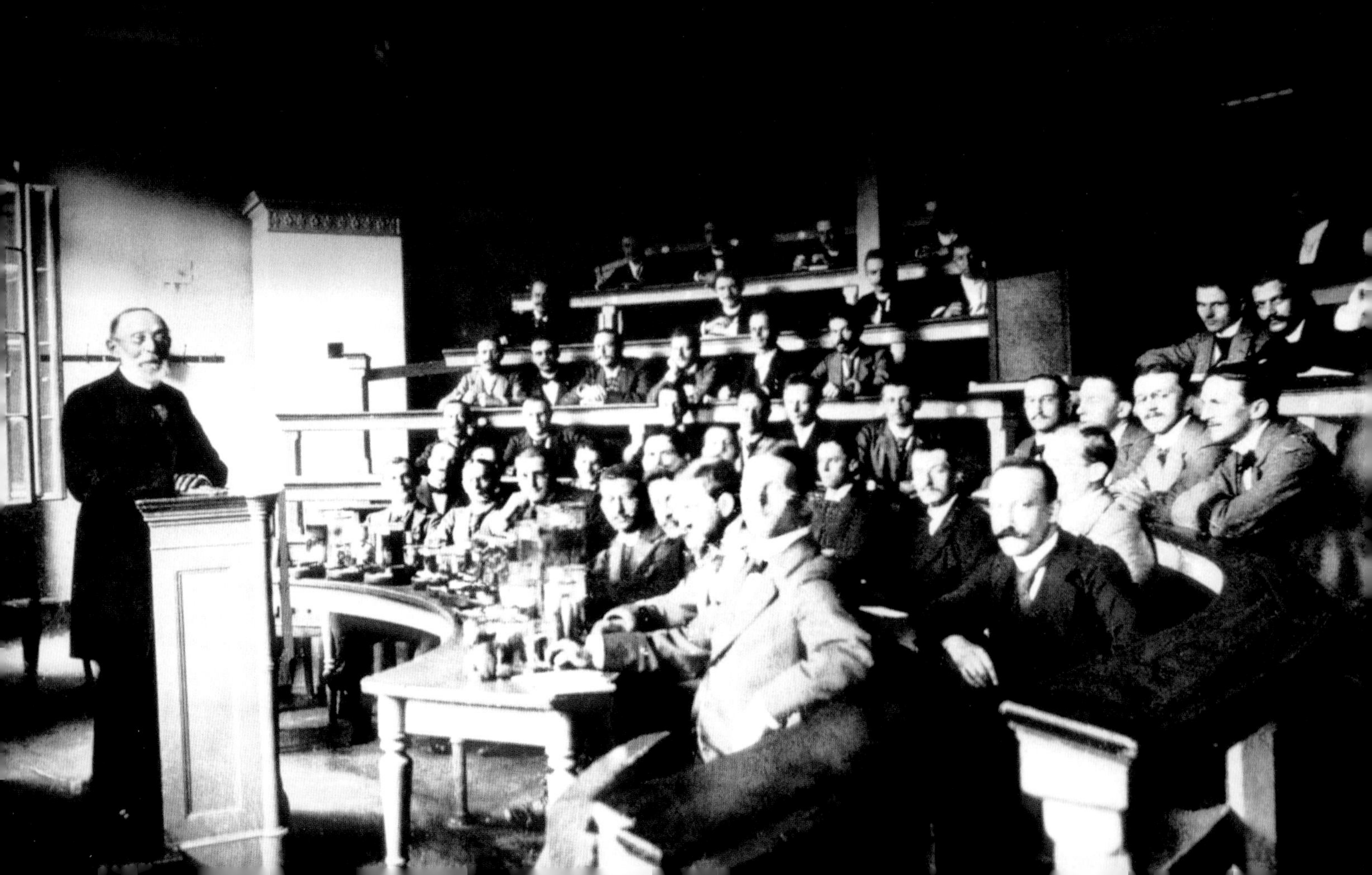

schaftsgarde gibt es vereinzelt Männer […], die an Klarheit, reinem Enthusiasmus und felsenfester Überzeugung den französischen, deutschen und englischen Philosophen des 18. Jahrhunderts nahekommen und fest entschlossen sind, deren Arbeit aufzunehmen.“[31]

Um die Jahrhundertwende zählte die Universität dann sogar zu „einer der angesehensten Hochschulen der Welt“,[32] was sich nicht zuletzt in der Verleihung von Nobelpreisen niederschlug. Dieser Aufstieg des Wissenschaftsstandortes Berlin in die Weltspitze verdankte sich u. a. dem seit 1882 im preußischen Kultusministerium wirkenden Bildungspolitiker Friedrich Althoff (1839–1908), der auf zum Teil unbürokratische Weise zahlreiche bedeutende Wissenschaftler an die Friedrich-Wilhelms-Universität holte: Historiker wie Ernst Curtius (1814–1896) und Theodor Mommsen, Wirtschafts- und Sozialwissenschaftler wie Gustav Schmoller (1838–1917), Theologen wie Adolf von Harnack (1851–1930), Mediziner wie Rudolf Virchow (1821–1902) und Robert Koch (1843–1910), Physiker wie Hermann von Helmholtz (1821–1894) und Max Planck (1858–1947). Es waren vor allem die Naturwissenschaften und die Medizin, die gefördert wurden und einen wesentlichen Beitrag sowohl zur Grundlagen- als auch zur anwendungsbezogenen Forschung (etwa zur Seuchenbekämpfung, zum Bau von Kriegsschiffen oder zur Herstellung chemischer Kampfstoffe) leisteten. Der neue Status, den man den Naturwissenschaften beimaß, manifestierte sich auch in der Gründung einer Technischen Hochschule sowie zahlreicher teils staatlich, teils privat finanzierter Forschungsinstitute, die wie die 1911 gegründete Kaiser-Wilhelm-Gesellschaft zur Förderung der Wissenschaften dazu beitrugen, weltweit den Ruf Deutschlands im Allgemeinen und Berlins im Besonderen als einen führenden Wissenschaftsstandort zu begründen – einen Ruf, den Berlin bis zum Beginn der NS-Diktatur beibehalten sollte.

Auch Berlins Stellung als Kulturmetropole endete zu dieser Zeit. So wie zahlreiche Wissenschaftler in den 1930er-Jahren aus politischen oder rassistischen Gründen vertrieben wurden, verließ auch ein großer Teil der Kunstschaffenden Stadt und Land, wenn sie nicht wie Erich Kästner (1899–1974) in die innere Emigration gingen – ein Aderlass, von dem sich die Stadt lange nicht erholen sollte. Damit endete abrupt ein langer Weg, der im 18. Jahrhundert begonnen hatte und Berlin im Laufe des 19. Jahrhunderts zu einer kulturellen Hochburg hatte werden lassen. Dass man hier bereits in der ersten Hälfte des 19. Jahrhunderts auf zahlreiche Dichter wie Heinrich von Kleist oder E. T. A. Hoffmann stieß, deren Werke auch heute noch zum literarischen Kanon zählen, beruhte nicht allein auf der Anziehungskraft, die von der besonderen Salonkultur Berlins ausging, sondern erklärte sich schlicht auch aus der Größe der Stadt. Im Zuge des rasanten demografischen Wachstums war hier ein urbanes Milieu entstanden, wie man es im deutschen Sprachraum seinerzeit sonst wohl nur noch in Wien fand. Anders als in Weimar, wo auch nach dem Tode Friedrich Schillers (1759–1805), Wielands und Goethes einzelne herausragende Persönlichkeiten des europäischen Kulturlebens wie Franz Liszt (1811–1886) und Henry van de Velde (1863–1957) wirkten, traten in diesem urbanen Milieu sowohl die politischen als auch die sozialen Konflikte des frühen 19. Jahrhunderts besonders markant hervor – was sich auf die Produktion gesellschaftskritischer Werke vorteilhaft auswirken musste.

Allerdings setzte die Zensur den Dichtern und Denkern recht enge Grenzen. Schon 1819 war die Aufführung von Goethes Trauerspiel *Egmont* verboten worden. Auch Kleists Drama *Der Prinz von Homburg* gelangte nicht zur Aufführung. Der Publizist Moritz Gottlieb Saphir (1795–1858) konnte von solchen Repressionen im buchstäblichen Sinne ein Lied singen. Über den Berliner Zensor Johann Bogislaw Grano (1766–1831) schrieb er nach dessen Tod:

„Er hat mich gepeinigt, gezwickt, gekneipt, gemartert, gespießt, gefoltert, mit Wollust gezaus't, mißhandelt, gehöhnt; ich hab' es mir gelobt, ihm ein Liedlein zu singen: […]. Man schwätzt, man faselt viel, man übertreibt viel in Deutschland von der Wiener Censur; aber sie ist eine Gottheit gegen die Preußisch-Granow'sche! In Wien hat die

Censur ihre Gesetze, ihre bestimmten Schranken; wenn man diese kennt, sie beobachtet, kömmt man gut durch. Die Wiener Censur ist, wie alles in Oesterreich offen und fest ausgesprochen. In Oesterreich ist keine Heuchelei; man will nicht anders, nicht besser und nicht schlimmer scheinen als man ist, aber das, was man ist, ist man exakt, conzis, rund, ohne Seiten- und Winkelzüge. In Oesterreich herrscht eine Censur, aber keine Zwick- und Kneipanstalt wie in Berlin. In Wien ist keine Willkühr bei der Censur. Hinz hat keine andere Censur wie Kunz, und der Censur läßt nicht dem Einen stehen, was er dem andern streicht. In Berlin aber habe ich oft das im Gesellschafter drucken lassen, was mir in der Schnellpost gestrichen wurde. Der Geheimrath Granow war nicht Censor, er war Despot, Tyrann aller Geister. […] Er ist todt, aber sein Sohn ist Censor! Das ist einmal eine schöne Institution, eine erbliche Cen-

sur! Warum auch nicht? Hämorrhoiden pflanzen sich auch vom Vater zum Sohne fort, warum nicht auch die Censur?[33]

Angesichts der im Metternichschen Österreich massiv praktizierten Zensur fällt die polemische Spitze in Saphirs Vergleich unmittelbar ins Auge. Schließlich war dort jeder Buchimport, jede Neuerscheinung, jeder Artikel der Zensur unterworfen, darunter auch Werke von Franz Grillparzer (1791–1872), Nikolaus Lenau (1802–1850), und Johann Nestroy (1801–1862). Aber auch die preußischen Zensurbestimmungen verfehlten ihre Wirkung nicht: das „politische Interesse der Bürger wurde mehr und mehr erstickt".[34] Diese zogen sich ins Privatleben zurück, was sich auch im Kulturleben jener Jahre niederschlug: zum einen im sogenannten Biedermeierstil, der diesen Rückzug aus dem öffentlichen Leben in Erzählungen wie auf Bildern idealisierte; zum anderen in einer verstärkten Hinwendung des Publikums zu scheinbar unpolitischen Kunstformen

Vor dem Alten Museum wurde im Lustgarten 1831 eine Granitschale aufgestellt, die heute noch an dieser Stelle steht. Gemälde von Johann Erdmann Hummel, 1831

wie der Musik. Scheinbar unpolitisch – denn auch das Musikleben wurde mitunter von ideologischen Debatten überformt, wie sich an dem Opernstreit ablesen lässt, der Berlin zu Beginn der 1820er-Jahre in Atem hielt. Auf der einen Seite standen die Unterstützer Gaspare Spontinis (1774–1851), der in seiner Zeit als Generalmusikdirektor am Königlichen Opernhaus (1820–1841) einen italienisch-französischen Stil etabliert hatte; auf der anderen Seite die Anhänger Carl Maria von Webers (1786–1826), der mit seinem *Freischütz* eine romantische Oper geschaffen hatte, die als erste deutsche Nationaloper verklärt werden sollte. Während sich Friedrich Wilhelm III. für Spontini einsetzte, schlugen sich nationalistisch eingestellte Berliner auf die Seite Webers, dem eine Festanstellung verwehrt bleiben sollte.

Ungeachtet der blühenden Theater- und Musiklandschaft, ungeachtet des starken Starkults um Schauspieler oder Musiker (wie Paganini [1782–1840]), ungeachtet des von Schinkel errichteten und 1830 eröffneten Alten Museums, das eine stattliche Sammlung antiker Skulpturen und Gemälde beherbergte: zur Kulturmetropole avancierte Berlin nicht. Auch nach 1848 blieb die Stadt nur ein kulturelles Zentrum unter vielen in Deutschland. Nicht einmal das Theaterleben erlangte hohe Bedeutung. Im Gegenteil: Mit der 1851 erfolgten Ernennung Botho von Hülsens (1815–1886) zum Generalintendanten der Königlichen Schauspiele

Die Berliner Singakademie, entworfen von Karl Friedrich Schinkel, wurde zwischen 1824 und 1826 am Festungsgraben erbaut. Farblithografie von Ludwig Eduard Lütke, 1842

zu Berlin wurde eine Personalentscheidung getroffen, die weit über die Grenzen der Stadt hinaus „als ein Signal reaktionärer Kulturpolitik gedeutet wurde“ und – was wohl noch verheerender war – dem Schauspielhaus und der Oper den Ruf einbrachte, langweilig zu sein.[35]

Auch nach seiner Erhebung zur Hauptstadt des neu gegründeten Deutschen Reiches gelang es Berlin zunächst nicht, mit anderen Kulturmetropolen Europas gleichzuziehen. Einer der wenigen Schriftseller von Rang, der in Berlin lebte und die Stadt zum Schauplatz seiner Romane machte, war Theodor Fontane. Ansonsten blieben „die meisten schöpferischen Geister“ der Stadt nach wie vor fern.[36] Was „an Werken der schönen Literatur den Tageserfolg“ überdauerte, entstand zumeist „am Rande des Reiches, jedenfalls nicht in Berlin“.[37] Vernichtend auch die Urteile, die zeitgenössische Kritiker über das Leseverhalten der Berliner und den Buchmarkt der Hauptstadt fällten. In den Buchhandlungen der 1870er-Jahre, so erinnerte sich Heinrich Hart (1855–1906), stieß man auf „triviale Hausmannskost oder süßliches Naschwerk“[38] – wobei die meisten Berliner in ihrem Leben ohnehin keine Buchhandlung zu betreten pflegten: Sie befriedigten „ihr Lesebedürfnis, so vorhanden, aus den illustrierten Familienzeitschriften oder dem Angebot der fliegenden Händler, die ihre reißerisch aufgemachte Ware in Kneipen, vor Fabriktoren und an den Wohnungstüren“ feilboten. Offensichtlich gehörte Buchbesitz „nicht zum Statussymbol der hauptstädtischen ‚guten Gesellschaft‘“.[39]

Auch der lokalen Theaterszene der Bismarckzeit konnte so mancher ausgewiesene Literaturkenner wenig abgewinnen. Trotz der fünfzehn bis zwanzig Theater sei es „in Berlin mit der Pflege der ernsthaften neueren dramatischen Literatur schlechter bestellt als in mancher anderen deutschen Stadt“, konnte man 1871 in der *National-Zeitung* lesen.[40] Selbst nach Einführung der Theaterfreiheit, die es auch den nichtstaatlichen Bühnen Berlins erlaubte, klassische Dramen und Trauerspiele aufzuführen, bestimmte ökonomisches Kalkül die Ausrichtung der Spielpläne. Seichte Unterhaltung wurde großgeschrieben, daneben auch eine unkritische Verherrlichung des jungen Reiches, wie Georg Brandes bemerkte:

> *„Man hat sich in den Straßen umgetan und kommt nach Haus […], und man hat die Theaterplakate gelesen: ‚Armin‘ im Opernhaus, ‚Die Schauspieler des Kaisers‘ im Schauspielhaus. Chauvinismus und Kaiserverehrung vor einem und hinter einem und in allen Richtungen. Man öffnet die Bücher. Der Inhalt? Noch mehr Chauvinismus und Kaiserverehrung und Bismarckverehrung. Allah! Wann wird das ein Ende haben?“*[41]

Auch in der bildenden Kunst nahm die Stadt in den 1870er- und 1880er-Jahren keinen Spitzenplatz ein. Kunstsammler und bedeutende Künstler lebten hier nur wenige. Mit beißendem Spott kommentierte der Kunstkritiker Karl Scheffler den Versuch Berlins, „trotz München und Düsseldorf, auch Reichshauptstadt der Kunst werden“ zu wollen:

„Die Akademie wußte längst nicht mehr, was Kunst ist, die Talente waren mittleren Ranges, die Publikumskunst gefiel sich im Banalen, Imitativen und süßlich Epigonischen. […] Alles zielte auf leichte Unterhaltung, die Kunst nannte sich selbst eine Kunst für alle und paßte sich den Instinkten von Emporkömmlingen an. Künstler, die sich solcherart betätigten, hatten Erfolg, kamen zu Ämtern, Würden, Titeln und erlangten eine kurzlebige Popularität.“ [42]

Die Musikszene hingegen errang in jenen Jahren einen Ruf, der weit über die Stadtgrenzen hinausreichte. Vor allem die Singakademie, die bereits zu Beginn des 19. Jahrhunderts unter ihrem zweiten Direktor Carl Friedrich Zelter (1758–1832) viel zur Musikpflege in Berlin beigetragen hatte, und die 1869 gegründete Hochschule für Musik machten von sich reden.

Vor allem aber profilierte sich die staatliche Kulturpolitik durch die gezielte Förderung des Museumswesens. So versuchte die Stadt „durch spektakuläre Museumsgründungen und Kunstankäufe […], den älteren Kunstmetropolen ihre Vormachtstellung streitig zu machen“ und entwickelte insbesondere gegenüber London „ein eifersüchtiges Konkurrenzdenken“. Eine solche nicht zuletzt zu Repräsentationszwecken verfolgte Politik ließ an der nördlichen Spitze der Spreeinsel eine neue Museumslandschaft entstehen. Unmittelbar nach der Jahrhundertwende beherbergte die Museumsinsel neben dem Alten und dem 1859 eröffneten Neuen Museum, die 1876 eingeweihte (Alte) Nationalgalerie, das heute nach dem Generaldirektor der staatlichen Kunstsammlungen Wilhelm von Bode (1845–1929) benannte Kaiser-Friedrich-Museum und das 1901 eröffnete Pergamon-Museum (das später durch einen Neubau ersetzt wurde).[43]

Neben meist großbürgerlichen Mäzenen, die für ihre Initiativen mit Anerkennung, Orden oder Adelstiteln belohnt wurden, engagierte sich der Staat in allen Bereichen der Kunst, wobei die offiziellen Kreise zumeist „einem mehr traditionellen, epigonenhaften, mal klassizistischen, mal schwulstig-romantischen Geschmack“ huldigten.[44] Vor allem Wilhelm II. tat sich als Kunstförderer hervor. In seiner 1901 anlässlich der Einweihung des letzten Denkmals der Siegesallee in Berlin gehaltenen Rede *Über die wahre Kunst* ließ er die Öffentlichkeit an seinem Kunstverständnis teilhaben:

„Eine Kunst, die sich über die von Mir bezeichneten Gesetze und Schranken hinwegsetzt, ist keine Kunst mehr, sie ist Fabrikarbeit, ist Gewerbe, und das darf die Kunst nie werden. Mit dem viel mißbrauchten Worte ‚Freiheit' und unter seiner Flagge verfällt man gar oft in Grenzenlosigkeit, Schrankenlosigkeit, Selbstüberhebung. […] Die Kunst soll mithelfen, erzieherisch auf das Volk einzuwirken, sie soll auch den unteren Ständen nach harter Mühe und Arbeit die Möglichkeit geben, sich an den Idealen wiederaufzurichten. Uns, dem deutschen Volke, sind die großen Ideale zu dauernden Gütern geworden, während sie anderen Völkern mehr oder weniger verlorengegangen sind. Es bleibt nur das deutsche Volk übrig, das an erster Stelle berufen ist, diese großen Ideen zu hüten, zu pflegen, fortzusetzen […]. Wenn nun die Kunst, wie es jetzt vielfach geschieht, weiter nichts tut, als das Elend noch scheußlicher hinzustellen, wie es schon ist, dann versündigt sie sich damit am deutschen Volke.“ [45]

Vor allem Anton von Werner (1843–1915), der mit seinem gleich dreimal angefertigten Gemälde der *Proklamierung des Deutschen Kaiserreichs* in Erinnerung geblieben ist, fand die Unterstützung des Kaisers. Er setzte seinen Einfluss als Vorsitzender der Königlichen Akademischen Hochschule für die Bildenden Künste (bis 1915) und des Vereins Berliner Künstler (bis 1907) ein, um neuere Strömungen zu bekämpfen. Im Mai 1898 kam es schließlich zum Eklat: 65 Künstler, darunter Max Liebermann (1847–1935), gründeten 1898 ihre eigene Bewegung, die Berliner Secession, die auch jüngere auswärtige Künstler anzog und der modernen Malerei „über Berlin in Deutschland“ den Weg bereitete. Den Durchbruch zur Kunstmetropole erlebte Berlin dann kurz vor Ausbruch des Ersten Welt-

1900 porträtierte Lovis Corinth den jungen Gerhart Hauptmann.

kriegs, als sich von der Künstlergruppe die Neue Secession abspaltete, der sich expressionistische Maler wie Paul Klee (1879–1940), Franz Marc (1880–1916), Emil Nolde (1867–1956), Wassily Kandinsky (1866–1944), Max Pechstein (1881–1955) und Karl Schmidt-Rottluff (1884–1976) anschlossen. Mit der Freien Secession entstand 1913 eine weitere Neugründung, mit Liebermann, Ernst Barlach (1870–1938), Max Beckmann (1884–1950), Georg Kolbe (1877–1947), Käthe Kollwitz (1867–1945), Schmidt-Rottluff und Heinrich Zille (1858–1929). Damit war Berlin neben München „zum Zentrum der neuen Avantgarde der Malerei in Mitteleuropa“ geworden.[46]

Im Bereich Literatur und Theater hatte Berlin zu diesem Zeitpunkt München und Wien noch nicht eingeholt. Immerhin hatte sich die Stadt seit den 1880er-Jahren als Zentrum des deutschen Naturalismus etablieren können, mit Gerhart Hauptmann (1862–1946) als bekanntestem und erfolgreichstem Vertreter dieser Strömung. Um die Jahrhundertwende machte dann die Berliner Bohème von sich reden. Vor allem Lyriker zog es in die Stadt, wie die in Elberfeld geborene Else Lasker-Schüler (1869–1945) oder den aus Prag stammenden Rainer Maria Rilke (1875–1926). Georg Heym (1887–1912) war schon als Schüler, Gottfried Benn (1886–1956) als Student nach Berlin gekommen. Überhaupt hielten sich zwischenzeitlich zahlreiche avantgardistische Künstler und Autoren in der Stadt auf. Zum Aufschwung trugen zudem die freien Theaterbühnen wie die Freie Bühne oder die sozialdemokratisch ausgerichtete Volksbühne bei.

Der eigentliche Durchbruch aber erfolgte erst nach dem Ersten Weltkrieg. Erst in der Weimarer Republik entfaltete sich in Berlin eine Theaterlandschaft von herausragender Bedeutung; erst jetzt wurde Berlin „zu einem echten Musikzentrum von Weltgeltung“;[47] erst jetzt wurde Berlin zum „Mittelpunkt der deutschsprachigen Kulturwelt“, nicht nur der Malerei und Literatur, sondern auch des Films, des Tanzes und der sogenannten leichten Unterhaltung. Nicht dass es nicht auch in anderen deutschsprachigen Städten ein intensives Kulturleben gegeben hätte: in Hamburg, in Darmstadt, München und Dresden, in Leipzig und Köln, in Zürich und Wien. Und doch war Berlin zwischen 1918 und 1933 ein Ort, der seinesgleichen in der Welt suchte.

Wie individuell ist Berlin? Lesser Ury malte 1888 den Bahnhof Friedrichstraße.

BLOSS EIN „ORT"?

Babylon, Chicago und Athen: Im Laufe seiner Geschichte ist Berlin mit den unterschiedlichsten Städten verglichen oder gleichgesetzt worden. Andere schlugen den entgegengesetzten Weg ein und verneinten eine Ähnlichkeit: Berlin sei „nicht Sodom", betonte Reichskanzler Bernhard von Bülow (Reichskanzler 1900–1909) 1907 anlässlich der Enthüllungen Maximilian Hardens (1861–1927) über den Freundeskreis Wilhelms II.;[1] „Berlin ist nicht Chicago!", lässt Thomas Brasch (1945–2001) eine wütende Menge in seinem Film *Engel aus Eisen* (1981) skandieren; Berlin sei kein Moloch, so Eberhard Diepgen, Regierender Bürgermeister der Stadt Mitte der 1980er-Jahre.[2] Heinrich Heine wiederum sprach der Stadt in seinen *Reisebildern* jegliche Individualität ab:

> *„Berlin ist gar keine Stadt, sondern Berlin giebt bloß den Ort dazu her, wo sich eine Menge Menschen, und zwar darunter viele Menschen von Geist, versammeln, denen der Ort ganz gleichgültig ist; diese bilden das geistige Berlin."*

In all diesen Zuschreibungen manifestiert sich der Versuch, dem Phänomen Berlin gerecht zu werden – einem Phänomen, das einmalig ist. Denn Berlin – daran kann kein Zweifel bestehen – entwickelte sich spätestens seit dem letzten Drittel des 19. Jahrhunderts zu einer außergewöhnlichen Stadt, einer europäischen Metropole, die sowohl in ökonomischer als auch in künstlerischer Hinsicht Weltgeltung hatte und von der aus für einige Jahrzehnte eine Politik betrieben wurde, die einschneidenden Einfluss auf die europäische Entwicklung nahm und in der sich nach 1945 die globale Politik des Kalten Krieges wie unter einem Brennglas studieren lässt.

Schon zuvor hatte es unter den Reisenden und Besuchern der Stadt höchst vielfältige Berlinbilder gegeben, positive wie negative. Das scheint die meisten Berliner jedoch noch in der ersten Hälfte des 19. Jahrhunderts kaltgelassen zu haben. Überrascht konstatierte Heinrich Heine, wie teilnahmslos die Einwohner auf Lob und Kritik reagierten:

> *„Keine Stadt hat nämlich weniger Lokalpatriotismus als Berlin. Tausend miserable Schriftsteller haben Berlin schon in Prosa und Versen gefeiert, und es hat in Berlin kein Hahn danach gekräht, und kein Huhn ist ihnen dafür gekocht worden, und man hat sie unter den Linden immer noch für miserable Poeten gehalten, nach wie vor. Dagegen hat man eben so wenig Notiz davon genommen, wenn irgendein After-Poet etwa in Parabasen auf Berlin losschalt."*[3]

Das sollte sich spätestens nach dem Zweiten Weltkrieg ändern. Nach wie vor kursierten zwar positive wie negative Berlinbilder, aber sie waren emotional aufgeladener denn je. Jedes Bekenntnis zu Berlin, zumal während der ersten Berlin-Blockade (1948/49) oder zur Zeit des Mauerbaus von 1961, war nun ein Politikum ersten Ranges. Aber auch die Beschreibungen des historischen Berlin entfalteten nun eine tief greifendere Bedeutung. Denn fast jedes Urteil über Berlin oder Preußen im 18. und 19. Jahrhundert wurde fortan mit Blick auf die spätere Entwicklung gefällt. Je nach historisch-politischem Standpunkt fielen diese Urteile höchst unterschiedlich aus: den einen galt Berlin weiterhin als *das* deutsche Zentrum politischer Reformen, der Toleranz, der Künste

DEM EUTSCHEN OLKE

und Wissenschaften; anderen war Berlin *der* deutsche Ursprungsort von Untertanengeist, Militarismus und Bellizismus; wiederum andere betrachteten Berlin als Hauptstadt von Protest und Widerstandsgeist.

All diese Bilder waren überzeichnet und schufen positive wie negative Mythen. Dabei bedurfte und bedarf Berlin solcher Mythen gar nicht. Sein Aufstieg von einer beschaulichen Residenzstadt zu einer europäischen Metropole, ja einer Weltstadt binnen nicht einmal 200 Jahren ist schon spektakulär genug.

„Bürger der Welt, schaut auf diese Stadt!" Voller Pathos fordert Berlins Bürgermeister Ernst Reuter am 9. September 1948 in einer Rede vor der Ruine des Reichstags den Beistand der Alliierten für die Stadt ein. Reuters Beschwörung des „Mythos Berlin" ging um die Welt.

ANMERKUNGEN

Einleitung

1 Ernst Dronke, *Berlin*, Bd. 1, Frankfurt am Main 1846, S. 9f.

2 Walther Rathenau, Die schönste Stadt der Welt [1899/1902], in: Jürgen Schutte/Peter Sprengel, *Die Berliner Moderne 1885-1914*, Stuttgart 1987, S. 100-104, hier S. 100.

3 Arthur Eloesser, *Die Straße meiner Jugend. Berliner Skizzen*, Berlin 1987, S. 31.

4 David Clay Large, *Berlin. Biographie einer Stadt*, München 2002, S. 65.

5 Laurenz Demps, Von der preußischen Residenzstadt zur hauptstädtischen Metropole, in: Werner Süß/Ralf Rytlewski (Hg.), *Berlin. Die Hauptstadt. Vergangenheit und Zukunft einer europäischen Metropole*, Bonn 1999, S. 17-51, hier S. 18.

6 Demps, Von der preußischen Residenzstadt zur hauptstädtischen Metropole, S. 18.

Residenzstadt – Hauptstadt – Metropole

1 Krijn Thijs, *Drei Geschichten, eine Stadt. Die Berliner Stadtjubiläen von 1937 und 1987*, Köln u.a. 2008, S. 272.

2 Bernd Stöver, *Kleine Geschichte Berlins*, München 2012, S. 7.

3 Christopher Clark, *Preußen. Aufstieg und Niedergang 1600-1947*, München 2008, S. 99.

4 Anne Germaine de Staël Holstein, Über Deutschland, Reutlingen 1815, abrufbar unter https://www.hs-augsburg.de/~harsch/gallica/Chronologie/19siecle/DeStael/sta_1117.html [24.7.2017].

5 Heinrich Heine, Briefe aus Berlin, in: ders., *Sämtliche Schriften*, Bd. 3: *Schriften 1822-1831*, hg. von Günter Häntzschel, Frankfurt am Main u.a. 1981, S. 7-68, hier S. 11, 13-17, 19.

6 Georg Friedrich Rebmann, *Kosmopolitische Wanderungen durch einen Teil Deutschlands*, hg. und eingeleitet von Hedwig Voegt, Frankfurt am Main 1968, S. 95f.

7 Zitiert nach Michael S. Cullen, *Der Reichstag. Symbol deutscher Geschichte*, Berlin 2015, S. 9.

8 Stöver, *Kleine Geschichte Berlins*, S. 39f.

9 Victor Tissot, *Reportagen aus Bismarcks Reich. Berichte eines reisenden Franzosen, 1874-1876*, hg. von Erich Pohl, Stuttgart 1989, S. 143.

10 Hermann Konsbrück, Neu-Berlin, in: *März* (7. Januar 1908), zitiert nach Dieter Glatzer/Ruth Glatzer, *Berliner Leben. 1900-1914. Eine historische Reportage aus Erinnerungen und Berichten*, Bd. 2, West-Berlin 1986, S. 153.

11 Max Osborn, *Berlin 1870-1929. Der Aufstieg zur Weltstadt*, Berlin 1994 [1929].

12 Vgl. den Titel des erstmals 1930 erschienenen Buches von Werner Hegemann, *1930. Das steinerne Berlin. Geschichte der größten Mietkasernenstadt der Welt*, Braunschweig/Wiesbaden 1979.

13 Stöver, *Kleine Geschichte Berlins*, S. 41 und 40.

14 Stöver, *Kleine Geschichte Berlins*, S. 44.

15 Ruth Glatzer, *Berlin wird Kaiserstadt. Panorama einer Metropole 1871-1890*, mit einer Einleitung von Lothar Gall, Berlin 1993, S. 284f.

16 *Volks-Zeitung* (25. Juli 1873), Beiblatt, zitiert nach Glatzer, *Berlin wird Kaiserstadt*, S. 288.

17 [Theodor Heinsius], *Berlin, von seiner Entstehung bis auf gegenwärtige Zeit, historisch-geographisch beschrieben. Nebst einigen Bemerkungen über Litteratur, Sitten und Gebräuche seiner Einwohner*, Berlin 1798, S. 98-100.

18 Beschluß der Briefe eines Reisenden aus Berlin, in: *Der Teutsche Merkur* (1788), hg. von Christoph Martin Wieland, H. 3, S. 155-175, hier S. 155f.

19 Bemerkungen eines Reisenden über Potsdam, Magdeburg, Halberstadt, und beiläufig über Berlin. An Hrn. ***, in: *Italien und Deutschland in Rücksicht auf Sitten, Gebräuche, Litteratur und Kunst. Eine Zeitschrift*, Bd. 4, hg. von Karl Philip Moritz und A. Hirt, Berlin 1791, S. 51f.

20 F[riedrich] v[on] C[oell]n, *Wien und Berlin in Parallele. Nebst Bemerkungen auf der Reise von Berlin nach Wien durch Schlesien über die Felder des Krieges. Ein Seitenstück zu der Schrift: Vertraute Briefe über die innern Verhältnisse am preußischen Hofe seit dem Tode Friedrichs II.*, Amsterdam/Köln 1808, S. 71.

21 Ilja Mieck, Von der Reformzeit zur Revolution (1806-1847), in: Wolfgang Ribbe (Hg.), *Geschichte Berlins*, Bd. 1: *Von der Frühgeschichte bis zur Industrialisierung*, München 1987, S. 407-602, hier S. 410.

22 „Je ne sais pas qui a donné l'idée de planter une ville au milieu de ce sable“, Stendhal in einem Brief von 1808, zitiert nach Mieck, Von der Reformzeit zur Revolution, S. 410.

23 Brief Theodor Fontanes vom 2. Juni 1881, zitiert nach Glatzer, *Berlin wird Kaiserstadt*, S. 291.

24 August Bebel, *Aus meinem Leben*, bearb. von Ursula Herrmann unter Mitarbeit von Wilfried Henze und Ruth Rüdiger, Teil 2 [1911], Ost-Berlin 1983, S. 286f.

25 Angaben nach Felix Escher, Die brandenburgisch-preußische Residenz und Hauptstadt Berlin im 17. und 18. Jahrhundert, in: Wolfgang Ribbe (Hg.), *Geschichte Berlins*, Bd. 1: *Von der Frühgeschichte bis zur Industrialisierung*, München 1987, S. 341-403, hier S. 383 und Mieck, Von der Reformzeit zur Revolution, S. 413.

26 Zahlen nach Stöver, *Kleine Geschichte Berlins*, S. 32.

27 Friedrich Sass, *Berlin in seiner neuesten Zeit*, Leipzig 1846, S. 246, 248f. und 252f.

28 Angaben nach Paul M. Hohenberg/Lynn Hollen Lees, *The Making of Urban Europe 1000-1994*, Cambridge/London 1995, S. 227.

29 Walter Benjamin, Paris, die Hauptstadt des XIX. Jahrhunderts (1935), in: ders., *Gesammelte Schriften*, Bd. V/1, hg. von Rolf Tiedemann, Frankfurt am Main 1991, S. 45-59.

POLITIK und PROTEST

1 Vgl. Helga Grebing unter Mitarbeit von Doris von der Brelien-Lewien und Hans Joachim Franzen, *Der „deutsche Sonderweg" in Europa 1806–1945. Eine Kritik*, Stuttgart u.a. 1986.

2 Michael Erbe, Berlin im Kaiserreich (1871-1918), in: Wolfgang Ribbe (Hg.), *Geschichte Berlins*, Bd. 2: *Von der Märzrevolution bis zur Gegenwart*, München 1987, S. 689-793, hier S. 755.

3 Zitiert nach Bernt Engelmann, *Preußen. Land der unbegrenzten Möglichkeiten*, München 1979, S. 71f.

4 *Die Werke Friedrichs des Großen*, Bd. 1: *Denkwürdigkeiten zur Geschichte des Hauses Brandenburg*, hg. von Gustav Berthold Volz, deutsch von Friedrich von Oppeln-Bronikowski, Willy Rath und Carl Werner v. Jordans, Berlin 1913, S. 117f.

5 Ines Elsner, *Friedrich III./I. von Brandenburg-Preußen (1688-1713) und die Berliner Residenzlandschaft. Studien zu einem frühneuzeitlichen Hof auf Reisen. Ein Residenzhandbuch*, Berlin 2012, S. 21.

6 Engelmann, *Preußen*, S. 65.

7 Hans-Ulrich Wehler, *Deutsche Gesellschaftsgeschichte*, Bd. 1: *Vom Feudalismus des Alten Reiches bis zur Defensiven Modernisierung der Reformära 1700-1815*, München 1987, S. 220.

8 Ulrich Muhlack, Absoluter Fürstenstaat und Heeresorganisation in Frankreich im Zeitalter Ludwigs XIV., in: Johannes Kunisch (Hg.), *Staatsverfassung und Heeresverfassung in der europäischen Geschichte der frühen Neuzeit*, Berlin 1986, S. 249-278, hier S. 251.

9 Stöver, *Kleine Geschichte Berlins*, S. 21.

10 So Heinrich von Treitschke, *Deutsche Geschichte im Neunzehnten Jahrhundert*, Bd. 1: *Bis zum zweiten Pariser Frieden*, Leipzig 1879, S. 28.

11 Helmut Neuhaus, Friedrich Wilhelm I. Brandenburg-Preußens ‚größter innerer König', in: Bernd Heidenreich/Frank-Lothar Kroll (Hg.), *Macht- oder Kulturstaat? Preußen ohne Legende*, Berlin 2002, S. 21-30.

12 Escher, Die brandenburgisch-preußische Residenz und Hauptstadt Berlin im 17. und 18. Jahrhundert, S. 374.

13 Clark, *Preußen*, S. 106.

14 Instruktion König Friedrich Wilhelms I. für seinen Nachfolger (1722), in: *Politische Testamente der Hohenzollern*, hg. von Richard Dietrich, München 1981, S. 100-124, hier S. 113.

15 [Anonym.], *Helden- Staats- und Lebens-Geschichte Des Allerdurchlauchtigsten und Grosmächtigsten* Fürsten und *Herrns, HERRN Friedrichs des Andern Jetzt glorwürdigst regirenden* Königs in *Preussen, Chur-Fürstens zu Brandenburg, und souverainen Herzogs in Schlesiens, etc. etc. Aus ächten Urkunden mit unpartheyischer Feder bis zu Ostern 1746. pragmatisch und umständlich beschrieben, auch hin und wieder Mit nützlichen Anmerckungen erläutert, nichtsweniger Mit nöthigen Genealogischen Tabellen versehen, und mit saubern Kupfern gezieret, welche alle 5. Haupt-Schlachten in den bisherigen Schlesisch- und Böhmischen Kriegen, wie auch die vielfältigen Läger beyderseitiger Armeen daselbst, möglichster Masen richtig vorstellen*, Frankfurt/Leipzig [2]1758, S. 96f.

16 Jürgen Angelow, Residenz und Bürgerstadt. Das 17. und 18. Jahrhundert, in: Julius H. Schoeps/Bildarchiv Preußischer Kulturbesitz (Hg.), *Berlin. Geschichte einer Stadt*, Berlin 2012, S. 28-53, hier S. 32

17 Henry Werner, *Berlin. 1000 Jahre Geschichte*, mit einem Vorwort von Franziska Nentwig, Berlin 2014, S. 56.

18 Escher, Die brandenburgisch-preußische Residenz und Hauptstadt Berlin im 17. und 18. Jahrhundert, S. 380 und 378.

19 Instruktion König Friedrich Wilhelms I. für seinen Nachfolger (1722), S. 118.

20 Heinz Duchhardt, *Das Zeitalter des Absolutismus*, München 1989, S. 187.

21 Politisches Testament Friedrichs des Großen (1752), in: *Politische Testamente der Hohenzollern*, hg. von Richard Dietrich, München 1981, S. 132-255, hier S. 175. Im Original: „Un prince est le premier serviteur et le premier magistrat de l'Etat" (in: Friedrich II., *Mémoires pour servir à l'histoire de la maison de Brandebourg*, in: *Œuvres de Frédéric le Grand*, hg. von Johann D. E. Preuss, Berlin 1846, Bd. 1, S. 123).

22 Escher, Die brandenburgisch-preußische Residenz und Hauptstadt Berlin im 17. und 18. Jahrhundert, S. 398.

23 William Pierson, *Preußische Geschichte*, Berlin 1864, S. 317.

24 Zitiert nach einer Übersetzung von Friedrich von Raumer, der diesen Brief fälschlicherweise Charles Maurice de Talleyrand-Périgord zuschreibt (Briefe des Fürsten Talleyrand, geschrieben in Braunschweig und Berlin, während der Monate Juli, August und September 1786, in: *Blätter für literarische Unterhaltung* 163 (12. Juni 1838), S. 661). Im Original: „Tout est morne; rien n'est triste. Tout est occupé; rien n'est affligé. Pas un visage qui n'annonce le délassement et l'espoir; pas un regret; pas un soupir; pas un éloge – et c'est donc là qu'aboutissent tant de batailles gagnées, tant de gloire; un régne [sic] de près d'un demi siècle, si rempli de tant de faits! Tout le monde en désiroit la fin, tout le monde s'en félicite" ([Honoré-Gabriel de Riqueti comte de Mirabeau], *Lettres du comte de Mirabeau à un de ses amis en Allemagne. Ecrites durant les années 1786, 1787, 1788, 1789 et 1790*, 1792, S. 11-15, hier S. 12).

25 Jacob Burckhardt, *Weltgeschichtliche Betrachtungen*, Stuttgart 1983, S. 218f.

26 So der Titel einer 2012 im Neuen Palais und im Park Sanssouci gezeigten Ausstellung. Siehe auch die beiden Katalogbände *Friederisiko. Friedrich der Große. Die Ausstellung* bzw. *Die Essays*, hg. von der Generaldirektion der Stiftung Preußische Schlösser und Gärten Berlin-Brandenburg, München 2012.

27 Burckhardt, *Weltgeschichtliche Betrachtungen*, S. 217.

28 Jürgen Luh, zitiert nach Sven Felix Kellerhoff, Wie bedeutend war Friedrich der Große wirklich? [18.11.2009], abrufbar unter https://www.welt.de/kultur/article4612368/Wie-bedeutend-war-Friedrich-der-Grosse-wirklich.html [12.1.2018].

29 Schreiben Friedrich II. an seine Königin Ulrike von Schweden vom 14. November 1780, zitiert nach Alfred P. Hagemann, Friedrich und sein Nachfolger – Déjà-vu eines Traumas, in: *Friederisiko. Friedrich der Große. Die Ausstellung*, hg. von der Generaldirektion der Stiftung Preußische Schlösser und Gärten Berlin-Brandenburg, München 2012, S. 230-237, hier S. 232.

30 Friedrich II. zu Friedrich Anton Heynitz im Jahre 1785, zitiert nach Gerd Heinrich, *Geschichte Preußens. Staat und Dynastie*, Frankfurt am Main 1981, S. 255.

31 Zitiert nach Hagemann, Friedrich und sein Nachfolger, S. 232.

32 Clark, *Preußen*, S. 292, 342, 317 und 316.

33 Zitiert nach Daniel Schönpflug, *Luise von Preußen. Königin der Herzen. Eine Biographie*, München 2010, S. 92.

34 Siehe etwa den in Berlin 1793 veröffentlichten *Revolutions-Katechismus* von Heinrich Würzer.

35 *Mainzer National-Zeitung* Nr. 183 (26. November 1792), zitiert nach Walter Grab, Die Revolutionspropaganda der deutschen Jakobiner, in: *Archiv für Sozialgeschichte* (1969), S. 113-156, hier S. 150.

36 Grab, Die Revolutionspropaganda der deutschen Jakobiner, S. 151.

37 Engelmann, *Preußen*, S. 145.

38 Zitiert nach Paul Goldschmidt, *Berlin in Geschichte und Gegenwart*, Berlin 1910, S. 151.

39 Pierre-Paul Sagave, *Berlin und Frankreich 1685-1871*, West-Berlin 1980, S. 136.

40 Friedrich von Raumer, *Lebenserinnerungen und Briefwechsel*, Bd. 1, Leipzig 1861, S. 78.

41 Mieck, Von der Reformzeit zur Revolution, S. 426.

42 Zitiert nach Wieland Giebel, Vorwort, in: ders. (Hg.), *Die Franzosen in Berlin 1806-1808*, S. 9-11, hier S. 10.

43 Mieck, Von der Reformzeit zur Revolution, S. 426.

44 Siehe Mieck, Von der Reformzeit zur Revolution, S. 438-441.

45 L[udwig] Rellstab, *Aus meinem Leben*, Bd. 1, Berlin 1861, S. 113.

46 Mieck, Von der Reformzeit zur Revolution, Zitate S. 464 und 465

47 Wehler, *Deutsche Gesellschaftsgeschichte*, Bd. 1, S. 343.

48 Eberhard Weis, Einleitung, in: ders. (Hg.) unter Mitarbeit von Elisabeth Müller-Luckner, *Reformen im rheinbündischen Deutschland*, München 1984, S. VII-XIII, hier S. IX.

49 Die Deutsche Bundes-Acte vom 8. Juni 1815, in: Hans Boldt (Hg.) unter Mitwirkung von Franz Werner Mausberg, *Reich und Länder. Texte zur deutschen Verfassungsgeschichte im 19. und 20. Jahrhundert*, München 1987, S. 196-209, hier S. 205.

50 Manfred Botzenhart, *Deutsche Verfassungsgeschichte 1806-1949*, Stuttgart u.a. 1993, S. 58.

51 So Gneisenau in einem Brief an Justus Gruner vom 10. April 1815, zitiert nach Mieck, Von der Reformzeit zur Revolution, S. 476.

52 Mieck, Von der Reformzeit zur Revolution, S. 522 und 525.

53 Siehe Armin Owzar, „Wie einst gegen Napoleon"? Berlin und die Franzosen im 19. Jahrhundert, in: *Berliner Geschichte. Zeitschrift für Geschichte und Kultur* 7 (2016), S. 40-49, hier S. 44.

54 Mieck, Von der Reformzeit zur Revolution, S. 526.

55 Mit „Brutus" unterzeichneter Anschlagzettel, zitiert nach Mieck, Von der Reformzeit zur Revolution, S. 527.

56 Mieck, Von der Reformzeit zur Revolution, S. 528, Zitat S. 529.

57 Mieck, Von der Reformzeit zur Revolution, S. 531 und 587.

58 Mieck, Von der Reformzeit zur Revolution, S. 588.

59 [Johann Jacoby], *Vier Fragen beantwortet von einem Ostpreußen*, Mannheim 1841, S. 36.

60 Stephan Born, *Erinnerungen eines Achtundvierzigers* (1898), hg. und eingel. von Hans J. Schütz, Berlin 2017, S. 16f. und 19.

61 Zitiert nach Wolfgang J. Mommsen, *1848. Die ungewollte Revolution. Die revolutionären Bewegungen in Europa 1830-1849*, Frankfurt am Main 1998, S. 82f.

62 David Friedrich Strauß, *Der Romantiker auf dem Throne der Cäsaren, oder Julian der Abtrünnige. Ein Vortrag*, Mannheim 1847.

63 Tagebucheinträge von Karl August Varnhagen von Ense vom 13. und 11. April 1847, in: *Tagebücher von K. A. Varnhagen von Ense*, Bd. 4, Leipzig 1862, S. 63 und 61.

64 Karl Biedermann, *Mein Leben und ein Stück Zeitgeschichte*, Bd. 1: *1812-1849*, S. 190f.

65 Karl Biedermann, *Geschichte des ersten preußischen Reichstags*, Leipzig 1847, S. 130f.

66 Bericht aus der Berliner Gerichtszeitung *Der Publizist* vom 21. April 1847, zitiert nach Köhler/Richter (Hg.), *Berliner Leben 1806-1847*, S. 385-287, hier 386f.

67 Bettina von Arnim, *Dies Buch gehört dem König* [1843] (Bettina von Arnims *Sämtliche Werke*, Bd. 6, hg. von Waldemar Oehlke, Berlin 1921.

68 Ute Frevert, *Frauen-Geschichte. Zwischen Bürgerlicher Verbesserung und Neuer Weiblichkeit*, Frankfurt am Main 1986, S. 72.

69 Karl Marx, Die Klassenkämpfe in Frankreich 1848 bis 1850 [1850], in: ders./Friedrich Engels, *Werke*, Bd. 7, (Ost-)Berlin 1960, S. 9-107, hier S. 85.

70 Tagebucheintrag von Karl August Varnhagen von Ense vom 6. März 1848, in: *Tagebücher von K. A. Varnhagen von Ense*, Bd. 4, S. 264f.

71 Adresse einer Bürgerversammlung in Berlin an den König vom 7. März 1848, zitiert nach Friedemann Bedürftig, (Hg.), *Preußisches Lesebuch. Bilder – Texte – Dokumente*, Stuttgart 1981, S. 164.

72 Günter Richter, Zwischen Revolution und Reichsgründung (1848-1870), in: Wolfgang Ribbe (Hg.), *Geschichte Berlins*, Bd. 2: *Von der Märzrevolution bis zur Gegenwart*, München 1987, S. 603-687, Zitate S. 607 und 610f.

73 Adolf Streckfuß, *500 Jahre Berliner Geschichte. Vom Fischerdorf zur Weltstadt. Geschichte und Sage*, in gekürzter Darstellung und bis in die neueste Zeit fortgeführt von Leo Fernbach, Berlin 1900, S. 634.

74 Karl Ludwig von Prittwitz, *Berlin 1848. Das Erinnerungswerk des Generalleutnants Karl Ludwig von Prittwitz und andere Quellen zur Märzrevolution und zur Geschichte Preußens um die Mitte des 19. Jahrhunderts*, bearb. und eingel. von Gerd Heinrich, West-Berlin/New York 1986, S. 129.

75 Rudolf Virchow, *Briefe an seine Eltern*, hg. von Marie Rabl, geb. Virchow, Leipzig [2]1906, S. 134f.

76 Friedrich Wilhelms IV. Aufruf *An meine lieben Berliner* aus der Nacht vom 18. zum 19. März, zitiert nach Bedürftig (Hg.), *Preußisches Lesebuch*, S. 168f.

77 Zitiert nach Richter, Zwischen Revolution und Reichsgründung, S. 620.

78 Siehe Richter, Zwischen Revolution und Reichsgründung, S. 630.

79 Richter, Zwischen Revolution und Reichsgründung, S. 622 .

80 Zitiert nach Ilja Mieck, Preußen von 1807 bis 1850. Reformen, Restauration und Revolution, in: Otto Büsch (Hg.), *Handbuch der preußischen Geschichte*, Bd. 2: *Das 19. Jahrhundert und Große Themen der Geschichte Preußens*, Berlin/New York 1992, S.1-292, hier S. 261.

81 Siehe Thomas Nipperdey, 1933 und die Kontinuität der deutschen Geschichte, in: ders., *Nachdenken über die deutsche Geschichte*, München 1990, S. 225-248.

82 Streckfuß, *500 Jahre Berliner Geschichte* (1900), S. 725 und 723f.

83 Siehe Richter, Zwischen Revolution und Reichsgründung, S. 646.

84 Richter, Zwischen Revolution und Reichsgründung, S. 648.

85 Richter, Zwischen Revolution und Reichsgründung, S. 650.

86 Programmrede des Ministerpräsidenten Otto von Bismarck vor der Budgetkommission des preußischen Abgeordnetenhauses vom 30. September 1862, in: Wolfgang Hardtwig/Helmut Hinze (Hg.), *Deutsche Geschichte in Quellen und Darstellung*, Bd. 7: *Vom Deutschen Bund zum Kaiserreich 1815-1871*, Stuttgart 2011, S. 409-412, hier S. 411f.

87 Siehe Richter, Zwischen Revolution und Reichsgründung, S. 677.

88 Large, *Berlin*, S. 17.

89 Stöver, *Kleine Geschichte Berlins*, S. 36.

90 Bismarck auf der 9. Sitzung am 4. März 1881, in: *Stenographische Berichte über die Verhandlungen des Deutschen Reichstags. 4. Legislaturperiode. IV. Session*, Bd. 1: *Von der Eröffnungssitzung am 15. Februar bis zur vierunddreißigsten Sitzung am 27. April 1887*, Berlin 1881, S. 169-171, hier S. 169.

91 Zitiert nach Lothar Gall, Das Berlin der Bismarckzeit, in: Glatzer (Hg.), *Berlin wird Kaiserstadt*, S. 11-24, hier S. 18.

92 Large, *Berlin* S. 25.

93 [Maximilian Harden], Neu-Byzanz, in: *Die Zukunft* 11 (1895), S. 577-586, hier S. 584.

94 Hagen Schulze, Versailles, in: Etienne François/Hagen Schulze (Hg.), *Deutsche Erinnerungsorte*, Bd. 1, München [4]2002, S. 407-421, hier S. 413.

95 *Das Tagebuch der Baronin Spitzemberg, geb. Freiin v. Varnbüler. Aufzeichnungen aus der Hofgesellschaft des Hohenzollernreiches*, ausgewählt und hg. von Rudolf Vierhaus, mit einem Vorwort von Peter Rassow, Göttingen 1960, S. 116.

96 Large, *Berlin*, S. 55.

97 Diese und die folgenden Angaben zur Berliner Wahltopographie nach Erbe, Berlin im Kaiserreich, S. 770-775.

98 Friedrich Engels, Rede auf einer sozialdemokratischen Versammlung in Berlin am 22. September 1893, in: Karl Marx/ Friedrich Engels, *Werke*, Bd. 22, Ost-Berlin 1963, S. 412f.

99 Überliefert ist diese Aussage von dem englischen Publizisten Henry Vizetelly (1820-1894): „If we have behind us the mass of the working classes of Berlin, we can say 'Berlin is ours'! And if Berlin is ours, we can say that Germany belongs to us; for at Berlin is our great enemy, and there the great blow must be struck" (Henry Vizetelly, *Berlin Under the New Empire, its Institutions, Inhabitants, Industry, Monuments, Museums, Social Life, Manners, and Amusements*, Bd. 2, London 1879, S. 437).

100 Wilhelm Liebknecht, *Ueber die politische Stellung der Sozialdemokratie insbesondere mit Bezug auf den Reichstag. Ein Vortrag, gehalten in einer öffentlichen Versammlung des Demokratischen Arbeitervereins zu Berlin am 31. Mai 1869*, Leipzig [3]1874, S. 3-16, hier S. 7.

101 Georg Brandes, *Berlin als deutsche Reichhauptstadt. Erinnerungen aus den Jahren 1877-1883*, hg. von Erik M. Christensen und Hans-Dietrich Loock, West-Berlin 1989, S. 168f.

102 *Reichsgesetzblatt* No. 34 vom 21. Oktober 1878, abrufbar unter http://library.fes.de/pdf-files/netzquelle/sozialistengesetz.pdf [11.1.2018].

103 Max Kretzer, *Wilder Champagner. Berliner Erinnerungen und Studien*, Leipzig 1919, zitiert nach Glatzer (Hg.), *Berlin wird Kaiserstadt*, S. 259f.

104 Gall, Das Berlin der Bismarckzeit, S. 23.

105 Eugen Richter in: *Freisinnige Zeitung* 68 (21. März 1890), zitiert nach Gerhard A. Ritter (Hg.), *Das Deutsche Kaiserreich 1871-1914. Ein historisches Lesebuch*, Göttingen [5]1992, S. 260-62, hier S. 260f.

106 Thomas Nipperdey, *Deutsche Geschichte 1866-1918*, Bd. 2: *Machtstaat vor der Demokratie*, München1992, S. 414.

107 Lothar Gall, *Bismarck. Der weiße Revolutionär*, Frankfurt am Main 1980.

108 So eine immer wieder zitierte, allerdings nur von Dritten überlieferte Aussage Bismarcks aus dem Jahre 1887, zitiert nach John C. G. Roehl, *Wilhelm II. Die Jugend des Kaisers 1859-1888*, München ²2001, S. 739.

109 Large, *Berlin*, S. 715.

110 *Denkwürdigkeiten des General-Feldmarschalls Alfred Grafen von Waldersee*, auf Veranlassung des Generalleutnants Georg Grafen von Waldersee bearb. und hg. von Heinrich Otto Meisner, Bd. 2: *1888-1900*, Stuttgart/Berlin 1922, S. 137f.

111 Marie von Bunsen, zitiert nach Glatzer (Hg.), *Berlin wird Kaiserstadt*, S. 378.

112 Large, *Berlin*, S. 68.

113 So Wilhelm in einem Brief vom 20. Februar 1879, zitiert nach Isabel V. Hull, *The Entourage of Kaiser Wilhelm II 1888-1918*, Cambridge u.a. 1982, S. 20.

114 Trinkspruch Wilhelms II. auf der Parade zur 25. Feier des Sedanfestes in Berlin, 2. September 1895, in: *Die Reden Kaiser Wilhelms II. in den Jahren 1888-1895*, hg. von Johs. Penzler, Leipzig [1905), S. 314f., hier S. 315.

115 H[ellmut] von Gerlach, Siegreiche Besiegte, in: *März. Halbmonatsschrift für deutsche Kultur* 2/4 (1908), S. 83-89, hier S. 85.

116 Ebd.

117 Axel Weipert, *Das Rote Berlin. Eine Geschichte der Berliner Arbeiterbewegung 1830-1934*, Berlin 2013.

118 Karl Kautsky, Ein sozialdemokratischer Katechismus, in: *Die Neue Zeit. Revue des geistigen und öffentlichen Lebens* 12 (1894), Bd. 1, S. 361-369, hier S. 368.

119 *Berliner Volks-Zeitung* (7. März 1910), zitiert nach Ruth Glatzer (Hg.), *Das Wilhelminische Berlin. Panorama einer Metropole 1890-1918*, mit einer Einleitung von Ernst Engelberg, Berlin 1997, S. 264-266, hier S. 266.

120 Volker Ullrich, *Die nervöse Großmacht. Aufstieg und Untergang des deutschen Kaiserreichs 1871-1918*, Frankfurt am Main 1997, S. 188 und 249.

MILITÄR und MILITARISMUS

1 Im Original: „La Prusse n'est pas un pays qui a une armée; c'est une armée qui a un pays !", zitiert nach Un diplomate, Guillaume II intime, in: *Revue illustrée* 205 (15. Juni 1894), S. 15–20, Zitat S. 15.

2 Programmrede des preußischen Ministerpräsidenten Otto von Bismarck vor der Budgetkommission des preußischen Abgeordnetenhauses vom 30. September 1862, in: Wolfgang Hardtwig/Helmut Hinze (Hg.), *Deutsche Geschichte in Quellen und Darstellung*, Bd. 7: *Vom Deutschen Bund zum Kaiserreich 1815-1871*, Stuttgart 1997, S. 410-412.

3 Für einen Abdruck der *Aufruf an das Volk* überschriebenen Rede Wilhelms II. siehe https://www.dhm.de/lemo/bestand/objekt/schmuckblatt-mit-der-rede-wilhelms-ii-zum-kriegsbeginn-1914.html. [15.4.2019]

4 Für eine Aufzeichnung dieser Rede siehe https://archive.org/details/JosephGoebbels-Sportpalastrede, hier 1h34 [20.2.2018].

5 Angelow, Residenz und Bürgerstadt, S. 29.

6 Schreiben des Rates der Stadt Berlin an Friedrich Wilhelm von Brandenburg vom 27. Juli 1640, zitiert nach Otto Wiedfeldt, *Statistische Studien zur Entwickelungsgeschichte der Berliner Industrie von 1720 bis 1890*, Leipzig 1898, S. 45.

7 Escher, Die brandenburgisch-preußische Residenz und Hauptstadt Berlin im 17. und 18. Jahrhundert, S. 349f.

8 An den Kurfürsten gerichtetes Supplicatum der „Bürgermeistere und Rathmanne beider Churf. Brandenb. Resid. und Haupt Städte Berlin und Cölln an der Sprew" von 1661, zitiert nach F[riedrich] Holtze, *Geschichte der Befestigung von Berlin*, Berlin ²1874, S. 108-113, hier S. 109f.

9 Lokel, zitiert nach Streckfuß, *500 Jahre Berliner Geschichte* (1886), S. 182.

10 Instruktion König Friedrich Wilhelms I. für seinen Nachfolger (1722), S. 108.

11 [J. C. Friedrich Schulz], *Kleine Wanderungen durch Teutschland*, Berlin 1786, S. 173.

12 Zitiert nach Curt Jany, Die Kantonverfassung des altpreußischen Heeres, in: Otto Büsch/Wolfgang Neugebauer (Hg.), *Moderne Preußische Geschichte 1648-1947. Eine Anthologie*, Bd. 2, Berlin/New York 1981, S. 767-809, hier S. 787.

13 Errechnet nach Angaben bei Escher, Die brandenburgisch-preußische Residenz und Hauptstadt Berlin im 17. und 18. Jahrhundert, S. 383 und 400.

14 [Ulrich Bräker], *Lebensgeschichte und Natürliche Ebentheuer des Armen Mannes im Tockenburg*, hg. von H. H. Füßli, Zürich 1789, S. 131-133.

15 Siehe Michael Sikora, „Ueber die Veredlung des Soldaten". Positionsbestimmungen zwischen Militär und Aufklärung, in: Daniel Hohrath/Klaus Gerteis (Hg.), *Die Kriegskunst im Lichte der Vernunft. Militär und Aufklärung im 18. Jahrhundert*, Teil 1, Hamburg 1999, S. 25-50, hier S. 42f.

16 Clark, *Preußen*, S. 125.

17 *Jugenderinnerungen Karl Friedrichs v. Klöden*, hg. und durch einen Umriß seines Weiterlebens vervollständigt von Max Jähns, Leipzig 1874, S. 18f.

18 [Bräker], *Lebensgeschichte und Natürliche Ebentheuer des Armen Mannes im Tockenburg*, S. 131.

19 Clark, *Preußen*, S. 124 und 285.

20 Friedrich August Ludwig von der Marwitz, *Ein märkischer Edelmann im Zeitalter der Befreiungskriege*, hg. von Friedrich Meusel, Bd. 1: *Lebensbeschreibung*, Berlin 1908, S. 512.

21 Christopher Duffy, *Friedrich der Große. Ein Soldatenleben*, München 1986, S. 185.

22 *Jugenderinnerungen Karl Friedrichs v. Klöden*, S. 26.

23 Michael Sikora, *Disziplin und Desertion. Strukturprobleme militärischer Organisation im 18. Jahrhundert*, Berlin 1996, S. 70.

24 Jacob Heinrich von Flemming, Bericht über Berlin, zitiert nach Ruth Glatzer (Hg.), *Berliner Leben. 1648-1806. Erinnerungen und Berichte*, Ost-Berlin 1956, S. 130. Für einen Abdruck des auf Französisch verfassten und auf den 30. Juni 1723 datierten Originals siehe Eine Schilderung Berlins aus dem Jahre 1723. Mitgeteilt von Gustav Schmoller, in: *Forschungen zur Brandenburgischen und Preußischen Geschichte* 4 (1891), S. 213-216, hier S. 214f.

25 Bernhard R. Kroener, *Kriegswesen, Herrschaft und Gesellschaft 1300-1800*, München 2013, S. 54.

26 Siehe die Instruktion König Friedrich Wilhelms I. für seinen Nachfolger (1722), S. 118.

27 Marian Füssel, *Der Siebenjährige Krieg. Ein Weltkrieg im 18. Jahrhundert*, München 2010; Sven Externbrink (Hg.), *Der Siebenjährige Krieg (1756–1763). Ein europäischer Weltkrieg im Zeitalter der Aufklärung*, Berlin 2011.

28 G[eorge] P. Gooch, *Friedrich der Große. Herrscher, Schriftsteller, Mensch*, Göttingen 1951, S. 23.

29 Karl Otmar von Aretin, *Friedrich der Große. Größe und Grenzen des Preußenkönigs. Bilder und Gegenbilder*, Freiburg u.a. 1985, S. 150.

30 Clark, *Preußen*, S. 235.

31 Gerhard Ritter, *Friedrich der Große. Ein historisches Profil*, Leipzig 1936, S. 261.

32 Politisches Testament Friedrichs des Großen (1752), S. 203.

33 Clark, *Preußen*, S. 261-284, Zitat S. 262.

34 Ewald Christian von Kleist, *Cissides und Paches in drey Gesängen*, in: *Des Herrn Christian Ewald von Kleist sämtliche Werke*, Bd. 2, Berlin 1760, S. 93-124, hier S. 123.

35 August Friedrich Wilhelm Sack, *Drei Dank-Predigten über die von dem großen Könige Friedrich II. im Jahre 1757 erfochtenen Siege bei Prag, bei Roßbach und bei Leuthen, in demselben Jahre im Dom zu Berlin gehalten. Zum hundertjährigen Gedächtniß der genannten Schlachten*, Berlin 1857.

36 Brief des Baron von Bielfeld an seinen Bruder vom 1. Dezember 1745, in: *Des Freyherrn von Bilfeld freundschaftliche Briefe nebst einigen andern*, Teil 2, Danzig/Leipzig 1765, S. 214-231, hier S. 228f.

37 Siehe Angelow, Residenz und Bürgerstadt, S. 34.

38 Clark, *Preußen*, S. 333.

39 Brief Friedrich Wilhelms III. an seinen Onkel, zitiert nach Clark, *Preußen*, S. 349.

40 Carl von Clausewitz, *Nachrichten über Preußen in seiner großen Katastrophe* (Kriegsgeschichtliche Einzelschriften 10), Berlin 1888, S. 467.

41 Streckfuß, *500 Jahre Berliner Geschichte*, Bd. 1 (1886), S. 588.

42 Mieck, Von der Reformzeit zur Revolution, S. 451.

43 E[rnst] M[oritz] Arndt, *Ueber Volkshaß und über den Gebrauch einer fremden Sprache*, o.O. 1815, S. 15, 18 und 20.

44 Heinrich von Kleist, *Germania an ihre Kinder* [6. Fassung], in: ders., *Sämtliche Werke und Briefe*, Bd. 1, hg. von Helmut Sembdner, München [9]1993, S. 716-719.

45 Brief Barthold Georg Niebuhrs vom 13. Februar 1813 und vom 21. März 1813, in: *Lebensnachrichten von Barthold Georg Niebuhr aus Briefen desselben und aus Erinnerungen einiger seiner nächsten Freunde*, Bd. 1, Hamburg 1838, S.539f. und 541-545, Zitate S. 539 und 542f.

46 Ute Planert, *Der Mythos vom Befreiungskrieg. Frankreichs Kriege und der deutsche Süden. Alltag – Wahrnehmung – Deutung 1792-1841*, Paderborn u.a. 2007.

47 [Theodor von] Schmalz, *Berichtigung einer Stelle in der Bredow-Venturinischen Chronik für das Jahr 1808. Ueber politische Vereine, und ein Wort über Scharnhorsts und meine Verhältnisse zu ihnen*, Berlin 1815, S. 14.

48 So Heinrich Clauren [d. i. Carl Gottlieb Samuel Heun] in der Anfangszeile seines gleichnamigen Lieds, in: *Hermann. Eine Zeitschrift von und für Westfalen* Nr. 11 (8. März 1814), S. 44.

49 So Eckart Kehr in einem Brief an Wolfgang Hallgarten vom 30. Mai 1932, zitiert nach Hans-Ulrich Wehler, Einleitung, in: Eckart Kehr, *Der Primat der Innenpolitik. Gesammelte Aufsätze zur preußisch-deutschen Sozialgeschichte im 19. und 20. Jahrhundert*, hg. und eingeleitet von H.-U. W., mit einem Vorwort von Hans Herzfeld. (West-)Berlin 1965, S. 1-29, hier S. 15 (Anm. 37).

50 Gerhard Ritter, *Stein. Eine politische Biographie*, Stuttgart 1958, S. 432.

51 Rückblick der Monatsschrift *Europa* vom März 1848, zitiert nach Sagave, *Berlin und Frankreich 1685-1871*, S. 150.

52 Nikolaus Becker, Der deutsche Rhein, in: *Galicia. Zeitschrift zur Unterhaltung, zur Kunde des Vaterlandes, der Kunst, der Industrie und des Lebens* 1, Nr. 71 (15. Dezember 1840), S. 283.

53 So abgedruckt in der konterrevolutionären Berliner Zeitschrift *Die Bürgerwache* 1 (Mai 1848), zitiert nach Sagave, *Berlin und Frankreich 1685-1871*, S. 158.

54 Armin Owzar, „Wie einst gegen Napoleon“? Berlin und die Franzosen im 19. Jahrhundert, in: *Berliner Geschichte. Zeitschrift für Geschichte und Kultur* 7 (2016), S. 40-49, hier S. 45.

55 Thomas Nipperdey, *Deutsche Geschichte 1800-1866. Bürgerwelt und starker Staat*, München [5]1991, S. 363.

56 Richter, Zwischen Revolution und Reichsgründung, S. 686.

57 *Vossische Zeitung* (17. Juni 1871), zitiert nach Glatzer (Hg.), *Berlin wird Kaiserstadt*, S. 31.

58 Berthold Auerbach, *Briefe an seinen Freund Jakob Auerbach*, Neuedition der Ausgabe von 1884 mit Kommentaren und Indices, hg. von Hans Otto Horch, Teilbd. 2: *Briefe 1870 – 1882*, München 2015, S. 67f.

59 Clark, *Preußen*, S. 684.

60 Richter, Zwischen Revolution und Reichsgründung, S. 687.

61 Luc Gersal [Jules-Emile Legras], *Spree-Athen. Berliner Skizzen von einem Böotier*, Leipzig 1892, zitiert nach Glatzer, *Berlin wird Kaiserstadt*, S. 67.

62 Anatole France, zitiert nach Glatzer (Hg.), *Das Wilhelminische Berlin*, S. 276.

63 Walter Stoeckel, *Erinnerungen eines Frauenarztes*, München 1966, S. 135f.

64 Werner Weisbach, *Geist und Gewalt*, Wien/München 1956, zitiert nach Glatzer, *Das Wilhelminische Berlin*, S. 276.

65 Friedrich Meinecke, *Die deutsche Katastrophe. Betrachtungen und Erinnerungen*, in: ders., *Autobiographische Schriften*, hg. und eingeleitet von Eberhard Kessel (Friedrich Meinecke, *Werke*, Bd. 8), Stuttgart 1969, S. 321-445, hier S. 336.

66 So aus kritischer Distanz Bernhard R. Kroener, *Militär, Staat und Gesellschaft im 20. Jahrhundert*, München 2011, S. 64.

67 Clark, *Preußen*, S. 682

68 Art. Gegen die Flottenvorlage, in: *Vorwärts* 17, Nr. 32 (8. Februar 1900), S 3f.

69 Käthe Kollwitz, Brief an ihren Sohn vom 21. Oktober 1912, in: *Briefe an den Sohn. 1904 bis 1945*, hg. von Jutta Bohnke-Kollwitz, Berlin 1992, S. 63f. hier S. 63.

70 Glatzer (Hg.), *Das Wilhelminische Berlin*, S. 359.

71 Glatzer (Hg.), *Das Wilhelminische Berlin*, S. 368.

72 So Wilhelm II. auf der Eröffnungssitzung im Weißen Saale des Königlichen Schlosses zu Berlin am Dienstag den 4. August 1914, in: *Verhandlungen des Reichstags. XIII. Legislaturperiode. II. Session*, Bd. 306: *Stenographische Berichte. Von der Eröffnungssitzung am 4. August 1914 bis zur 34. Sitzung am 16. März 1916*, Berlin 1916, S. 1f., hier S. 2.

73 Alexander Granach, *Da geht ein Mensch*, autobiographischer Roman, Weimar 1949, S. 252.

74 Asta Nielsen, *Die schweigende Muse*, Ost-Berlin 1977, S. 242f.

75 Ullrich, *Die nervöse Großmacht*, S. 266.

ARME und AUSSENSEITER

1 Siehe Horst Möller, *Fürstenstaat oder Bürgernation. Deutschland 1763-1815*, Berlin 1989, S. 117 und Mieck, Von der Reformzeit zur Revolution, S. 416-419.

2 Handschrift des Berliner Stadtarchivs, zitiert nach Glatzer (Hg.), *Berliner Leben 1648-1806*, S. 139f.

3 Brief des Predigers Fuhrmann vom 22. März 1741 an den Geheimrat von Piper, zitiert nach [Anton Balthasar König], *Kurzgefaßte Regierung und Staatsgeschichte Friedrich des II. Königs von Preußen. Vom Jahr 1740 bis 1786* (*Versuch einer Historischen Schilderung der Hauptveränderungen, der Religion, Sitten, Gewohnheiten, Künste, Wissenschaften [et]c. der Residenzstadt Berlin seit den ältesten Zeiten, bis zum Jahre 1786*, Bd. 5), Berlin 1800, S. 30.

4 Mieck, Von der Reformzeit zur Revolution, S. 419.

5 Rescript des V. Departements an Tarrach vom 4. Dezember 1775, zitiert nach *Die Preußische Seidenindustrie im 18. Jahrhundert und ihre Begründung durch Friedrich den Großen*, Bd. 2: *Akten seit 1769*, bearb. von G[ustav] Schmoller und O[tto] Hintze (*Acta Borussica*), Berlin 1892, S. 132f.

6 Glatzer (Hg.), *Berliner Leben 1648-1806*, S. 344

7 Dronke, *Berlin*, S. 42f.

8 Sass, *Berlin in seiner neuesten Zeit*, S. 253.

9 Richter, Zwischen Revolution und Reichsgründung, S. 628

10 *Berliner Börsen-Zeitung* (1. November 1871), zitiert nach Glatzer (Hg.), *Berlin wird Kaiserstadt*, S. 78f.

11 Erbe, Berlin im Kaiserreich, S. 725

12 Karl Scheffler, *Die Architektur der Großstadt*, mit einem Nachwort zur Neuausgabe von Helmut Geisert, Berlin 1998, S. 30f.

13 Large, *Berlin*, S. 112.

14 Im Original heißt es: „Die Religionen Müsen alle Tolleriret werden und Mus der fiscal nuhr das auge darauf haben, das keine der andern abruch Tuhe, den hier mus ein jeder nach Seiner Fasson Selich werden“ (Rand-Verfügung des Königs zum Immediat-Bericht des Geistlichen Departements vom 22. Juni 1740, in: Max Lehmann, *Preußen und die katholische Kirche seit 1640. Nach den Acten des Geheimen Staatsarchives*, T. 2: Von 1740 bis 1747, Leipzig 1881, S. 4*).

15 Rand-Verfügung des Königs zum Immediat-Bericht des General-Directoriums vom 15. Juni 1740 Mai, in: ebd., S. 1*.

16 Clark, *Preußen*, S. 149

17 Stöver, *Kleine Geschichte Berlins*, S. 30.

18 Marie-Louise von Plessen, Juden, Hugenotten, Böhmen, in: Gottfried Korff/Reinhard Rürup (Hg.), *Berlin, Berlin. Die Ausstellung zur Geschichte der Stadt*, Berlin 1987, S. 102f.

19 Escher, Die brandenburgisch-preußische Residenz und Hauptstadt Berlin im 17. und 18. Jahrhundert, S. 359f.

20 von Plessen, Juden, Hugenotten, Böhmen, S. 103.

21 von der Marwitz, *Ein märkischer Edelmann im Zeitalter der Befreiungskriege*, Bd. 1, S. 19f.

22 Sagave, *Berlin und Frankreich 1685-1871*, S. 35.

23 Siehe Helga Schultz, *Berlin 1650-1800. Sozialgeschichte einer Residenz*, mit einem Beitrag von Jürgen Wilke, Ost-Berlin 1987, S. 174, 176 und 297.

24 Zahlen nach Stefi Jersch-Wenzel, Bevölkerungsentwicklung und Berufsstruktur, in: Michael A. Meyer (Hg.) unter Mitwir-

kung von Michael Brenner, *Deutsch-jüdische Geschichte in der Neuzeit*, Bd. 2: *Emanzipation und Akkulturation 1780-1871*, München 1996, S. 57-95, hier S. 64.

25 Zahlen nach Monika Richarz, Die Entwicklung der jüdischen Bevölkerung in: Michael A. Meyer (Hg.) unter Mitwirkung von Michael Brenner, *Deutsch-jüdische Geschichte in der Neuzeit*, Bd. 3: *Umstrittene Integration 1871-1918*, München 1997, S. 13-38, hier S. 33.

26 Escher, Die brandenburgisch-preußische Residenz und Hauptstadt Berlin im 17. und 18. Jahrhundert, S. 376, Zitat S. 357.

27 Clark, *Preußen*, S. 304.

28 Clark, *Preußen*, S. 306.

29 Mieck, Von der Reformzeit zur Revolution, S. 492.

30 Gesetz betreffend die Gleichberechtigung der Konfessionen in bürgerlicher und staatsbürgerlicher Beziehung vom 3. Juli 1869, zitiert nach Ernst Rudolf Huber (Hg.), *Dokumente zur Deutschen Verfassungsgeschichte*, Bd. 2: *Deutsche Verfassungsdokumente 1851-1900*, Stuttgart u.a., [3]1986, S. 312.

31 Escher, Die brandenburgisch-preußische Residenz und Hauptstadt Berlin im 17. und 18. Jahrhundert, S. 358.

32 Instruktion König Friedrich Wilhelms I. für seinen Nachfolger (1722), S. 116f.

33 Tobias Schenk, Friedrich und die Juden, https://www.perspectivia.net/publikationen/friedrich300-colloquien/friedrich-bestandsaufnahme/schenk_juden [27.12.2018].

34 Barbara Stollberg-Rilinger, *Europa im Jahrhundert der Aufklärung*, Stuttgart 2000, S. 267.

35 Arno Herzig, *Jüdische Geschichte in Deutschland. Von den Anfängen bis zur Gegenwart*, München [2]2002, S. 164.

36 Siehe Norbert Kampe, Die Entstehung des bildungsbürgerlichen Antisemitismus im Deutschen Kaiserreich. Zur Wirkungsgeschichte der Vereine Deutscher Studenten, in: Wolfgang Michalka/Martin Voigt (Hg.), *Judenemanzipation und Antisemitismus in Deutschland im 19. und 20. Jahrhundert. Ein Tagungsband*, Eggingen 2003, S. 57-103, hier S. 73f. und 82.

37 Ernst Moritz Arndt, *Blick aus der Zeit auf die Zeit*, Germanien [Frankfurt am Main] 1814, S. 188-190, 199 und 201.

38 Heinrich von Treitschke, Unsere Aussichten, in: *Preußische Jahrbücher* 44 (1879), S. 559-76, hier S. 576, 572f. und 575.

39 Adolf Stoecker, *Dreizehn Jahre Hofprediger und Politiker*, in: Reinhold Seeberg (Hg.), *Reden und Aufsätze von Adolf Stoecker*. Mit einer biographischen Einleitung, Leipzig 1913, S. 54-124, hier S. 97.

40 Zahlen nach Erbe, Berlin im Kaiserreich, S. 768.

41 Heinrich Pudor, *Wie kriegen wir sie hinaus?* Deutsche Nutzanwendungen. Eine deutsche Antwort auf die Berliner Tageblatt-Pöbeleien, Leipzig 1913, S.35–37.

42 Eugen Dühring, *Die Judenfrage als Racen-, Sitten- und Culturfrage. Mit einer weltgeschichtlichen Antwort*, Leipzig 1881, S. 131.

43 Angaben nach Hugh McLeod, *Piety and Poverty. Working-Class Religion in Berlin, London and New York 1870-1914*, New York/London 1996. S. 24.

44 Politisches Testament des Großen Kurfürsten (1667), in: Dietrich (Hg.), *Politische Testamente der Hohenzollern*, S. 53-79, hier S. 56.

45 Instruktion König Friedrich Wilhelms I für seinen Nachfolger (1722), S. 115.

46 Politisches Testament Friedrichs des Großen (1752), S. 167f.

47 *Westfälischer Merkur* (23. Januar 1884), zitiert nach Horst Gründer, „Krieg bis auf's Messer" – Kirche, Kirchenvolk und Kulturkampf (1872–1887), in: Franz-Josef Jakobi (Hg.) unter Mitwirkung von Thomas Küster, *Geschichte der Stadt Münster*, Bd. 2: *Das 19. und 20. Jahrhundert (bis 1945)*, Münster 1993, 131-165, hier 132.

48 Manuel Borutta, „Pflanzstätten des Aberglaubens, der Unzucht und des Verbrechens". *Moabiter Klostersturm* und deutscher *Kulturkampf*, in: *Comparativ* 12.5-6 (2002) 63-80, hier S. 72.

49 Siehe McLeod, *Piety and Poverty*, S. 24.

WISSENSCHAFTEN, KUNST und KULTUR

1 [Walter Rathenau], Die schönste Stadt der Welt, in: *Die Zukunft* 26 (1899), S. 36-48, hier S. 39.

2 Erdmann Wircker, *Märckische Neun Musen, welche sich unter den allergroßmächtigsten Schutz Sr. Königl. Majestät in Preußen als Ihres allergnädigsten Erhalters und andern Jupiters bey glücklichen Anfang Ihres Jubel-Jahres auff dem Franckfurtischen Helicon frohlockend auffgestellet*, Berlin 1706, S. 58-60, hier S. 59, zitiert nach Christian Scholl, Normative Anschaulichkeit versus archäologische Pedanterie: Karl Friedrich Schinkels ästhetischer Philhellenismus, in: Gilbert Heß/Elena Agazzi/Elisabeth Décultot (Hg.), *Klassizistisch-romantische Kunst(t)räume. Imaginationen im Europa des 19. Jahrhunderts und ihr Beitrag zur kulturellen Identitätsfindung*, Berlin 2009, S. 85-97, hier S. 85.

3 Escher, Die brandenburgisch-preußische Residenz und Hauptstadt Berlin im 17. und 18. Jahrhundert, S. 369.

4 Georg Gottfried Küster, *Des Alten und Neuen Berlin. Dritte Abtheilung deren Inhalt folgende Seite zeiget*, Berlin 1756, Sp. 170f.

5 *Des Freyherrn von Bielfeld freundschaftliche Briefe nebst einigen andern*, Teil 2, aus dem Französischen, Danzig/Leipzig 1765, S. 144f.

6 Glatzer (Hg.), *Berliner Leben 1648-1806*, S. 157.

7 *Des Freyherrn von Bielfeld freundschaftliche Briefe*, S. 145f.

8 Escher, Die brandenburgisch-preußische Residenz und Hauptstadt Berlin im 17. und 18. Jahrhundert, S. 393.

9 So zumindest in den Worten Immanuel Kants, Beantwortung der Frage: Was ist Aufklärung (1784), in: *Berlinische Monatsschrift* (1784), S. 481-494, hier S. 484.

10 Escher, Die brandenburgisch-preußische Residenz und Hauptstadt Berlin im 17. und 18. Jahrhundert, S. 397.

11 Siehe Jonathan I. Israel, *Radical Enlightenment. Philosophy and the Making of Modernity 1650-1750*, Oxford 2001, S. 659-663.

12 Leonore Koschnick, Aufklärung und Emanzipation, in: Korff/Rürup (Hg.), *Berlin, Berlin*, S. 113.

13 Clark, *Preußen*, S. 293.

14 [Friedrich Gedike], Ueber Berlin. Von einem Fremden, in: *Berlinische Monatsschrift* (Januar bis Juni 1784), Bd. 3, S. 42-55, hier S. 50f.

15 Brief Lessings vom 25. August 1769 an Friedrich Nicolai, zitiert nach: Gotthold Ephraim Lessing, *Gesammelte Werke*, Bd. 9: *Briefe*, Ost-Berlin/Weimar 1968, S. 325-327.

16 Cabinets-ordre Friedrich Wilhelms II. vom 10. September 1788 an Großkanzler von Carmer, zitiert nach Franz Hugo Hesse, *Die Preußische Preßgesetzgebung, ihre Vergangenheit und Zukunft*, Berlin 1843, S. 17.

17 Wehler, *Deutsche Gesellschaftsgeschichte*, Bd. 1, S. 276.

18 Hartmut Titze, *Die Politisierung der Erziehung. Untersuchungen über die soziale und politische Funktion der Erziehung von der Aufklärung bis zum Hochkapitalismus*, Frankfurt am Main 1973, S. 82.

19 Axel Schumann, *Berliner Presse und Französische Revolution: Das Spektrum der Meinungen unter preußischer Zensur 1789-1806*, [Diss TUB], Berlin 2001, S. 236.

20 Siehe Wilhelm Bringmann, *Preußen unter Friedrich Wilhelm II. (1786-1797)*, Frankfurt am Main u. a. 2001, S. 230.

21 Escher, Die brandenburgisch-preußische Residenz und Hauptstadt Berlin im 17. und 18. Jahrhundert, S. 402.

22 Clark, *Preußen*, S. 320.

23 Hans-Jörg von Jena, *Zwischen Grauzonen und Glanzepochen: Berlin als Kulturmetropole*, in: Süß/Rytlewski (Hg.), *Berlin*, S. 739-785, hier S. 742.

24 Heinrich Eduard Kochhann, *Tagebücher*, Bd. 2: *Zeitbilder aus den Jahren 1830-1840*, Berlin 1905, zitiert nach Glatzer (Hg.), *Berliner Leben 1806-1847*, S. 222.

25 So der Publizist Moritz Gottlieb Saphir um 1827/28 im Berliner *Courier*, zitiert nach Glatzer (Hg.), *Berliner Leben 1806-1847*, S. 235.

26 Brief von Fanny Mendelssohn an Carl Klingemann vom 23. Dezember 1827, zitiert nach S[ebastian] Hensel, *Die Familie Mendelssohn 1729-1847. Nach Briefen und Tagebüchern*, Berlin [13]1906, S. 171-175, hier S. 173.

27 Friedrich Engels, Tagebuch eines Hospitanten, in: ders., *Schriften der Frühzeit. Aufsätze, Korrespondenzen, Briefe, Dichtungen aus den Jahren 1838-1844 nebst einigen Karikaturen und einem unbekannten Jugendbildnis des Verfassers*, hg. von Gustav Mayer, Berlin/Heidelberg 1920, S. 179-185, hier S. 179f.

28 Tagebucheintrag von Karl August Varnhagen von Ense vom 6. November 1843, in: *Tagebücher von K. A. Varnhagen von Ense*, Bd. 2, Leipzig 1861, S. 222f.

29 Tagebucheintrag von Karl August Varnhagen von Ense vom 5. Dezember 1843, in: *Tagebücher von K. A. Varnhagen von Ense*, Bd. 2, S. 234f.

30 Richter, Zwischen Revolution und Reichgründung, S. 673.

31 Brandes, *Berlin als deutsche Reichshauptstadt*, S. 245f.

32 Leonore Koschnick, Zentrum der Wissenschaften, in: Korff/Rürup, *Berlin, Berlin*, S. 290-292, hier S. 290.

33 M[oritz] G[ottlieb] Saphir, *Dumme Briefe, Bilder und Chargen, Cypressen, Literatur- und Humoral-Briefe*, München [2]1835, S. 32f. und 40.

34 Leonore Koschnick, Das bürgerliche Berlin, in: Korff/Rürup (Hg.), *Berlin, Berlin*, S. 126-129, hier S. 128.

35 Richter, Zwischen Revolution und Reichgründung, S. 674.

36 von Jena, Zwischen Grauzonen und Glanzepochen, S. 742

37 Glatzer (Hg.), *Berlin wird Kaiserstadt*, S. 161.

38 Heinrich Hart, zitiert nach Glatzer (Hg.), *Berlin wird Kaiserstadt*, S. 162.

39 Glatzer (Hg.), *Berlin wird Kaiserstadt*, S. 162 und 165.

40 *National-Zeitung* (22. Juli 1871), 1. Beiblatt, zitiert nach Glatzer (Hg.), *Berlin wird Kaiserstadt*, S. 174.

41 Brandes, *Berlin wird Reichshauptstadt*, S. 250f.

42 Karl Scheffler, *Die fetten und die mageren Jahre. Ein Arbeits- und Lebensbericht*, München 1946, S. 66.

43 Leonore Koschnick, Kunst und Repräsentation, in: Korff/Rürup, *Berlin, Berlin*, S. 276-279, hier S. 276.

44 Erbe, Berlin im Kaiserreich, S. 780.

45 Wilhelm II., Die wahre Kunst, in: Schutte/Sprengel (Hg.), *Die Berliner Moderne 1885-1914*, S. 571-574, hier 572f.

46 Erbe, *Berlin im Kaiserreich*, S. 790.

47 Erbe, *Berlin im Kaiserreich*, S. 786.

BLOSS EIN „ORT"?

1 Zitiert nach Large, *Berlin*, S. 108.

2 „Berlin ist kein Moloch". Ein ZEIT-Interview mit dem Regierenden Bürgermeister von Berlin, in: *Die Zeit* (9. Mai 1986), abrufbar unter https://www.zeit.de/1986/20/berlin-ist-kein-moloch/komplettansicht (11.3.2019, 19h20).

3 Heinrich Heine, *Reisebilder*, in: ders., *Sämtliche Schriften*, Bd. 3, S. 97-605, hier S. 317.

AUSWAHLBIBLIOGRAFIE

Ein Fundgrube für Quellen zur Stadtgeschichte Berlins bilden die bereits zu DDR-Zeiten herausgegebenen und nach 1990 ergänzten Bände von:

- Ruth Glatzer (Hg.), Berliner Leben. 1648-1806, Berlin 1956
- Ruth Köhler/Wolfgang Richter (Hg.), Berliner Leben. 1806-1847. Erinnerungen und Berichte, Ost-Berlin 1954
- Ruth Glatzer (Hg.), Berlin wird Kaiserstadt. Panorama einer Metropole 1871-1890, mit einer Einleitung von Lothar Gall, Berlin 1993
- Ruth Glatzer (Hg.), Das Wilhelminische Berlin. Panorama einer Metropole 1890-1918, mit einer Einleitung von Ernst Engelberg, Berlin 1997
- Dieter Glatzer/Ruth Glatzer (Hg.), Berliner Leben. 1900-1914. Eine historische Reportage aus Erinnerungen und Berichten, 2 Bde., Ost-Berlin 1986

Ein Standardwerk zur Stadtgeschichte Berlins:

- Wolfgang Ribbe (Hg.), Geschichte Berlins, Bd. 1: Von der Frühgeschichte bis zur Industrialisierung, Bd. 2: Von der Märzrevolution bis zur Gegenwart, München 1987

Daneben informieren zuverlässig:

- Werner Süß/Ralf Rytlewski (Hg.), Berlin. Die Hauptstadt. Vergangenheit und Zukunft einer europäischen Metropole, Bonn 1999
- Bernd Stöver, Kleine Geschichte Berlins, München 2012
- David Clay Large, Berlin. Biographie einer Stadt, München 2002

Kenntnisreich und reich bebildert:

- Gottfried Korff/Reinhard Rürup (Hg.), Berlin, Berlin. Die Ausstellung zur Geschichte der Stadt, [Berlin 1987]
- Hans-Ulrich Thamer/Barbara Schäche, Alltag in Berlin. Das 19. Jahrhundert, Berlin 2017

Informativ zur preußischen Geschichte:

- Christopher Clark, Preußen Aufstieg und Niedergang 1600-1947, München 2008

DANK

Für kritische Hinweise und Anmerkungen geht mein herzlicher Dank an Antje Flüchter (Bielefeld), Theo Jung (Freiburg), Ludolf Pelizaeus (Amiens), Rüdiger Schmidt (Münster) und Michael Sikora (Münster) sowie an das Team des Elsengold-Verlags, namentlich an Diana Cobet und Dirk Palm.

ABBILDUNGSNACHWEIS

Adobe Stock: 18/19, 41, 178/179. **Antiquariat Struck, Berlin:** 2, 6, 9, 14, 16/17, 17, 23, 54, 94/95, 116, 182/183. **Bundesarchiv, Koblenz:** 88 (Bild 183-R09316). **Ullstein Bild, Berlin:** 22, 25, 26, 83, 89, 114. **Wikimedia Commons:** 75, 160/161.

Alle übrigen Bilder: **AKG-Images, Berlin**

Impressum

Gestaltung und Satz: Mario Zierke, Berlin

Printed in the European Union

ISBN 978-3-944594-98-9
www.elsengold.de